国家自然科学基金资助项目（71673145，71973068）
江苏省社科基金重大项目（18ZD003）
江苏高校品牌专业建设工程（TAPP）资助项目
江苏省高校哲学社会科学重点研究基地"中国制造业发展研究院"资助项目
江苏高校哲学社会科学优秀创新团队建设项目（2015ZSTD006）

中国制造业发展研究报告2023

李廉水 刘 军 程中华等 著

科学出版社
北 京

内 容 简 介

本书以"智能制造引领中国制造业发展"为主线,倡导制造业智能化的发展路径。根据世界银行集团以及主要制造业发达国家近年的相关报告探究世界主要经济体的经济发展前景。对中国制造业智能化发展进行了区域研究、产业研究和企业研究。同时,就人工智能对制造业全球价值链地位的影响,数字化转型与制造业全要素生产率,互联网平台与企业高质量发展,数字经济视域下制造业企业数字化转型机理及路径,智能化与城市绿色发展,人工智能、技术创新与创新模式选择,智能化与制造业绿色发展进行了专题研究。

本书适合政府机关工作人员、企业领导、相关专业的研究人员等关注中国制造业发展的所有人士阅读。本书对于从事制造业研究,尤其是智能制造领域的专家学者及政策制定者来说,具有重要的参考价值。

图书在版编目（CIP）数据

中国制造业发展研究报告. 2023/ 李廉水等著. —北京：科学出版社，2023.9

ISBN 978-7-03-076375-4

Ⅰ. ①中… Ⅱ. ①李… Ⅲ. ①制造工业-经济发展-研究报告-中国-2023 Ⅳ. ①F426.4

中国国家版本馆 CIP 数据核字（2023）第 178007 号

责任编辑：王腾飞/责任校对：杜子昂
责任印制：张 伟/封面设计：许 瑞

科 学 出 版 社 出版
北京东黄城根北街 16 号
邮政编码：100717
http://www.sciencep.com
北京中科印刷有限公司 印刷
科学出版社发行 各地新华书店经销
*
2023 年 9 月第 一 版 开本：787×1092 1/16
2023 年 9 月第一次印刷 印张：14 1/4
字数：338 000

定价：199.00 元
（如有印装质量问题，我社负责调换）

前　言

　　制造业是一个国家经济社会发展的根基所在，打造具有国际竞争力的制造业，是提升综合国力、保障国家安全、建设世界强国的必由之路。改革开放之后，我国制造业取得了举世瞩目的成就，已经成为世界制造业第一大国。然而，我国制造业大而不强的问题依然十分突出，在自主创新能力、资源利用效率、产业结构水平、信息化程度、质量效益等方面与先进国家仍存在一定差距，制造业转型升级和高质量发展的任务紧迫而艰巨。

　　由李廉水和杜占元牵头组建的研究团队从 2004 年开始，全面深入地研究中国制造业的发展状况，经过十多年的研究和探索，"中国制造业发展研究报告"无论是在理念上、内容上，还是在方法上，都颇有可取之处。至今，我们围绕"制造业发展"的主题已经连续出版了 18 部"中国制造业发展研究报告"（2004、2005、2006、2007、2008、2009、2010、2011、2012、2013、2014、2015、2016、2017～2018、2019、2020、2021、2022）。为扩大"中国制造业发展研究报告"的国际影响，2009 年和 2016 年在中文版的基础上，还出版了英文版。在此过程中，我们深切感受到中国制造业的快速发展，也见证了中国制造业在经济创造能力、科技创新能力和资源环境保护能力等方面的快速提升。我们希望这份研究报告能够在建设创新型国家、推进自主创新进程中，成为准确反映中国制造业自主创新能力提升轨迹的报告，成为助推中国制造业转型升级和高质量发展的报告。

　　《中国制造业发展研究报告 2023》是该系列第 19 部中文版研究报告，由以江苏省高校哲学社会科学重点研究基地"中国制造业发展研究院"和教育部人文社会科学重点研究基地"清华大学技术创新研究中心"的研究人员为主体进行研究并编写，既传承了以往《中国制造业发展研究报告》的写作风格，又在研究内容上做了较大的创新和改动。本书以"智能制造引领中国制造业发展"为主线，倡导制造业智能化的发展路径，在保持原有学术动态篇的基础上，对中国制造业智能化发展进行了区域研究、产业研究和企业研究。同时，就人工智能对制造业全球价值链地位的影响，数字化转型与制造业全要素生产率，互联网平台与企业高质量发展，数字经济视域下制造业企业数字化转型机理及路径，智能化与城市绿色发展，人工智能、技术创新与创新模式选择，智能化与制造业绿色发展进行了专题研究。

　　本研究报告的特色和创新之处主要体现在三个部分。

　　第 1 部分，学术动态篇。解析新冠疫情、俄乌冲突等主要危机及其对世界经济的影响和各主要国家制造业智能化发展政策，比如：美国授权使用《国防生产法》加速清洁能源技术的国内生产、五家领先的美国制造商成立 AM Forward 支持 3D 打印技术应用、美国总统拜登签署了第 14017 号行政命令以强化美国供应链行动、"将半导体制造业带回美国"等制造业智能化政策；日本主要通过发展清洁能源技术、支持量子计算技术发展、拓展人工智能应用、创造创新生态系统等政策促进制造业智能化发展；德国通过加大研究投入、创新成果商业化、协调大学与科研机构和提高科学传播与社会参与等政策促进制造业智能化发展。此外，分别对中国《"十四五"智能制造发展规划》和美国《芯片和科学法案 2022》进行解读及对比分析。

第 2 部分，发展评价篇。在制造业智能化区域研究方面，围绕制造业智能化的概念从智能化基础层、智能化应用层和智能化市场层三个维度构建制造业智能化评价指标体系，进而对 30 个省份及中国主要省会城市、副省级城市和少数制造业特别发达城市等为代表的 24 个样本城市展开了比较分析，并从制造业智能化基础层、应用层、市场层及综合表现 4 个方面考察分析智能化影响下区域制造业发展新进展及地区差异水平。制造业智能化发展产业研究方面，从基础建设层、生产应用层和产出效益层 3 个层面建立了中国制造业智能化评价体系，采用离差最大化方法对家具制造业、造纸和纸制品业、有色金属冶炼和压延加工业这三个流程型制造业行业进行了智能化评价。制造业智能化发展企业研究方面，从制造型企业智能化转型发展的关注水平、管理水平、技术水平等层面构建制造型企业智能化发展水平评价指标体系，并以 76 家家电制造业上市公司和 28 家家具制造业上市公司作为研究对象，评价分析其制造业智能化发展状况，为促进传统制造业企业数字化、网络化和智能化进一步发展提供必要依据。

第 3 部分，专题研究篇。主要围绕人工智能对制造业全球价值链地位的影响，数字化转型与制造业全要素生产率，互联网平台与企业高质量发展，数字经济视域下制造业企业数字化转型机理及路径，智能化与城市绿色发展，人工智能、技术创新与创新模式选择，智能化与制造业绿色发展这 7 个问题进行专题研究。

《中国制造业发展研究报告 2023》的出版对于从事制造业研究，尤其是智能制造领域的专家学者及政策制定者来说，具有重要的参考价值。本研究报告既是一部系统研究中国制造业发展的年度报告，也是一部汇集中国制造业发展数据的权威工具书，还是一部较为全面反映全球制造业发展研究动态的学术导读书，同时是一部旨在推动制造业智能化发展的政策建议书。本书不但理念先进、方法科学，而且数据翔实、行文流畅。其出版无论是在理论上，还是在实践上，都会对我国制造业发展产生积极的影响。我们借此抛砖引玉，愿与更多关注中国制造业发展的朋友们合作，共同研究探索中国制造业发展的轨迹和路径，为铸就中国制造业的辉煌尽一分力量。由于水平所限，本书难免会出现疏漏或不当之处，敬请各位专家和读者批评指正。

目　录

第 2 部分 发展评价篇

第3部分　专题研究篇

第1部分

学术动态篇

第1章 制造业智能化政府及研究报告评析

世界银行 2021 年的年度报告主题为"从危机走向绿色、韧性和包容性复苏"。新冠疫情危机还没有完全化解，2022 年又爆发了俄乌冲突，危机正进一步影响世界经济。世界银行和经济合作与发展组织（Organization for Economic Co-operation and Development, OECD）撰写的报告对危机的影响进行了阐述。整体而言，主要国家制造业智能化发展趋势受到了危机的影响，但趋势并没有发生太大改变。世界银行和 OECD 的报告建议采取制造业智能化减少危机的影响，各主要制造业国家也正在加大制造业智能化的投入。下面对国际组织报告和各主要国家的政策进行梳理。

1.1 主要危机及其对世界经济的影响

影响世界经济的事件主要有新冠疫情、俄乌冲突等。

1.1.1 新冠疫情对世界不同区域的影响

新冠疫情持续影响世界各国。疫情造成全球健康和经济危机，其规模和影响均前所未有：各国卫生系统不堪重负，屡屡采取防控措施，学校停课，粮食供应中断，收入减少。低收入群体、妇女、老人、非正规工人和其他脆弱群体受到的影响尤为严重。疫情逆转了过去数十年的减贫进展，2020 年全球又有约 1 亿人陷入极端贫困。许多国家在努力应对疫情危机的同时，也面临债务困境风险。

2020 年东亚和太平洋地区经济在经历严重冲击后开始反弹，但复苏并不均衡。只有中国和越南呈现"V"形增长路径，全年产出超过疫情前的水平；其他主要经济体产出平均比疫情前下降约 5%，其中印度尼西亚的降幅最小（2.2%），菲律宾最大（8.4%）。一些小岛国的经济衰退尤为严重和持久，斐济、帕劳和瓦努阿图三国 2020 年产出比疫情前下降 10%以上。2021 年中国和越南将分别增长 8.5%和 6.6%，而本地区其余国家总体仅增长 4.0%。太平洋岛国尽管基本上没有受到疫情的直接影响，但由于经济高度依赖旅游业，复苏尤为缓慢，其中约一半国家为负增长。由于疫情和相关防控措施的影响，再加上获取社会支持和数字技术的机会不均，该地区不平等有所上升。在有些国家，收入最低的五分之二家庭的子女参与学习活动的可能性比最富有的五分之一家庭的孩子低20 个百分点。

新冠疫情使撒哈拉以南非洲地区陷入 25 年来的首次衰退并加剧了公共债务脆弱性，多达 4000 万人陷入极端贫困，数年来的减贫进展消失殆尽。不过，由于病毒传播速度低于预期、农业生产增长强劲和大宗商品价格迅速回升，2020 年该地区经济活动仅收缩2.4%。非洲国家也越来越多地采用数字技术来提高生产力和增加就业机会，尤其是扩大妇女和青年就业。根据世界银行的数据，非洲地区 2021 年和 2022 年的经济增长率分别为 4.7%和 3.6%。但其前提是疫苗接种迅速实现、政府采取可信政策刺激私人投资，并且各国在非洲大陆自由贸易区框架下更好地融入区域和全球价值链。

2021 年，欧洲和中亚地区经济增长短暂强劲复苏，经济增长率为 5.9%，至 2022 年回落至 1.9%。据世界银行日前最新发布的《全球经济展望》显示，受外部需求疲软、通胀上升和全球供应链中断拖累，该地区 2023 年的经济增长率预计将维持在 3.9%的水平。在本地区部分国家，新冠疫情可能使人均收入水平倒退至少五年，并使贫困人口增加多达 600 万（主要是由于失业）。其他冲击也给本地区带来挑战，如阿尔巴尼亚、克罗地亚、希腊、塔吉克斯坦和土耳其的大地震以及俄乌冲突等。世界上碳密度最高的 20 个经济体中有 10 个位于东欧和中亚，而且本地区的空气、水和森林等自然资源正在不断耗竭，不可持续。经统计，欧洲八分之一的死亡可归因于污染；而在西巴尔干地区，这个比例更是高达四分之一。

在新冠疫情的第一年，拉美和加勒比地区是受打击最为严重的地区。此前几年，该地区经济增长缓慢，社会指标的进展也十分有限。疫情暴发后经济活动急剧下滑，对当地居民的健康和人力资本也产生了重大影响。2021 年，该地区生产总值增长 6.9%，2022 年增长 3.7%。根据世界银行日前发布的《全球经济展望》显示，该地区 2023 年的经济增长率预计降至 1.5%。尽管已经采取的紧急措施缓解了疫情对本地区的影响，但许多国家的贫困率仍急剧上升。2020 年贫困家庭所占比例较前一年略有下降，降至 21.9%，但脆弱人口占比从 2019 年的 36.9%上升到 2020 年的 38.5%。新冠疫情将给该地区造成诸多长期影响：低水平的学习和就业可能会减少未来收入，而高水平债务则可能给金融部门带来压力并延缓复苏步伐。

受新冠疫情影响，2020 年南亚经济出现了 4.1%的历史性下滑。2021 和 2022 年有所回升，分别增长 8.3%和 6.0%。根据世界银行日前发布的《全球经济展望》显示，2023 年南亚地区经济增长率预计为 5.9%。全球的新极端贫困人口——因为新冠疫情大流行陷入贫困或无法摆脱贫困的人口中，有近三分之二生活在南亚。而早在疫情暴发之前，该地区就有 1.2 亿~1.61 亿人生活在极端贫困中，约占地区总人口的 7%~9%。此外，南亚也极易受到自然灾害和气候变化的影响，贫困、脆弱和边缘化群体受灾害影响更大，用于灾后恢复的资源则更少。

1.1.2 俄乌冲突对世界经济的影响

2022 年 2 月，俄罗斯和乌克兰爆发冲突。俄罗斯和乌克兰是大宗商品出口国，冲突导致能源和食品价格飙升，让全世界许多人的生活更加艰难。直至 2023 年 6 月，俄乌冲突还没有结束。经济增长放缓和通胀程度将取决于国际形势的演变，但很明显，最贫穷的人将受到最严重的打击。这场冲突的代价很高，需要全球分担。

OECD 预测全球经济将急剧减弱。OECD 2023 年 6 月预计全球经济已经开始改善，但复苏态势很弱。预计全球经济增长水平将从 2022 年的 3.3%降至 2023 年的 2.7%，然后在 2024 年回升至 2.9%。全球通胀上升正在侵蚀家庭的实际可支配收入和生活水平，进而降低消费。不确定性正在阻碍企业投资，并有可能在未来几年内抑制供应。

由于风险偏向下行，冲突的代价可能会更高。冲突正在扰乱基本食品和能源的分配，助长各地通胀上升，尤其威胁到低收入国家。欧洲各经济体正在努力摆脱对俄罗斯能源的依赖。但由于替代能源可能不容易迅速增加产量，因此存在价格上涨风险。如果冲突升级或变得更加旷日持久，前景将会恶化，尤其是对低收入国家和欧洲而言。为限制俄罗斯，欧洲对俄罗斯石油出口实行禁运。

首先，冲突可能诱发粮食危机。世界正在生产足够的谷物来养活所有人，但价格非常高，需要进行全球合作，以确保食品以可承受的价格送达消费者手中，尤其是在低收入和新兴市场经济体。这可能需要更多的国际援助以及运输物流，并分发给有需要的国家。全球疫苗分发的缺陷可以类推粮食危机的可能性。

其次，通货膨胀具有很强的分配效应。通货膨胀有助于降低债务，包括公共债务，但它也会侵蚀实际收入、储蓄和购买力。同时，它可能会影响企业的利润，以及投资和创造就业机会的能力。通货膨胀是一种负担，必须在个人和企业之间、利润和工资之间公平分担。对于容易受到食品和能源价格上涨影响的群体，政府应提供必要的支持。

在全球范围内，当前的通胀和就业水平较高，表明不再需要货币宽松政策。然而，在许多地区，通货膨胀是由食品和能源驱动的。在供应驱动型通胀占主导地位的欧洲尤其要谨慎实行合理的货币政策。相反，只要通胀是由过度活跃的需求驱动的，比如在美国，货币政策就可以更快地收紧以减少这种过剩。俄乌冲突提高了各国对国防的公共投资以及向绿色能源过渡的紧迫性的需求。这些需求是在健康、数字化、老龄化和教育等其他投资需求以及公共债务居高不下的情况下出现的。只有更加关注政府的优先事项，才能解决这个难题。在欧洲，一体化和冲突的高度暴露要求各方在国防和能源支出方面更加团结。

这场冲突暴露了能源安全和减缓气候变化是如何相互交织的。各国政府需要加速能源转型。能源危机的紧急反应已证明需要快速增加对清洁能源的投资和消费。但清洁能源需要来自全球各地的矿物和中间材料的投入。简而言之，能源越清洁，价值链就必须越长、地域越多样化。没有开放的贸易和有弹性的全球价值链，就不会有气候变暖减缓。

俄乌冲突引发了一场影响数百万人的重大人道主义危机。相关的经济冲击及其对全球商品、贸易和金融市场的影响，也将对经济成果和生计产生重大影响。在冲突爆发之前，2022~2023 年的前景似乎普遍看好，随着疫情大流行和供应方面的限制减弱，增长和通胀恢复正常。冲突爆发后，OECD 预测俄罗斯和乌克兰的经济将严重衰退，大多数经济体的增长将大大弱于预期，尤其是在欧洲。大宗商品价格大幅上涨，反映了俄罗斯和乌克兰供应在许多市场的重要性，上涨增加了通胀压力并打击了实际收入和支出，尤其是对最脆弱的家庭而言。在许多新兴市场经济体中，由于依赖俄罗斯和乌克兰的农产品出口，粮食短缺的风险很高。预计消费者价格通胀将保持高位，2022 年主要发达经济体平均约为 5.5%，经合组织整体为 8.5%；然后随着供应链和大宗商品价格压力的减弱以及开始感受到紧缩货币条件的影响，通胀将在 2023 年回落。到 2023 年底，许多主要经济体的核心通胀虽然放缓，但预计仍将保持或高于中期目标。

俄乌冲突的影响可能比想象的还要大。例如，由于整个欧洲范围内的俄罗斯天然气供应突然中断，大宗商品价格进一步上涨或全球供应链受到更大破坏。通胀压力也可能强于预期，较高的通胀预期可能偏离各国央行目标，并反映在劳动力市场紧张的情况下工资增长加快。政策利率的急剧上升也可能使增长放缓的幅度超过预期。迄今为止，金融市场已顺利适应更趋紧张的全球金融环境，但高债务水平和资产价格上涨存在显著的潜在脆弱性。许多新兴市场经济体也面临挑战，包括食品和能源价格上涨、从新冠疫情大流行中复苏缓慢、债务高企，以及发达国家利率上升导致资本外流的可能性。新冠疫情大流行的演变也存在风险，如可能会出现新的更具侵略性或传染性的变体。

1.1.3　危机对大宗商品产生的影响

长期以来，粮食、能源、住房和现代文明所带来的一切好处，诸如原材料的大规模生产和消费，推动了全球经济的发展。尽管全球人口在过去 100 年里翻了两番，但全球商品市场使世界储备充足，并支持减贫和提高生活水平。俄乌冲突带来的巨大经济成本、不确定性的增加以及能源危机，使得各国面临通胀压力和疫情复苏失衡的挑战：面对商品价格上涨带来的持续时间和幅度不确定的冲击，货币政策应继续专注于控制通胀。这就要求主要发达经济体采取不同的应对措施。在美国、加拿大和许多较小的欧洲国家，相对快速正常化的诉求尤其强烈，这些国家的需求从新冠疫情大流行中恢复得很好，而在最近的大宗商品价格飙升之前，广泛的通胀压力已经很明显。

鉴于许多国家依赖俄罗斯或乌克兰的出口，这场冲突凸显了能源和粮食安全的脆弱性。正如国际能源署制定的石油和天然气进口计划所强调的那样，一些国家可以相对较快地实现大量但不完全的能源多样化。提供监管和财政激励措施以转向替代能源并投资于创新和基础设施都是帮助发展清洁能源供应和提高能源效率的重要步骤。最近的公共投资计划在这个方向上取得了一些进展。

在过去两年的重叠危机和向低碳生产的持续过渡中，大宗商品市场正在重塑。新冠疫情增加了这些市场的波动性：全球冲击可能会突然大幅推高或降低大宗商品的价格，给发展中经济体带来不稳定的未来。俄乌冲突使保障能源和供应链的安全成为一个更加突出的目标。减少温室气体排放的努力正在转化为降低对化石燃料的依赖，同时增加对建造太阳能和风能基础设施，以及电池储存所需的金属和材料的需求。天然气市场通常在用电高峰需求期间提供电力基本负荷。受俄乌冲突影响，天然气市场的突然中断给电网稳定性、增加间歇性可再生能源发电的电网容量，以及全球恢复煤炭和柴油发电带来了新的困扰。

对于那些只依赖少数商品特别是化石燃料出口的国家来说，商品市场风险最大。与气候相关的化石燃料需求长期下降的风险表明，这些国家产业需要多样化。同样，过于依赖农产品出口的低收入国家，将被鼓励向多样化改革。在这两种情况下，考虑到财政成本和波动风险，广泛的结构性措施有助于鼓励经济多样化：建设人力资本、促进竞争、加强体制、减少扭曲性补贴。广泛的跨国分析已经表明，出口和政府收入来源的更多样化促进了经济体长期增长，提升了对外部冲击的抵御能力。

俄罗斯和乌克兰的冲突对全球经济产生重要影响，它们都是一些重要商品的供应商。它们合计占全球小麦出口的 30%、玉米出口的 15%、矿物肥料和天然气的 20% 以及石油的 11%。此外，全球供应链依赖于俄罗斯和乌克兰的金属和惰性气体出口。冲突爆发后，许多商品的价格急剧上涨，即便生产或出口量没有立即受到任何重大干扰。

化肥供应中断压力进一步增加。俄罗斯是化肥的主要供应国，2020 年化肥出口量占世界出口的 20%，全球贸易市场达 150 亿美元。俄罗斯也是氨和天然磷酸钙的五个最大出口国之一，这两种成分主要用于生产化肥。许多中亚国家以及北欧的一些发达经济体主要依赖俄罗斯进口化肥，一些非洲国家也高度依赖俄罗斯。作物和化肥的短缺将对全球农业生产造成重大压力。

大宗商品价格飙升和可能的生产中断将对许多经济体产生重大影响，特别是新兴市场和发展中经济体。一个特别令人担忧的风险是，某些国家还会面临人道主义灾难，贫困和饥饿会急剧增加。化肥短缺和价格上涨可能会加剧粮食供应冲击，俄罗斯和白俄罗斯是许多国家的主要供应商，这将给这些国家之后的农业产量带来压力。

冲突和对俄罗斯的制裁也通过金融和商业联系影响经济。俄罗斯主权债务的风险溢价扩大。选择性的出口禁令、国际支付的延误和困难正在扰乱贸易——自冲突开始以来，俄罗斯的进口急剧下降——并可能导致以美元计价的俄罗斯债务正式违约，美国银行现在被禁止处理来自俄罗斯的美元支付。世界各地的金融市场状况也收紧，包括与俄罗斯有较强商业联系的中欧和东欧的许多经济体。由于空中和海上交通中断，许多跨国公司已暂停在俄罗斯的业务。

欧洲经济体从俄罗斯进口的能源将在 2023 年大幅下降。欧盟已同意从 2022 年 8 月开始实施从俄罗斯进口煤炭的禁运，并从 2023 年开始禁止从俄罗斯进口石油的海运。此外，一些国家 2022 年已经或将双边停止从俄罗斯进口天然气和管道石油，俄罗斯已经停止向部分欧盟成员国出口天然气。俄罗斯石油产品（包括原油）占欧盟总能源使用量的三分之一以上，即使可以在世界市场上以更高的价格找到替代供应并避免短缺，预计禁运也将推高通胀并削弱经济增长。

1.2　美国的制造业智能化发展政策

尽管有疫情和冲突危机存在，美国联邦政府依旧频繁出台与智能制造业相关的发展政策。2021 年 6 月~2022 年 7 月，美国出台的主要政策包括以下 4 个方面。

1.2.1　清洁能源制造业

面对冲突等引发的可能的能源危机，2022 年 6 月 6 日，美国总统拜登采取大胆的行政行动刺激美国的清洁能源制造业。发展清洁能源技术是美国的国家战略需要。它可以降低该国的家庭能源成本、降低电网风险，并应对气候变化危机。拜登总统从执政开始，就动员投资这些关键技术。为吸引清洁能源制造业投资，2021 年成为美国历史上最大规模的太阳能、风能和电池领域的投资政策制度建设年份。

自拜登总统上任，私营部门已承诺投入 1000 多亿美元的新社会资本，用于在美国制造电动汽车和电池。同时，美国在清洁氢气、核能和其他尖端技术方面也进行了历史性投资。美国各公司正在投资数十亿美元，以发展一个新的海上风电产业。

到 2024 年，美国国内太阳能生产能力也将增长数倍。拜登总统上任以来宣布的扩大国内太阳能生产能力的计划将使目前的基础产能 7.5 GW 再增加 15 GW。到他第一个任期结束时，产能预计将达到 22.5 GW，足以使每年超过 330 万户家庭改用清洁太阳能。

在持续推动国会通过清洁能源投资和减税的同时，拜登总统采取大胆行动，在这一进展的基础上迅速发展，为美国制造的清洁能源未来架起一座桥梁。2022 年，拜登总统采取的行动如下：

（1）授权使用《国防生产法》，目的是加速清洁能源技术的国内生产，包括太阳能电池板部件。

（2）指导制定主供应协议，包括"超级优惠"，将联邦采购的全部权力用于刺激更多的国内太阳能生产能力。

（3）随着国内制造业的迅速扩大，建立一个为期 24 个月的多方协议，以确保美国太阳能投资者清洁能源项目和电网所需组件能够得到可靠供应，同时加强美国贸易法律和流程的完整性。

上述这些行动方案还将共同刺激美国制造业、建筑项目及相关高薪工作的增长，此外，这些措施也将进一步削减家庭能源成本、增强电网基础设施建设、解决气候变化和环境不公问题。有了更强大的清洁能源库，美国可以成为其盟友更强大的伙伴。

拜登总统继续敦促国会迅速通过减税和额外投资，以推进美国清洁能源的发展。如果不采取这些行动，消费者将无法获得削减成本后的清洁能源。这会给美国的电网增加风险，并阻碍美国清洁能源项目建设。这些项目对应对气候危机也至关重要。与此同时，拜登总统将继续利用其行政权力采取大胆行动，建设美国制造的清洁能源未来。美国总统授权能源部利用《国防生产法》迅速扩大美国 5 项关键清洁能源技术的制造，具体包括：光伏组件等太阳能电池板部件，建筑保温系统，可超高效地为建筑物供暖和制冷的热泵，制造和使用清洁发电燃料的设备（包括电解槽、燃料电池和相关铂族金属），以及变压器等关键电网基础设施。

在部署《国防生产法》时，拜登政府大力鼓励使用强有力的劳工标准，包括项目劳工协议和社区福利协议。这些协议提供高于现行工资水平包括当地雇佣条款的工资。政府还将大力鼓励具有环境保护作用的项目，这些项目将有助于低收入社区实现清洁能源转型。在这些措施之后，白宫和能源部门将召集相关行业、劳工、环境正义和其他关键利益相关者，以最大限度地发挥拜登总统授权使用的《国防生产法》的影响，并加强美国清洁能源制造能力。

采购方面，拜登总统将动用联邦采购的力量来刺激更多的美国太阳能制造能力。他指示开发两个新的工具来加速美国制造的清洁能源：一是面向本土太阳能系统制造商的主供应协议，目的是提高国内清洁能源供应商向美国政府出售其产品的效率。二是"超级优惠"措施，联邦政府采购包括光伏组件在内的本国制造太阳能系统时，其标准与《购买美国产品法案》一致。这些工具可以在短期内刺激高达 1 GW 的美国太阳能组件的需求，仅美国政府的需求就可以在未来十年内达到 10 GW。为了进一步提高这些行动的影响，美国政府还将与州和地方政府以及市政公用事业部门合作，将未来十年的潜在市场影响提高到 100 GW 以上。拜登政府促进国内清洁能源创新的举措还包括：

（1）允许在公共土地上使用更多清洁能源。作为拜登政府许可行动计划的一部分，一项新的五个机构合作计划正在通过内政部加快对公共土地上清洁能源项目的审查，帮助美国在 2025 年前实现至少 25GW 的许可，足以为大约 500 万户家庭供电。这些行动已经将清洁能源许可活动增加了 35%，包括重大太阳能项目的批准和租赁。美国还设立了五个新的可再生能源协调办公室，并将公共土地上太阳能和风能项目的租金和费用降低了 50% 以上。

（2）在城市和农村地区推广社区清洁能源。拜登政府正在帮助 17 个当地社区通过在线工具简化安装手续，以便能够在一天内批准住宅太阳能安装许可证，另有 400 个意向社区正在筹备中。国家气候特别工作组发起了新的倡议，增加分布式能源的部署，包括屋顶太阳能，重点是将这些项目的好处带给服务不足的社区。2021 年，美国农业主管部门提供了有史以来最大的农村可再生能源投资。此外，能源主管部门和卫生与公众服务主管部门正在合作开发和试点一个数字平台，将符合低收入家庭能源援助计划条件的客户与社区太阳能用户连接起来，以进一步降低客户的能源成本。同样，美国住房和城市发展部正在与市政当局合作，使经济适用房的居民能够直接受益于低成本社区太阳能发电。

（3）为多样化的太阳能劳动力提供高薪工作，包括获得稳定职业的途径，以及加入工会的自由和公平选择。太阳能行业一直是美国岗位数增长最快的行业之一，许多工作只需要就业者接受过高中教育或职业教育即可。经济发展管理局也拨款支持土著部落和受煤炭影响社区的太阳能就业培训。此外，能源主管部门还发出了信息请求，先后主办了 6 次研讨会，以确定利益相关者的共同目标和需求，包括行业、工会和培训组织。

（4）发展美国清洁能源国内和出口制造业。美国进出口银行 2022 年 4 月通过的"在美国制造更多"倡议将优先投资于扩大清洁能源制造。美国国际开发金融公司支持在世界各地的盟国建立弹性清洁能源制造供应链。

1.2.2　政府支持 3D 打印技术应用

2022 年 5 月 6 日，拜登总统与五家美国先进制造商一起宣布"增材制造业前进"（Additive Manufacturing Forward，AM Forward）计划的实施。AM Forward 是大型制造商之间的自愿契约，旨在帮助其位于美国的小型供应商增加对增材制造（也称为 3D 打印技术）的使用。拜登政府将通过各种当前和拟采取的联邦举措来支持这一努力。这些公共和私人的努力在许多行业的供应链上下游都有潜在的好处：可以提高小企业制造和销售高性能零件的能力、缩短领先企业等待所需零件的时间、提高工人的工资、增加消费者获得更好产品的渠道。3D 打印技术可以减少设备所需的零件数量，并使少量零件的生产成本更低。该技术能制造复杂结构，例如散热的内部通道。3D 打印技术还能通过定制，减少专用组件的需求，实现产品的个性化。该技术可以减少中小企业库存、能耗和原材料。

增材制造的例子分布于诸多领域。例如，医疗器械公司利用增材制造技术制造传统方法无法制造的多孔内部结构，3D 打印技术能够制造刺激骨骼生长的定制髋关节植入物。美国空军使用 3D 打印金属替换零件，而不用再依靠昂贵的库存或等待数年的时间来购买可能难以采购的零件。通用电气利用 3D 打印技术为商用飞机发动机制造燃油喷嘴，实现了 30% 的成本节约。新喷嘴重量轻 25%，耐用度提高 5 倍。

增材制造提高了生产的速度和灵活性。这项技术使企业能够快速应对供应中断，而无须持有最终可能不需要的昂贵零件库存。借助 3D 打印技术，零件可以在订购后数小时或数天内打印并交付。缩短的交付周期有利于航空航天和其他行业的发展，这些行业一直受到锻造和铸造供应链瓶颈的困扰；在某些情况下，零件在订购近一年后才交付。此外，美国制造商通过 3D 打印技术能够在较短的交付周期内为各企业提供先进的组件，使美国供应链更具弹性。

增材制造业还可以减少美国经济对国外投入的依赖。首先，增材制造不需要进口劳动密集型零部件，零件可以作为一个整体打印。其次，企业无须等待特定零件，因此，生产不太容易受到延误，也不太依赖运输基础设施。这种灵活性意味着企业既能更灵活地应对需求变化，又能减少库存。较低的库存使企业能够降低价格，释放企业的营运资本，进一步投资于技术和工人培训和/或增加工人工资。由于生产提前期较短，企业也可以更快地做出反应，改变产品结构，增加或减少产量，以应对需求变化。

虽然增材制造业有着巨大的潜在好处，但美国小型制造商可能不会采用此类新技术。他们可能缺乏来自客户的明确需求信号，客户不愿意提前承诺从投资此类设备的公司购买产品。这可能会使 3D 打印机等设备的投资有一定风险。大型制造商促进小型公司使用 3D 打印技术，使供应链更加可靠、效率更高、生产力更强，牵头公司也会越好。由于一个供应商可能会向多个牵头公司销售产品，因此牵头公司之间的协调比单独行动更有效。通过合作的方式，在一定程度上稳固了投资公司的利益。

扩散市场尚未成熟的新技术，好处可能非常多。例如，一家牵头公司可能会投资帮助供应商开发一个系统，以确保不同的添加剂材料不会相互交叉污染。另一方可以在不花钱的情况下从这项投资中获益。即使知道这一点，牵头公司可能也不会投资。为了解决这些问题，五家美国大型制造商联合宣布了"AM Forward"，这是一项公共自愿契约，旨在帮助其供应商采用 3D 打印技术制造。最初的制造商参与者包括通用电气航空公司、霍尼韦尔公司、西门子能源公司、雷神科技公司和洛克希德·马丁公司。通过 AM Forward，牵头公司将直接与其美国供应商合作，提出对额外生产零件的明确需求。这些公司还承诺向供应商提供技术援助和工人培训，并共同制定制造标准。

获得采用 3D 打印技术的许多好处，不仅包括所涉及的公司本身，也包括该公司的员工，以及他们所居住的社区和愿意购买创新产品的消费者。由于追求利润最大化的公司可能在这些利益方面投资不足，因此联邦政府有必要通过将中小型制造商与美国政府克服此类常见市场失灵的计划相匹配来补充 AM Forward。其中许多项目旨在解决个人投入市场中出现的问题，如资本、劳动力和研究投资太少。通常，协调这些项目的访问和时间安排很困难，尤其是对小公司而言。例如，为了开发附加能力，公司需要为设备融资和培训工人，这两个领域分别由小企业管理局和劳工部提供帮助。美国制造业协会美国国家标准与技术研究所（National Institute of Standards and Technology and America Makes）可以帮助制定标准，以减少测试和供应商资格认证方面的重复工作。制造业推广伙伴关系为个别小公司提供技术援助。通过与 AM Forward 合作，联邦政府可以更有效地协调这些服务。

1.2.3 强化美国供应链的行动

2021 年，美国拜登总统签署了第 14017 号行政命令，指示采取全政府的方式来评估美国关键供应链的脆弱性，并加强其弹性。在其上任 6 个月内，政府完成了对四种关键产品供应链的全面审查，确定了确保这些供应链免受各种风险和脆弱性影响的解决方案，并成立了第一个供应链中断工作队，以应对流行病影响对经济复苏带来的挑战。

这些行动正在推动美国制造业和工业实力的历史性复苏。在拜登总统执政的第一年，美国增加了 36.7 万个制造业就业岗位，这是近 30 年来最高的水平，制造业占美国国内生产总值的比例恢复到新冠疫情前的水平，许多大型公司宣布对美国进行新的重大投资，投资重点集中在制造业领域。美国港口的货物运输量也创下了历史新高，2021 年通胀调整的零售库存（不包括汽车）同比增长了 5%，确保零售商的货架在创纪录的假日季节里备足了库存。重建美国供应链所取得的进展促成了历史上最快的就业增长、近 40 年来最快的经济增长以及比七国集团其他国家更快地复苏。

2022 年 2 月，在拜登总统颁布行政命令一周年之际，七个联邦机构发表了报告，确定了美国一些最关键的供应链中的关键弱点，并制定了相应的长期战略来解决这些弱点。白宫还发布了一份报告，概述了拜登政府在过去一年中为降低美国供应链在一系列关键部门的脆弱性而采取的关键行动。未来几个月，包括商务部和劳工部在内的多个联邦部门和机构将主办区域峰会，将利益相关者聚集在一起，讨论将区域经济发展战略与国家供应链战略相结合的机会。

拜登政府宣布 2022 年会采取额外的具体行动，以建立关键供应链的长期弹性，并正式将整个联邦政府的供应链弹性制度化。这项工作的核心是实施两党基础设施法。这是美国有史以来在实现供应链所依赖的运输系统现代化方面最重要的投资。展望未来，随着里程碑式的《2022 年美国创造制造业机会、技术卓越和经济实力（竞争）法案》《2021 年美国创新和竞争法案》和拜登总统的"重建更好议程"中包含的历史性投资，这些行动将加强美国的供应链，发展制造业，以良好的工会工作为重点，增强美国的国内劳动力。

自上任第一天起，拜登总统就将重点放在工业战略上，以应对与全球流行病相关的问题，振兴美国的制造业基地，加强关键供应链，并使美国工人和企业在 21 世纪的全球竞争中处于领先地位。到目前为止，政府行动使美国两个最大港口的码头上滞留的大量集装箱的数量减少了 70% 以上。美国救援计划已经提供了 6 亿多美元的资源，以增加从加利福尼亚州和佛罗里达州到马萨诸塞州和路易斯安那州的港口劳动力，提高全国港口的设施效率。这些行动也在汽车和半导体行业之间建立了新的供应链伙伴关系。此外，他们还帮助获得了 10 亿美元的 ARP 资金，以扩大肉类加工能力，促进竞争，降低购买价格。

通过进出口银行提出新的国内制造业倡议，以促进美国制造业出口。太多的美国制造商——尤其是中小型制造商——难以获得扩大运营和争夺全球销售所需的资金。作为美国的官方出口信贷机构，进出口银行（EXIM）完全有能力解决这一问题，并在这一过程中为美国的就业提供支持。2022 年春天，进出口银行董事会投票表决一项新的国内举措，其中包括优先向环境有益、小型企业和转型出口领域交易提供融资优先权，另外包括半导体、生物技术及生物医学产品、可再生能源和储能等。这一举措将通过振兴美国制造业、提高供应链的弹性以及为美国公司在海外市场上竞争创造公平的竞争环境，帮助美国赢得未来。

扩大小型制造商的资本准入。甚至在新冠疫情之前，就有很多的小企业难以获得增长和竞争所需的资本。通过财政部和小企业管理局的新项目和现有项目，拜登政府将为小型制造商解锁数百亿美元。具体而言，美国财政部根据新的和改进的国家小企业信贷计划部署提供 700 多亿美元的额外贷款和投资，于 2022 年春天召集州、地方、地区和部落政府，分享想法并强调最佳做法，并在晚些时候建立一个由当选官员和其他利益相关者组成的圆桌会议，以突出成就。其还将为致力于向国内小企业制造商提供资金的小企业投资公司推广许可证并确定其优先顺序。相关基金经理在过去十年中为制造业相关业务提供了超过 140 亿美元的资金，占该计划期间投资总额的 24%。

提升小型和大型制造商的技术领先地位。美国的技术领导力对于建立更大的弹性供应链和全球竞争力，包括制造业创新，仍然至关重要。美国政府将与 16 家美国制造业研究所举办一系列圆桌会议，重点是推广创新技术、促进基于行业的区域劳动力举措、与工会合作以及支持中小型供应商，以制定研究所如何加强供应链的具体建议。还将主办首届美国种子基金创业博览会，以支持小企业创新研究获奖者获取所需资源和援助，帮助他们将创新技术商业化和制造出来，应对关键的供应链挑战。

投资于关键矿产的可持续国内生产和加工。从电机和发电机中的稀土到用于飞机的碳纤维，美国必须确保自身不依赖外国或单一来源的关键矿物。为此，拜登政府宣布了扩大国内稀土加工的计划，加强国防储备，更新采矿法规，以确保可持续和负责任的做法，并提出全面改革过时采矿法的建议。通过美国能源部建立一个全面的综合稀土元素提取和分离设施，以提升从矿山废物中提炼稀土元素的可行性。负排放资源采矿创新计划方面，美国政府还将提供 4400 万美元的融资机会，以提供商业化技术和净零排放或负排放途径，增加铜、镍、锂、钴、稀土元素的国内供应，以及清洁能源转型所需的其他关键要素。这些以及其他确保可靠、可持续和多样化关键矿产和材料供应的努力将有助于美国实现其气候目标，同时创造高薪就业机会，提高竞争力。

通过《购买美国产品法案》的新改革，支持美国关键产品的制造业。拜登总统认为，当美国政府花费联邦美元时，应该购买美国制造的产品。在上任的第一周，他发布了14005 号行政命令，以弥补漏洞并提高管理联邦合同的"购买美国产品"规则的标准。白宫管理和预算办公室不久将发布一项新的"购买美国产品"规则，该规则将创建一类新的关键产品，这些产品将有资格获得更高的价格优惠。通过允许联邦政府为政府的供应链弹性战略所必需的关键本国产品和组件支付额外溢价，新规则将创造稳定的需求来源，有助于促进美国生产和支持薄弱的供应链。一旦实施，美国制造商将更容易获得扩大运营和创造高薪就业所需的政府合同。

1.2.4　将半导体制造业带回美国

半导体是美国人每天使用的商品和产品中必不可少的组成部分。这些电脑芯片对一系列行业和产品至关重要,从汽车到智能手机,再到医疗设备,甚至真空吸尘器。美国过去在全球半导体制造业中居世界领先地位。但近几十年来,美国失去了优势。过去30年来,美国在全球半导体生产中的份额从37%下降到了12%。

新冠疫情使全球半导体供应链的脆弱性备受关注。专家估计,2021年全球芯片短缺使美国国内生产总值下降了整整一个百分点。美国汽车工人因亚洲半导体工厂大规模的生产中断而面临休假和停产,半导体供应链中断导致美国市场的汽车价格大幅上涨。2021年,核心消费者价格指数中三分之一的年度价格上涨是由于汽车价格过高引起。

拜登政府一直在与国会、美国的国际盟友和合作伙伴,以及私营部门合作,以提升美国芯片制造能力,恢复美国制造业的关键就业岗位,解决芯片短缺问题,并确保美国不再面临这些干扰。英特尔将在俄亥俄州哥伦布市外建设一家耗资200亿美元的新工厂。该事件标志着拜登政府在努力扩大美国制造半导体等关键产品产量、解决短期供应链瓶颈、振兴美国的制造基地,以及在国内创造良好就业机会方面取得新进展。这项投资将创造7000个建筑业就业岗位和3000个永久性就业岗位,这是美国经济实力的另一个标志。为了加快这一进展,拜登总统敦促国会通过立法,加强美国关键供应链(包括半导体)的研发和制造。参议院于2021年6月通过了《2021年美国创新和竞争法案》,拜登政府与参议院、众议院合作,最终确定这项立法。它包括《美国芯片法案》,该法案将提供520亿美元,以促进更多的私营部门投资,使美国继续保持技术领先地位。

据半导体行业协会(Semiconductor Industry Association,SIA)称,自2021年初到2025年,行业将在美国新增投资近800亿美元。这些投资将为美国创造数万个高薪就业机会,以支持其技术领先地位,并促进全球半导体供应链的安全和弹性。除了英特尔发布的公告外,其他投资还包括:三星在得克萨斯州投资设立价值170亿美元的工厂——这是拜登政府与韩国总统会晤,并持续努力的结果;得州仪器在得克萨斯州投资高达300亿美元;纽约州建立一家新的全球铸造厂;科锐公司打算斥资10亿美元在北卡罗来纳州扩建现有工厂等。

2021年6月,美国商务部发布了一系列关于如何确保美国半导体供应链安全的建议。自那时起,商务部部长吉娜·雷蒙多、国家安全顾问杰克·沙利文和国家经济委员会主任布莱恩·迪斯与行业领袖、外交伙伴和盟友定期举行后续活动,以推出切实可行的解决方案,加强全球半导体供应链。白宫在这项工作中会见了多家半导体公司的首席执行官。当年10月,拜登总统在意大利G20峰会期间主办了全球供应链峰会,来自14个国家和欧盟的领袖出席了峰会,讨论了供应链中断问题,重点是半导体。拜登总统在与他国领导人的双边会议上还重点讨论了半导体供应链的弹性,并指示美国政府与欧洲合作,加强全球供应链。2021年夏天,美国政府与世界各地的政府和公司合作,以缓解与新冠疫情大流行相关的半导体制造中断,并于2021年9月建立了全球早期预警系统,以识别和应对与新冠疫情相关的中断。

1.3　日本的制造业智能化发展政策

日本政府主要关注9类制造业的创新发展,并在政府网站中进行宣传,分别是:新材料（各种同性石墨、氧化镓、纺织材料等）、医疗器械（β-钛管、眼科刀、冠状动脉和外周导丝）、传染病控制技术、物流解决方案（智能机器人控制器等）、工业机器人（精密减速齿轮等）、医疗解决方案（3D 打印技术等）、清洁能源、半导体、净化水技术。2021年至 2022 年 6 月，日本政府主要采取 4 类措施促进制造业发展。

1.3.1　发展清洁能源技术

日本政府于 2022 年 5 月发布了一份有关"清洁能源战略"的中期报告。目标是到2050 年实现碳中和目标，并在 2030 财年将温室气体排放量减少 46%。日本加快了脱碳的步伐，以实现这两个雄心勃勃的目标。在取得一定进展的同时，俄罗斯与乌克兰爆发冲突，安全局势急剧恶化。因此，日本必须努力减少对俄罗斯的依赖，加速脱碳进程的同时，确保能源稳定供应。

首先，该报告勾勒出一条坚定保障日本能源安全和加速脱碳的道路。日本必须在短期内摆脱对俄罗斯的依赖。除能源多元化外，通过政府参与全球采购等方式，推动拓宽采购来源。此外，日本将与其他主要能源消费国合作，鼓励能源生产国增加产量。必须绝对确保能源的稳定供应，在此前提下，通过"最大限度地利用可再生能源和核电等高安全性和脱碳能源"，加快脱碳努力。

此外，政府已在中期报告中规定了为实现全行业的脱碳绿色转型以促进经济发展和增长，以及升级社会系统和基础设施以实现脱碳的努力。为了向以清洁能源为中心的社会、经济和产业结构转变，预计未来十年将需要通过公私合作伙伴关系进行约 150 万亿日元的投资。作为吸引此类投资的政策响应框架，包括五个部分：①预算措施，②法规和制度，③财务方案，④逐步发展绿色能源联盟，⑤全球战略。日本首相岸田文雄还表示，将首先以经济转型债券（暂定）的形式筹集约 20 万亿日元的政府资金，以确保未来的财政资源为后盾，并考虑迅速将这些资金用于支持投资，并将进一步讨论，以实现这些政策。

2023 财年，绿色能源联盟将在日本全面启动，让行业、政府和学术界的讨论能够在绿色能源的各个方面落地，包括排放交易。在 2022 财年的准备阶段，绿色能源联盟得到了 440 家公司的认可，这些公司占日本总排放量的 40% 以上。通过绿色能源联盟，参与公司制定了与国家一致的减排目标，并每年披露他们为实现这些目标所做的减排努力。如果企业设定的减排目标没有实现，将在参与企业之间进行排放交易或获得碳信用额度。其目的是让绿色能源联盟发展成为一种刺激减排和促进投资的机制。

"亚洲零排放社区"倡议是加强与其他亚洲国家合作的全球战略之一。日本将通过促进联合示范、国际投资和建立生物质、氢、氨、碳捕获、碳利用和碳储存等零排放技术的标准，同时利用该地区的信用，努力在亚洲开展合作脱碳市场。

日本认为到 2050 年实现碳中和的关键是使用氢作为能源。日本对氢的关注度一直较高，其在 2014 年制定了氢利用路线图，并成为世界上第一个实现氢中和的国家。2017年，制定国家氢能战略。2022 年 2 月，世界首艘液化氢载体成功进行海上运输示范试验。该船装载了澳大利亚生产的氢气，然后通过海路运回日本，返回神户港后卸货，完成第一次试航。日本的目标是选择一个拥有丰富的可再生能源和海上运输基础设施的国家合作，以降低氢气的生产成本，将国际氢气供应链商业化。

1.3.2　支持量子计算技术发展

量子计算现在正处于成为现实的初始阶段。在全球激烈的技术开发竞争中，日本政府于 2022 年 4 月制定了量子未来社会愿景，并正在加速该领域的研发。

1999 年，发表在《自然》杂志上的一篇论文首次证明了创建工作量子计算机的现实可能性。该论文描述了世界上首次成功尝试开发作为量子计算机核心的超导量子比特。通过这一突破，通常肉眼看不见的量子力学微观世界以电路的形式在宏观尺度上实现了。使用量子力学进行计算的量子计算机可能比最新的超级计算机强大得多。近年来，世界各国政府都在制定国家战略，大力发展量子计算技术。同样，日本政府认为量子计算是岸田政府新形式资本主义下增长战略的核心要素。

2020 年，政府制定了量子技术与创新战略，并于 2021 年建立了 8 个新的研发中心，以促进合作和加速研究。研发中心的工作遵循全栈方法——从硬件到软件，从基础科学到应用——因此涵盖了研发的广泛方面。2022 年 4 月，日本政府制定了一项名为“量子未来社会愿景”的新战略，该战略在 2020 年战略的基础上扩大了通过量子技术推动社会创新的举措。它旨在通过将量子技术嵌入整个社会和经济系统来实现社会的积极发展，这将为工业增长与碳中和社会创造机会，并解决诸如可持续发展目标提出的社会问题。

几年来，许多外国公司一直在运营由量子计算提供支持的云服务。日本也在将该领域的实际应用变为现实，日本理化学研究所等研发的首台日产量子计算机已于 2023 年 3 月 27 日正式投入使用。然而，人类社会仍处于量子计算时代的黎明。当前，量子计算机的能力有限，它们在一定量的计算后会产生错误，因此，无法进行准确的计算。最终目标是研究出一种容错的量子计算机，以减少计算过程中的错误，同时纠正出现的任何新错误。全球研究人员都面临着巨大的挑战，日本的目标是到 2050 年生产出这种设备。

日本科研人员表示，日本在量子计算方面的优势来自“坚持不懈地进行基础研究，积累成果”。除了开发超导量子比特之外，日本还提出了“量子退火”的概念——量子计算背后的原理之一——支撑了该国对量子技术基础研究的贡献。未来，日本将加快研发步伐，与世界技术领先者并肩作战。

1.3.3　拓展人工智能应用

近年来，随着人工智能接近人类智能水平，人工智能取得了飞速发展。日本政府制定了一项国家战略，旨在加快将人工智能应用于现实生活的进程。日本首创的高级人工智能社会实施的一个例子是使用人工智能进行农业害虫诊断——智能农业驱动的一部分。

“人工智能将超越人类智能。”这样的评论表明人工智能最近的进步是多么显著。日本政府将人工智能视为其增长战略的核心部分，旨在实现岸田政府提出的新型资本主义。自 2019 年以来，一项在社会中进行研发和实施人工智能的国家战略已经启动。根据 2022 年 4 月宣布的《人工智能战略 2022》，日本的目标是创建社会 5.0——从狩猎采集社会向今天的农业社会、工业社会和信息社会发展的下一个合乎逻辑的步骤——这将实现网络空间和物理空间两者之间的先进融合。为了迈出这一步，在该战略和公共/私人研发投资战略扩张计划的支持下，旨在创造科技创新的国家政府举措，人工智能的实施促进农业发生了显著发展。

日本的温带潮湿气候有利于多种害虫滋生。那些被政府指定为有害物种并通过害虫预测项目进行控制的动植物，共有约 110 种。应对这些威胁需要迅速识别它们，然后采取适当的对策。然而近年来，日本的农业人口老龄化以及新农民和农业组织数量的增加，导致害虫诊断和害虫防治技术的顺利传播变得更加困难。值得注意的是，全球变暖和异常天气模式可能导致害虫数量增加，以及它们出现的时间和地点的变化。这意味着传统知识可能不足以应对控制这些害虫。日本国家农业和食品研究组织领导的一个联盟开发了一个复杂的系统，该系统使用人工智能来识别农业害虫的图像。这将使相对缺乏经验的农民能够快速准确地识别害虫。该系统有望成为智能农业方法的一部分，该方法的使用可以减少农用化学品使用并提高农业效率。相对于其他国家的类似系统，该系统在训练人工智能的数据质量和数量方面都非常出色。该联盟与日本 24 个县的公共研究机构合作，收集了大约 700 000 张害虫图像，专家用准确的标签进行了标记。此外，该联盟还与具有人工智能知识的大学和系统开发公司合作，通过使用卷积神经网络（一种以人类视觉皮层建模的深度学习方法）去除背景和检测物体来更准确地识别图像。诊断结果是一个系统可以识别四种作物的主要害虫——西红柿、黄瓜、草莓和茄子——准确率超过 80%。

然而，后续将系统付诸实践时出现了问题，原因是研究机构不擅长商业服务。研发机构将系统发布于农业数据协作平台，于 2021 年以 Web 应用程序编程接口的形式发布该人工智能诊断系统。它为私营企业提供了可负担的系统访问权限，以开发自己的人工智能病虫害诊断应用程序。因此，该技术很快被实际农业领域接受。今年，该系统又增加对 8 种作物的害虫识别诊断。接下来，该联盟计划创建一个数据聚合方案，利用从普通用户那里收集的数据来训练人工智能，进一步提高系统的准确性。该系统还将获得一项功能，可提供有关已识别害虫的生态和控制方法的信息。该联盟已收到私营企业关于在其他国家推广该系统的询问，并考虑在未来将其本地化。人们编程人工智能，人工智能帮助人类。通过这个循环，人类和人工智能将共同成长，这是日本的人工智能应用发展策略。

1.3.4　创造创新生态系统

冲绳科学技术大学院大学（Okinawa Institute of Science and Technology Graduate University，OIST）的研究成果在 NatureIndex 中名列前茅，它为研究人员和早期创业公司提供全面和实际的支持，以刺激经济增长。

OIST 于 2011 年在日本政府的支持下成立，有两个目标：帮助日本最南端的冲绳县实现自我可持续发展，为国际科技发展做出贡献。为实现这些目标，OIST 将建立一个知识集群，以促进冲绳的技术转让。

2021 年，职业技术转让团队加入 OIST，其中，Granot Mayer 担任技术开发和创新执行副总裁。2021 年 12 月，NatureIndex 考察了几所大学的研究产出标准化规模，OIST 排名第一。对于一所偏远的年轻大学来说，这是一项了不起的成就。Granot Mayer 指出了使 OIST 表现优异的几个因素，重点是国际化、以英语为主要语言、结构扁平化、跨学科。为了鼓励合作，没有设置部门，每个研究小组都有稳定的长期资金，这使研究人员可以大胆冒险，最大限度地提高取得突破的概率。此外，OIST 还致力于提供住房和其他设施与服务来吸引外国学生和教职员工。2022 年初，OIST 拥有 255 名博士，他们来自 50 个国家和地区。

近几十年来最大的公共卫生威胁之一是新冠疫情，这在许多层面上对 OIST 来说都是一个严峻的挑战。在这场与病毒的斗争中，OIST 的科学家也有重大发现。OIST 的创新广场启动加速器计划致力于培育和商业化新技术以支持经济增长。2018 年，冲绳政府出资设立第一家全球加速器。每年，OIST 都会选择两家全球初创公司来获得驻留项目和 1000 万日元的资金。除了科学专业知识外，他们还可以从 OIST 的风险投资家社区获得有用的反馈。通过促进冲绳的创业公司发展，OIST 旨在加强大学周围的创新生态系统，并为该地区的自我维持经济发展做出贡献。与此同时，OIST 正在帮助创建一个 40 万～5000 万美元的基金，用于早期支持冲绳和世界各地的初创公司。

1.4　德国的制造业智能化发展政策

德国是欧盟成员国之一，也是七国集团中的一员。在面对气候变化、能源转型、数字化发展、新冠疫情大流行、俄乌冲突及其对世界贸易影响等方面，德国希望与其他国家一起应对。德国政府呼吁社会共同努力，以确保通胀不会固化。德国总理邀请雇主和工会于 2022 年 7 月 4 日在总理府启动"协同行动"。主要希望解决以下问题：①预防高通货膨胀。作为工业日的发言人，联邦财政部部长克里斯蒂安·林德纳（Christian Lindner）警告了高通胀的严重后果。他说，"高通胀正在侵蚀其他一切的经济基础"。这就是现在必须确定预算优先事项和质疑补贴的原因。他将坚持回归"债务刹车"，避免德国债务进一步增加。同时联邦经济部部长罗伯特·哈贝克谈到了俄乌冲突及其影响深远的经济、社会和能源政策后果。②使用可再生能源。德国总理称联邦政府的复活节一揽子计划是几十年来最大的能源政策修正案，为包括海上风电、陆上风电和光伏发电加速发展奠定了重要基础。德国总理声明，启动所有杠杆以降低电价。基本原则包括可再生能源的使用现在符合压倒一切的公共利益，它服务于公共安全；到 2030 年，80%的电力需求和50%的热量应该由可再生能源覆盖。总结起来，在发展智能制造方面，德国主要进行了以下工作。

1.4.1　加大研究投入

研究和创新是推动进步的引擎。为了确保繁荣、生活质量、社会凝聚力和可持续发展的社会，德国联邦政府需要依靠强大的研究环境。2020 年德国的政府、企业和大学在研发方面投入了约 1059 亿欧元，相当于德国经济产出的 3.14%。到 2025 年，一般政府研发支出占 GDP 的比例将提高到 3.5%。联邦政府的目标是以此为基础，激发新的技术、数字经济、社会和可持续创新力量。应用科学大学和学院构成德国科学体系的基础，以促进和加速创新及从基础研究向应用的转移。在欧洲和国际层面建立更强大的网络，能产生协同效应并增加创新潜力。

联邦政府确定了六个未来的核心领域：

（1）为具有竞争力和气候中和的行业提供现代技术，确保清洁能源的生产和供应，以及可持续的流动性。

（2）气候变化影响、生物多样性、可持续性、地球系统和相应的适应战略，以及可持续农业和粮食系统。

（3）利用生物技术和医疗程序建立预防性、防危机的现代医疗保健系统。

（4）技术主权和数字化的潜力，如人工智能和量子技术，用于基于数据的解决方案。

（5）探索太空和海洋，创造可持续利用。

（6）社会复原力、性别平等、凝聚力、民主与和平。

1.4.2　创新成果商业化

创新既加强了德国的商业地位，也促进了整个社会的发展。创新的力量在于区域。联邦政府的目标是加强面向应用的研究和转让，这创造并加强了区域和国家创新生态系统。德国转让与创新署就是为此目的而成立的。它的设立将扩大和促进社会和技术创新，特别是在应用科学大学、中小型大学、初创企业、中小企业以及社会和公共组织等之间的合作。

详细计划如下：

（1）扩大应用科学大学的现有资助计划。

（2）捆绑来自不同部门的资助计划。

（3）创建可以在真实条件下测试创新技术、服务或商业模式的新实验空间。

（4）将选定地点扩展到国际研究和转移区域。

（5）基于英国模式的创新区域创建。

知识从研究到商业的转移起着核心作用。因此，联邦政府将促进分拆，并向大学提供联邦资金，以创建用于技术和社会创业的初创基础设施。联邦政府将推广使未使用的专利为市场所知和可访问的平台。此外，突破性创新机构的法律和财务框架应得到大幅改善，使其能够更加自由地行动和投资。

1.4.3　协调大学与科学研究机构

应用科学大学和学院是德国科学领域的支柱。联邦政府将继续开辟联邦和州政府之间的合作路径，以建立可持续的科学体系，并抵消大学与非大学研究机构之间预算发展的脱钩。详细内容为

（1）从 2022 年起，实行研究和创新协定，实现"未来合作加强研究和教学"的动态化。

（2）创新基金继续扩大在大学教学中的支持力度，特别是在数字化教学领域。

（3）联邦计划建立"数字大学"，用于支持创新教学、数字基础设施和网络安全。

（4）强化卓越战略，创造创新团队的竞争空间。

（5）简化并加速危急情况下和优先行动领域的研究资助程序。

（6）通过共享服务平台、协同管理和更高效的报告义务，减少研究和管理方面的官僚作风。

1.4.4　提高科学传播与社会参与

科学不是一个封闭的系统，而是在与社会的交流中蓬勃发展的领域。因此，联邦政府希望在所有科学职业级别和批准资金时系统地锚定科学交流；还致力于通过独立基金会促进科学传播的发展。

1.5　本章小结

国际组织和各主要制造业国家有三个共同的特征。一，十分关注清洁能源技术。二，各主要国家均在增加制造业创新资源和投入。三，不同类型国家的智能制造发展策略不同。这与国家的定位、人口和技术发展程度相关。

参 考 文 献

德国政府. 2022. 德国的研究和创新体系正在证明其价值[EB/OL]. https: //www.bundesregierung.de/ breg-de/themen/forschung/forschung-2054544.

德国政府. 2022. 通过研究取得进展[EB/OL]. https: //www.bundesregierung.de/breg-de/themen/forschung/ fortschritt-durch-forschung-1986628.

日本政府. 2022. 到 2050 年实现碳中和的清洁能源战略[EB/OL]. https: //www.japan.go.jp/ kizuna/2022/06/clean_energy_strategy.html.

日本政府. 2022. 人工智能的影响：任何人都可以成为熟练的农民[EB/OL]. https: //www.japan.go.jp/ kizuna/2022/05/anyone_can_be_a_skilled_farmer.html.

日本政府. 2022. 在超导量子比特的故乡触摸量子技术的前沿[EB/OL]. https: //www.japan.go.jp/kizuna/ 2022/05/cutting_edge_of_quantum_technology.html.

日本政府. 2022. 在冲绳创造创新生态系统[EB/OL]. https: //www.japan.go.jp/kizuna/2022/05/ innovation_ecosystem_in_okinawa.html.

世界银行集团. 2022. 2021 年年度报告"从危机到绿色、弹性和包容性复苏"[EB/OL]. https: //www.worldbank.org/en/about/annual-report.

世界银行集团. 2022. 2022 年世界发展报告"公平复苏的融资"[EB/OL]. https: //www.worldbank. org/en/publication/wdr2022.

The White House. 2022. FACT SHEET: Biden-Harris Administration Bringing Semiconductor Manufacturing Back to America[EB/OL]. https://www.whitehouse.gov/briefing-room/statements-releases/2022/01/21/fact-sheet-biden-harris-administration-bringing-semiconductor-manufacturing-back-to-america-2/.

The White House. 2022. FACT SHEET: President Biden Takes Bold Executive Action to Spur Domestic Clean Energy Manufacturing[EB/OL]. https://www.whitehouse.gov/briefing-room/statements-releases/2022/06/fact-sheet-president-biden-takes-bold-executive-action-to-spur-domestic-clean-energy-manufacturing/.

The White House. 2022. Using Additive Manufacturing to Improve Supply Chain Resilience and Bolster Small and Mid-Size Firms[EB/OL]. https://www.whitehouse.gov/cea/written-materials/2022/05/09/usingadditive-manufacturing-to-improve-supply-chain-resilience-and-bolster-small-and-mid-size-firms/.

The White House. 2022.The Biden-Harris Plan to Revitalize American Manufacturing and Secure Critical Supply Chains in 2022[EB/OL]. https://www.whitehouse.gov/briefing-room/statements-releases/2022/02/24/the-biden-harris-plan-to-revitalize-american-manufacturing-and-secure-critical-supply-chains-in-2022/.

撰稿人：张丽杰
审稿人：刘　军

第2章 制造业智能化政策国际比较研究

新一轮科技革命和产业变革蓬勃发展，智能制造成为现代制造发展的必然趋势。工业和信息化部将智能制造定义为："智能制造是基于新一代信息通信技术与先进制造技术深度融合，贯穿于设计、生产、管理、服务等制造活动的各个环节，具有自感知、自学习、自决策、自执行、自适应等功能的新型生产方式。"作为制造强国建设的主攻方向，智能制造发展水平关乎我国未来制造业的全球地位。发展智能制造，对于加快发展现代产业体系，巩固壮大实体经济根基，构建新发展格局，建设数字中国具有重要意义。美国作为世界第一大经济体，从2008年全球金融危机后，一直致力于再工业化，着力发展制造业。

鉴于推动智能制造发展离不开政策的支持与引导，建立完善的政策体系，既有利于营造支持智能制造创新发展的良好环境，也有利于引导传统企业借助智能制造技术实施转型升级。为此，本章将梳理中、美两国智能制造业政策。

2.1 中国的制造业政策

"十三五"以来，我国采取政策保证、试点示范应用、系统解决方案供应商培育、标准体系建设等多措并举，促进制造业发展。例如，2016年12月8日，工业和信息化部、财政部联合制定的《智能制造发展规划（2016—2020年）》（以下简称《规划》）颁布。《规划》指出2025年前，我国推进智能制造发展实施"两步走"战略；并实现四个具体目标：智能制造技术与装备实现突破、发展基础明显增强、智能制造生态体系初步形成和重点领域发展成效显著。随后《高端智能再制造行动计划（2018—2020年）》《国家智能制造标准体系建设指南（2018年版）》陆续发布，进一步明确了智能制造的重点方向和发展目标。2019年7月，工业和信息化部等十部委联合印发了《加强工业互联网安全工作的指导意见》，提出了两大总体目标：一是到2020年底，工业互联网安全保障体系初步建立；二是到2025年，制度机制健全完善，技术手段能力显著提升，安全产业形成规模，基本建立起较为完备可靠的工业互联网安全保障体系。经过努力，已形成了央地紧密配合、多方协同推进的工作格局，我国智能制造发展取得长足进步。首先，供给能力不断提升，智能制造装备国内市场满足率超过50%，主营业务收入超10亿元的系统解决方案供应商达43家；其次，支撑体系逐步完善，构建了国际先行的标准体系，发布国家标准300余项，主导制定国际标准42项，培育具有行业和区域影响力的工业互联网平台近100个；最后是推广应用成效明显，试点示范项目生产效率平均提高45%、产品研制周期平均缩短35%、产品不良品率平均降低35%，涌现出网络协同制造、大规模个性化定制、远程运维服务等新模式新业态（工信部装备工业一司，2021）。

国际方面，全球新一轮科技革命和产业变革深入发展，新技术不断突破并与先进制造技术加速融合，为制造业高端化、智能化、绿色化发展提供了历史机遇。国际环境日趋复杂，全球科技和产业竞争更趋激烈，大国战略博弈进一步聚焦制造业。美、德、日等工业发达国家均将智能制造作为抢占全球制造业新一轮竞争制高点的重要抓手。国内方面，我国已转向高质量发展阶段，正处于转变发展方式、优化经济结构、转换增长动力的攻关期。站在新一轮科技革命和产业变革与加快转变经济发展方式的历史性交汇点，我国要坚定不移地以智能制造为主攻方向，推动产业技术变革和优化升级，推动制造业产业模式和企业形态根本性转变，以"鼎新"带动"革故"，提高质量、效率效益，减少资源能源消耗，畅通产业链供应链，促进我国制造业迈向全球价值链中高端。

结合国内和国际形势，为确保"十四五"期间我国智能制造平稳发展，2021 年 12 月，工业和信息化部、国家发展和改革委员会、教育部、科技部、财政部、人力资源和社会保障部、国家市场监督管理总局、国务院国有资产监督管理委员会八部门联合印发《"十四五"智能制造发展规划》（以下简称《规划》）。《规划》对"十四五"期间智能制造的总体思路、重点任务、保障措施和组织实施进行了论证和说明。2021 年 12 月 28 日，工业和信息化部装备工业一司在工业和信息化部网站，从《规划》的编制背景、总体考虑、指导思想和目标、重点任务、专项行动和保障措施等，对《规划》进行解读。

2.1.1　《"十四五"智能制造发展规划》的总体考虑

一是突出系统观念。智能制造是一项持续演进、迭代提升的系统工程，需要长期坚持、分步实施，并行推进数字化、网络化、智能化。在深入研究了智能制造理论体系、战略路径、目标体系和推进体系的基础上，提出围绕智能制造系统的建设，着力打造涵盖创新、应用、供给和支撑 4 个体系的智能制造发展生态。同时，聚焦新阶段新要求，统筹考虑区域、行业发展差异，充分发挥地方、行业和企业积极性，分层分类系统推动智能制造创新发展。

二是突出问题导向。当前，我国智能制造发展已由理念普及、试点示范转向系统创新、深化应用的新阶段。但与制造业高质量发展的要求相比，仍存在供给体系适配性不高、创新能力不强、应用深度广度不够等突出问题。《规划》针对性地提出了"加快系统创新""深化推广应用""加强自主供给""夯实基础支撑"等任务。

三是突出融合发展。既突出要加强跨学科、跨领域合作，推动新一代信息技术与先进制造技术的深度融合；又强调要发挥龙头企业牵引作用，带动上下游企业同步开展智能化改造，推动产业链供应链深度互联和协同响应，实现大中小企业融通发展。

2.1.2　《"十四五"智能制造发展规划》的指导思想和目标

《规划》以习近平新时代中国特色社会主义思想为指导，全面贯彻党的十九大和十九届二中、三中、四中、五中、六中全会精神，立足新发展阶段、贯彻新发展理念、构建新发展格局，深化改革开放，统筹发展和安全，以新一代信息技术与先进制造技术深度融合为主线，深入实施智能制造工程，着力提升创新能力、供给能力、支撑能力和应用水平，加快构建智能制造发展生态，持续推进制造业数字化转型、网络化协同、智能化变革，为促进制造业高质量发展、加快制造强国建设、发展数字经济、构筑国际竞争新优势提供有力支撑。

《规划》提出推进智能制造的总体路径是：立足制造本质，紧扣智能特征，以工艺、装备为核心，以数据为基础，依托制造单元、车间、工厂、供应链等载体，构建虚实融合、知识驱动、动态优化、安全高效、绿色低碳的智能制造系统，推动制造业实现数字化转型、网络化协同、智能化变革。未来 15 年通过"两步走"，加快推动生产方式变革：①到 2025 年，规模以上制造业企业大部分实现数字化网络化，重点行业骨干企业初步应用智能化；②到 2035 年，规模以上制造业企业全面普及数字化网络化，重点行业骨干企业基本实现智能化。

《规划》提出了 2025 年三项具体目标：

（1）转型升级成效显著。70%的规模以上制造业企业基本实现数字化网络化，建成 500 个以上引领行业发展的智能制造示范工厂。制造业企业生产效率、产品良品率、能源资源利用率等显著提升，智能制造能力成熟度水平明显提升。

（2）供给能力明显增强。智能制造装备和工业软件技术水平和市场竞争力显著提升，市场满足率分别超过 70%和 50%。培育 150 家以上专业水平高、服务能力强的智能制造系统解决方案供应商。

（3）基础支撑更加坚实。建设一批智能制造创新载体和公共服务平台。构建适应智能制造发展的标准体系和网络基础设施，完成 200 项以上国家、行业标准的制修订，建成 120 个以上具有行业和区域影响力的工业互联网平台。

2.1.3 《"十四五"智能制造发展规划》的重点任务

结合我国智能制造发展现状和基础，《规划》紧扣智能制造发展生态的四个体系，提出"十四五"期间要落实创新、应用、供给和支撑四项重点任务。

一是加快系统创新，增强融合发展新动能。①攻克 4 类关键核心技术，包括：基础技术、先进工艺技术、共性技术以及人工智能等在工业领域的适用性技术。②构建相关数据字典和信息模型，突破生产过程数据集成和跨平台、跨领域业务互联，跨企业信息交互和协同优化以及智能制造系统规划设计、仿真优化 4 类系统集成技术。③建设创新中心、产业化促进机构、试验验证平台等，形成全面支撑行业、区域、企业智能化发展的创新网络。

二是深化推广应用，开辟转型升级新路径。①建设智能制造示范工厂，开展场景、车间、工厂、供应链等多层级的应用示范，培育推广智能化设计、网络协同制造、大规模个性化定制、共享制造、智能运维服务等新模式。②推进中小企业数字化转型，实施中小企业数字化促进工程，加快专精特新"小巨人"企业智能制造发展。③拓展智能制造行业应用，针对细分行业特点和痛点，制定实施路线图，建设行业转型促进机构，组织开展经验交流和供需对接等活动，引导各行业加快数字化转型、智能化升级。④促进区域智能制造发展，鼓励探索各具特色的区域发展路径，加快智能制造进集群、进园区，支持建设一批智能制造先行区。

三是加强自主供给，壮大产业体系新优势。①大力发展智能制造装备，主要包括 4 类：基础零部件和装置、通用智能制造装备、专用智能制造装备以及融合了数字孪生、人工智能等新技术的新型智能制造装备。②聚力研发工业软件产品，引导软件、装备、用户等企业以及研究院所等联合开发研发设计、生产制造、经营管理、控制执行等工业软件。③着力打造系统解决方案，包括面向典型场景和细分行业的专业化解决方案，以及面向中小企业的轻量化、易维护、低成本解决方案。

四是夯实基础支撑，构筑智能制造新保障。①深入推进标准化工作，持续优化标准顶层设计，制修订基础共性和关键技术标准，加快标准贯彻执行，积极参与国际标准化工作。②完善信息基础设施，主要包括网络、算力、工业互联网平台 3 类基础设施。③加强安全保障，推动密码技术应用、网络安全和工业数据分级分类管理，加大网络安全产业供给，培育安全服务机构，引导企业完善技术防护体系和安全管理制度。④强化人才培养，研究制定智能制造领域职业标准，开展大规模职业培训，建设智能制造现代产业学院，培养高端人才。

2.1.4　《"十四五"智能制造发展规划》部署的专项行动

围绕创新、应用、供给和支撑四个方面，《规划》部署了智能制造技术攻关行动、智能制造示范工厂建设行动、行业智能化改造升级行动、智能制造装备创新发展行动、工业软件突破提升行动、智能制造标准领航行动共六个专项行动：

一是开展智能制造技术攻关行动，重点突破基础技术、先进工艺技术、共性技术以及适用性技术 4 类关键核心技术，生产过程数据集成、业务互联、协同优化以及仿真优化 4 类系统集成技术。

二是开展智能制造示范工厂建设行动，面向企业转型升级需要，打造智能场景、智能车间、智能工厂和智慧供应链，形成多场景、全链条、多层次应用示范。

三是开展行业智能化改造升级行动，针对装备制造、电子信息、原材料、消费品四个传统产业的特点和痛点，推动工艺革新、装备升级、管理优化和生产过程智能化。

四是开展智能制造装备创新发展行动，加快研发基础零部件和装置、通用智能制造装备、专用智能制造装备以及新型智能制造装备四类智能制造装备。

五是开展工业软件突破提升行动，加快开发应用研发设计、生产制造、经营管理、控制执行、行业专用及新型软件六类工业软件。

六是开展智能制造标准领航行动，从标准体系建设、研制、推广应用和国际合作四个方面，推动智能制造标准化工作走深、走实。

2.1.5　《"十四五"智能制造发展规划》的保障措施

为确保各项目标和重点任务的顺利实施，《规划》提出了四个方面的保障措施：

一是强化统筹协调，加强部门协同和央地协作，充分发挥专家、研究机构和智库作用等，鼓励企业结合自身实际加快实施智能制造，形成系统推进工作格局。

二是加大财政金融支持，加强国家科技重大专项等对智能制造领域的投入，鼓励产业基金、社会资本加大投资，积极拓宽企业融资渠道。

三是提升公共服务能力，鼓励各方建设智能制造公共服务平台，支持第三方机构开展智能制造能力成熟度评估，研究发布行业和区域智能制造发展指数。

四是深化开放合作，加强国际交流和知识产权保护，鼓励国外机构在华建设智能制造研发中心、示范工厂、培训中心等，推动智能制造装备、软件、标准和解决方案"走出去"。

2.2　美　　国

2008 年金融危机之后，美国开始反思过度依赖虚拟经济的产业政策，再次将制造业作为振兴美国经济的抓手，启动再工业化。美国国会先后通过了《先进制造业伙伴计划》和《振兴美国制造业和创新法案》。这两部法案为美国智能制造业的顶层设计奠定了重要基础，对美国制造业创新中心的设立起了重要的引导作用。

2014 年，美国国会以法案形式确立了《国家制造业创新网络》，主张建立关键领域的研究所来聚合产业界、学术界、联邦及地方政府等多个主体，建立和完善创新生态系统（United States Congress，2014）。2018 年 10 月，先进制造技术分委会发布《先进制造业美国领导者战略》（*Strategy for American Leadership in Advanced Manufacturing*）；2019 年 6 月，白宫发布《国家人工智能研究和发展战略计划》（*The National Artificial Intelligence Research and Development Strategic Plan:2019 update*）。

为了"对抗"中国日益增长的影响力，2021 年 6 月，美国参议院通过了《2021 年美国创新和竞争法案》（*United States Innovation and Competition Act of* 2021），其中的拨款方案和《无尽前沿法案》（*Endless Frontiers Act*，2020）主张美国联邦政府应通过关键领域的公共投资增强美国新技术实力（United States Congress，2021）。另外，2021 年美国众议院通过了《国家科学基金会未来法案》（*National Science Foundation for the Future Act*），该法案一方面从机构设置上对美国国家科学基金会（NSF）进行改造，另一方面倡导对多个技术领域的投资与关注。孙毅等（2021）分析指出美国智能制造产业政策体现在 4 个方面：政府发挥全方位引领作用，强化高端产业布局；培育创新生态系统，共享智能制造资源；完善人才培养体系，加快发展先进制造业劳动力的步伐；推动科技体制变革，创新资源配置方式。雷芳等（2022）认为美国最突出的优势在于，能够将其研究型大学雄厚的科研创新能力与企业的应用开发紧密结合起来，即由研究型大学支撑的企业前沿技术创新能力；美国更关注宏观层面的、覆盖多个工业领域的工业互联网体系，而不局限于制造业。

美国一直视中国为"威胁"，试图提升其在科技领域对中国的竞争力。特别是其半导体生产在全球的份额已经从 1990 年的 37%下降到如今的 12%，美国政府计划通过巨额补贴和税务减免，吸引各家芯片企业在美国兴建芯片工厂，扩大本土芯片的产能规模。经历三年多的拉锯战，终于在 2022 年 8 月 9 日上午，美国总统拜登在白宫正式签署了《芯片和科学法案 2022》（*CHIPS and Science Act of* 2022）。白宫新闻办公室在宣布《芯片和科学法案 2022》通过的声明的标题中直言不讳地写道"针对与中国的竞争"。拜登表示："该法案对制造业者来说是个好日子，未来将是'美国制造'，美国在实现这一目标。"下面本节将重点对这一法案进行阐述。

2.2.1　《芯片和科学法案 2022》的举措

一是金额补贴。2022~2026 年，该法案将为美国的半导体生产和研究提供 527 亿美元的补贴，主要投向半导体企业的制造及研发补贴、半导体研究机构、国防芯片技术、半导体技术国际合作、半导体人才培养等领域。其中，"美国芯片基金"共 500 亿美元，其中 390 亿美元用于鼓励芯片生产，110 亿美元用于补贴芯片研发；"美国芯片国防基金"共 20 亿美元，用以补贴国家安全相关的关键芯片的生产；"美国芯片国际科技安全和创新基金"共 5 亿美元，用以支持建立安全可靠的半导体供应链；"美国芯片劳动力和教育基金"共 2 亿美元，用以培育半导体行业人才。

二是税收减免。在美国建立芯片工厂的企业将获得 25% 的减税，并包括半导体制造过程所需的先进设备的激励措施，估计价值 240 亿美元。

三是生态系统打造。明确上游供应商获得法案资金的资格，目标是建立强大的半导体制造生态系统。例如，禁止接受法案资金资助的公司在中国等其他特别关切国家扩建某些关键芯片制造。禁止接受联邦奖励资金的企业，在那些对美国国家安全构成威胁的特定国家扩建或新建某些先进半导体的新产能。

四是财务披露。要求接受 NSF 资助的机构，每年披露其海外财务安排。接受 NSF 资助的机构必须披露对受重点关注的外国（中国等）的财政支持，并允许 NSF 在某些情况下减少、暂停或终止资助。

2.2.2　《芯片和科学法案 2022》的目的

长期以来，亚洲都在芯片制造上领先，《芯片和科学法案 2022》激励芯片制造重回美国的同时，也在遏制中国芯片制造的发展。具体而言：

一是通过立法，美国欲在"芯片霸权"下，利用芯片产业达到其他目的，从而实施"政治要挟"。

二是该立法旨在确保美国在制造业等科技领域的领先地位，缓解影响汽车、武器、洗衣机和电子游戏等一切事物的持续短缺。

三是针对中国正在崛起的半导体产业。法案还为这些资金的使用采取了严格的规定：接受了激励奖金的企业十年内将无法在包括中国在内的受关注国家扩大先进产能，否则将会被全额收回补贴。美国希望保持自身技术优势，对芯片流通实施更多限制，拉拢他国阻止中国获得更先进的芯片产品和技术。

2.2.3　《芯片和科学法案 2022》的影响

一是可能影响全球芯片产能和资本开支结构。实施补贴和税收减免等政策，鼓励美国半导体尤其是半导体制造产业生态发展，并限制接受法案资助的企业在中国等其他特别关切的国家扩建或新建某些关键芯片和先进半导体的产能，可能会影响海外企业的产能扩建和资本开支。

二是可能影响中国芯片产业发展和人才引进。《芯片和科学法案 2022》能在实践中产生多大的效果，或许尚需时间检验，但其背后所透露出来的信息不仅在于增强美国自己的实力，同样重视给予竞争对手直接打压。例如，对于中国国内半导体产业，特别是 14nm 以下先进制程的发展会动力不足，建设速度会放慢（雷峰网，2022）。法案的推进会为美国的科研领域注入大笔资金，间接性催生出十万左右科研岗位，这将在所有领域阻断中国芯片人才与海外沟通交流的渠道和方式。但集微网的资深分析师王凌峰表示，中国半导体行业近几年的薪资水平明显提高，赴海外工作的吸引力正不断缩小，加之目前中国创业投资环境向好，有更大的发展空间和更多的成功机遇，因此依然看好海外人才继续流向中国。

2.3　中美比较分析

中、美两国作为世界最大的两个经济体，都非常重视制造业在国民经济发展中的重要地位。各自依据自身的发展优势，明确具有特色的制造业智能化转型主导力量、涵盖领域、重点环节、发展思路和发展目标等。

2.3.1　相同点

一是两国政府都强调制造业发展的顶层设计。《中国制造 2025》于 2015 年颁布，是我国实施制造强国战略第一个十年的行动纲领。之后，出台包括《智能制造发展规划（2016—2020 年）》（2016 年）、《新一代人工智能发展规划》（2017 年）、《工业互联网创新发展行动计划（2021—2023 年）》（2021 年）、《"十四五"智能制造发展规划》（2022年）等一系列战略规划。美国自 2009 年以来出台包括《制造业促进法案》《重振美国制造业和创新法案》"先进制造业国家战略计划""国家制造创新网络计划（制造美国）"以及《2021 年美国创新和竞争法案》《芯片和科学法案 2022》等一系列战略规划。通过资金支持、税收减免、人才培养等政策推动各项计划的实施。

二是两国都重视智能化转型相关的人才培养。教育和人才培养是制造业智能化转型的重要基础。"十年树木，百年树人"，我国历来重视教育和人才培养。制造业发展离不开人才。中国《"十四五"智能制造发展规划》的重点任务中明确提到，强化人才培养，研究制定智能制造领域职业标准，开展大规模职业培训，建设智能制造现代产业学院，培养高端人才。美国在一系列发展战略规划中都提到，推动先进制造业的劳动力发展是重要目标之一，要求每个项目都要进行人才的培训。以 2022 年 8 月签署的《芯片和科学法案 2022》为例，提出设立"美国芯片劳动力和教育基金"，分配 2 亿美元，用以培育半导体行业人才。

三是两国都积极推动相关标准体系的制定。标准体系的建构是未来智能制造主导权之争的重要方面。中国《"十四五"智能制造发展规划》的重点任务中明确指出，深入推进标准化工作，持续优化标准顶层设计，制修订基础共性和关键技术标准，加快标准贯彻执行，积极参与国际标准化工作。美国工业互联网联盟建立其第一版"工业互联网参考架构体系"（IIRA），2017 年又发布新版本"工业物联网参考架构体系"（IIoTRA）。

2.3.2   不同点

一是发展产业不同。中国《"十四五"智能制造发展规划》的重点任务中明确指出，加强自主供给，壮大产业体系新优势：大力发展智能制造装备，聚力研发工业软件产品，着力打造系统解决方案。美国则非常重视半导体制造和先进封装、大容量电池、关键矿产与原材料、药品与原料药四大首批最受关注的关键领域的发展。2021 年 6 月 8 日，美国白宫发布了一份名为《构建弹性供应链、重振美国制造业及促进广泛增长》的评估报告，对上述关键领域进行了全面审查。《芯片和科学法案 2022》更加突出了美国对芯片和半导体产业发展的重视。

二是发展思路不同。中国《"十四五"智能制造发展规划》提出推进智能制造的总体路径是：立足制造本质，紧扣智能特征，以工艺、装备为核心，以数据为基础，依托制造单元、车间、工厂、供应链等载体，构建虚实融合、知识驱动、动态优化、安全高效、绿色低碳的智能制造系统，推动制造业实现数字化转型、网络化协同、智能化变革。美国则从软件、互联网、系统等信息端，通过大数据、云计算等技术"自上而下"重塑工业领域，其优势在于互联网、大数据、云计算、智能硬件、电子半导体、智能传感器和医疗器械等行业（雷芳等，2022）。

三是发展目标不同。中国《"十四五"智能制造发展规划》提出了 2025 年三项具体目标：促进制造业转型升级，提升制造业的供给能力，基础支撑更加坚实。美国则希望本国制造业回归巅峰，并遏制中国等国家制造业发展。

"知己知彼，百战不殆。"国际形势千变万化，国际竞争日趋激烈，了解竞争者、供应商、潜在竞争等情况，剖析自身优势与劣势，做好自身发展才是硬道理。

参 考 文 献

工信部装备工业一司. 2021. 《"十四五"智能制造发展规划》解读[EB/OL]. https: //www.miit.gov.cn/ zwgk/zcjd/art/2021/art_de39a4f0836b42ce91ceee9e9dae7164.html.

雷芳，王媛媛. 2022. 美德日制造业智能化转型创新模式比较：基于国家创新体系的视角[J]. 亚太经济, (3): 72-79.

雷峰网. 2022. 如何应对美国《芯片与科学法案》？出拳不如练功[EB/OL]. https: //www.163.com/dy/ article/HEG3RSSL05118HA4.html.

孙毅，罗穆雄. 2021. 美国智能制造的发展及启示[J]. 中国科学院院刊, 36(11): 1316-1325.

United States Congress. 2014. H R 1996 - Revitalize American Manufacturing and Innovation Act of 2014. [EB/OL]. https://www.congress.gov/bill/113th-congress/house-bill/2996.

United States Congress. 2021. United States Innovation and Competition Act of 2021 [EB/OL]. https: //en.caixin.com/2021-06-09/101724923.html.

撰稿人：余菜花

审稿人：刘　军

第2部分

发展评价篇

第3章 中国制造业智能化发展：区域研究

我国已转向高质量发展阶段，并正处于转变发展方式、优化经济结构、转换增长动力的攻关期。发展智能制造对于巩固实体经济根基、建成现代产业体系、实现新型工业化、进而保持经济高质量发展具有重要作用。2021 年中国政府发布《"十四五"智能制造发展规划》，规划指出我国要坚定不移地以智能制造为主攻方向，推动产业技术变革和优化升级，推动制造业产业模式和企业形态根本性转变，促进我国制造业迈向全球价值链中高端。以文件规划为指导，目前除港澳台外的 31 个省市均已就智能制造发展路线做了布局。那么当前各级区域智能制造发展水平如何，制造业智能化水平的区域差异有多大。本章通过对中国省级行政区和主要城市智能制造发展水平的综合评价，全面揭示中国区域智能制造和主要城市智能制造发展状况，为落实规划措施提供参考。

3.1 省域制造业智能化评价

全国共有 34 个省级行政区，其中有 4 个直辖市、23 个省、5 个自治区和 2 个特别行政区。由于数据缺失等，本节省域制造业智能化评价不包含香港特别行政区、澳门特别行政区、台湾地区以及西藏自治区，最终确定纳入 30 个省级行政区进行评价。

3.1.1 制造业智能化及其指标体系

制造业智能化是智能制造的延伸和拓展，是从创新生产方式的角度去认识制造业变迁。李廉水（2019）认为，制造业智能化是指在实现智能制造过程中，制造业通过不断努力推进其生产方式实现智能的过程，表现为通过以人工智能和新一代信息通信技术等技术对制造全过程（设计、生产、管理、服务等）和生命周期进行改造，以适应不断变化的环境并产生社会效益和经济效益的过程。同时，制造业智能化也呈现出层级发展关系特点，基础层面的制造业企业为寻求转型升级而对各环节进行智能化投入，进而引发制造业企业之间的关联和产业结构发生转变，而国家则会从宏观层面通过政策激励和限制等手段对制造业进行引导和服务，以谋求制造业价值链攀升。

基于上述制造业智能化的概念，制造业智能化具有丰富的内涵。一是制造业智能化是企业生产方式的变革，需要强大的物质要素和互联网基础设施等作为支撑与驱动，即智能基础层。本章从投资能力、流通能力、通信能力、信息采集能力等角度衡量制造业智能基础状况，具体指标为信息基础设施情况、制造业固定资产投入、等级公路覆盖率、光缆覆盖率、互联网普及率 5 个指标。二是智能制造是实现整个制造业价值链的智能化，需要先进智能装备和智能制造系统，即生产应用层。具体指标有智能化设备投入情况、软件普及和应用状况、信息化水平 3 个指标。三是制造业智能化成效要经受市场检验，即市场实践层。本章从竞争能力、经济效率和社会效益 3 个角度衡量，指标有工业创新投入、新产品生产情况、高技术产业发展状况、制造业劳动效率、成本费用利润率、环境改善 6 个指标（表 3-1）。

表 3-1 制造业智能化评价指标体系

一级指标	二级指标	三级指标	指标描述	单位	属性
智能基础层	投资能力	信息基础设施情况	信息传输、软件和信息技术服务业固定资产投资额	亿元	正向
		制造业固定资产投入	制造业固定资产投资额	亿元	正向
	流通能力	等级公路覆盖率	拥有等级公里路程/区域面积	km/km²	正向
	通信能力	光缆覆盖率	光缆线路长度/区域面积	km/km²	正向
	信息采集能力	互联网普及率	互联网宽带接入户数/年末人口	%	正向
生产应用层	先进智能装备	智能化设备投入情况	计算机、通信和其他电子设备制造业营业收入占制造主营业务收入之比	%	正向
		软件普及和应用状况	（软件产品收入+嵌入式系统软件收入）占制造企业主营业务收入之比	%	正向
	智能制造系统	信息化水平	信息技术服务收入占制造业主营业务收入比例	%	正向
		工业创新投入	R&D 经费内部支出占制造业主营业务收入之比	%	正向
市场实践层	竞争能力	新产品生产情况	制造业新产品主营业务收入占制造业主营业务收入之比	%	正向
		高技术产业发展状况	高新技术产业销售收入占制造业企业主营业务收入之比	%	正向
	经济效率	制造业劳动效率	主营业务收入/就业人数	元/人	正向
		成本费用利润率	净利润/（成本+费用）	%	正向
	社会效益	环境改善	工业固体废物产生量/制造业营业收入	t/万元	负向

3.1.2 熵权法确定权重

进行综合评价关键在于确定指标权重，主要方法有两大类：一是主观赋权法，如层次分析法、模糊综合评价法等；二是客观赋权法，如熵权法、因子分析法、离差最大化法等。相对于主观赋权法，客观赋权法能最大限度地对评价对象的水平或程度以科学的方法进行呈现，以避免主观赋权的随意性。因此本章针对制造业智能化综合评价问题，采用熵权法确定权重，对中国制造业智能化及其各层的发展状况进行综合评价。

熵权法是较为常用的客观赋权法之一，熵值一般用来度量事物的不确定性和随机程度，也可用来判断事物的离散程度，离散程度越大，则对综合评价的影响越大。因而，可以通过熵权法来确定指标权重，计算步骤如下：

（1）建立评价矩阵

设多指标决策问题的方案集为 $\boldsymbol{A}=\{A_1, A_2, \cdots, A_n\}$，指标集为 $\boldsymbol{G}=\{G_1, G_2, \cdots, G_m\}$，方案 A_i 对指标 G_j 的属性值（指标值）记为 $x_{ij}(i=1,2,\cdots,n; j=1,2,\cdots,m)$，矩阵 $\boldsymbol{X}=\left(x_{ij}\right)_{n\times m}$ 表示方案集 $\boldsymbol{A}$ 对指标集 $\boldsymbol{G}$ 的属性矩阵，即决策矩阵。

（2）标准化

考虑到各指标的计量单位的非一致性，在计算权重前需要对各指标进行标准化处理，将指标的绝对数值转化为相对数值，使得各指标具有可比性。另外，正向指标和负向指标具有不同的属性（正向指标数值越大越好，负向指标数值越小越好），因而需要设置不同算法使得正向指标和负向指标具有可比性。指标标准化方法有多种，本章采用功效系数法。

$$正向指标：\ y_{ij} = \frac{x_{ij} - \min\{x_{1j}, \cdots, x_{nj}\}}{\max\{x_{1j}, \cdots, x_{nj}\} - \min\{x_{1j}, \cdots, x_{nj}\}} \tag{3-1}$$

$$负向指标：\ y_{ij} = \frac{\max\{x_{1j}, \cdots, x_{nj}\} - x_{ij}}{\max\{x_{1j}, \cdots, x_{nj}\} - \min\{x_{1j}, \cdots, x_{nj}\}} \tag{3-2}$$

设标准化处理后的决策矩阵为 $\boldsymbol{Y} = (y_{ij})_{n \times m}$，显然 y_{ij} 总是越大越好。

（3）熵值的计算

计算第 j 个指标下第 i 个样本值占该指标的比例：

$$p_{ij} = \frac{y_{ij}}{\sum_{i=1}^{n} y_{ij}}, \ i = 1, \cdots, n; j = 1, \cdots, m \tag{3-3}$$

计算得到第 j 个指标的熵值：

$$e_j = -k\sum_{i=1}^{n} p_{ij} \ln p_{ij}, \ j = 1, \cdots, m; \ k = 1/\ln n > 0; \ e_j \geqslant 0 \tag{3-4}$$

若 $p_{ij} = 0$，则 $p_{ij} \ln p_{ij} = 0$。

（4）权重的确定

计算信息熵冗余度：$d_j = 1 - e_j (j = 1, \cdots, m)$。

计算得到各指标的权重：

$$w_j = \frac{d_j}{\sum_{j=1}^{m} d_j}, \ j = 1, \cdots, m \tag{3-5}$$

（5）综合评价

$$S_i = \left(\prod_{j=1}^{m} w_j \cdot y_{ij}\right) \cdot 100 \tag{3-6}$$

3.1.3　省域制造业智能化评价结果

由熵权法确定权重，根据标准化后的指标值，即得 2020 年 30 个省份制造业智能化综合评价结果。用同样的方法可以得到中国制造业智能基础水平、生产应用水平和市场实践水平的综合评价结果。相关数据来自 2021 年的《中国统计年鉴》《中国工业统计年鉴》《中国环境统计年鉴》《中国科技统计年鉴》等。

1. 智能基础层

智能基础层涉及信息基础设施情况、制造业固定资产投入、等级公路覆盖率、光缆覆盖率、互联网普及率 5 个指标，得分高低反映了各省市制造业智能化发展基础的强弱，结果见图 3-1。所有 30 个省份基础层评分均分为 9.67，标准差是 5.89，变异系数为 0.60。

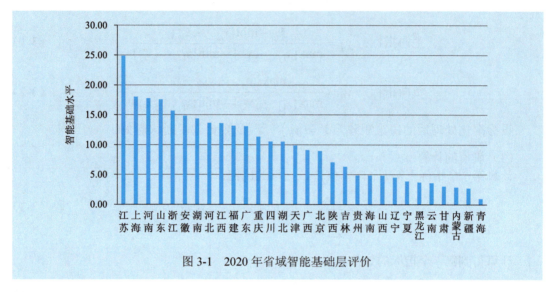

图 3-1　2020 年省域智能基础层评价

从图 3-1 可知，江苏得分 24.87 分，遥遥领先于其他省份；上海、河南、山东、浙江得分从 18 分到 15 分不等，位居 2～5 位。以上五个区域均为中国经济强省（市），也是制造业发展大省（市），基础层方面的强劲表现为制造业智能化的发展奠定了坚实的基础。安徽、湖南、河北、江西、福建分列第 5 到 10 位。

基础层表现较差的是宁夏、黑龙江、云南、甘肃、内蒙古、新疆、青海，评分在 4 分以下。可以发现这些省份大部分位于中国西部地区，表明西部地区在智能化基础发展方面仍然较差，还需加大投入，为加快制造业智能化发展奠定基础。

2. 生产应用层

生产应用层涉及智能化设备投入情况、软件普及和应用状况、信息化水平 3 个指标，评价结果见图 3-2。30 个省份的均分为 5.37，标准差为 7.73，变异系数为 1.44。其变异系数值高于其他维度评价，表明应用层表现方面区域差异最大。

北京市在智能化应用方面评分 43.15，评分远高于其他省份；而广东、重庆、上海虽然能够排在第 2～4 位，但得分分别为 11.82、10.37、10.27，与北京市的差距较大。原因是北京市的服务业特别是生产性服务业较为发达，软件普及和应用状况与信息化水平两个指标在所有省份中排名最高，因此在智能化应用方面表现最好。广东是中国生产总值第一大省，重庆和上海作为直辖市，表现也较好。前 10 名中还有四川、陕西、天津、江苏和浙江等省份。最后 5 位的是青海、新疆、内蒙古、河北、黑龙江 5 地。

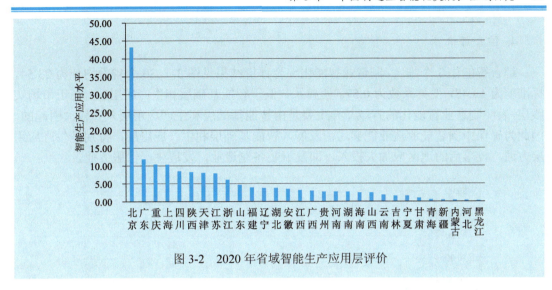

图 3-2　2020 年省域智能生产应用层评价

3. 市场实践层

市场实践层反映制造业智能化的市场表现，有工业创新投入、新产品生产情况、高技术产业发展状况、制造业劳动效率、成本费用利润率、环境改善 6 个指标，评价结果见图 3-3。30 个省份均分为 8.50，标准差为 3.19，变异系数为 0.38。其变异系数在几个评价维度中最小，表明区域差异相对于其他维度也最小。

具体来看，北京市仍然位居第一，评分为 17.93 分。紧随其后的是上海、广东、江苏、重庆、浙江、安徽等地，评分都在 11 分以上。以上地区在基础层和应用层评分也较高。评分较低的是黑龙江、广西、甘肃、青海和新疆，大部分是中国西部省份。

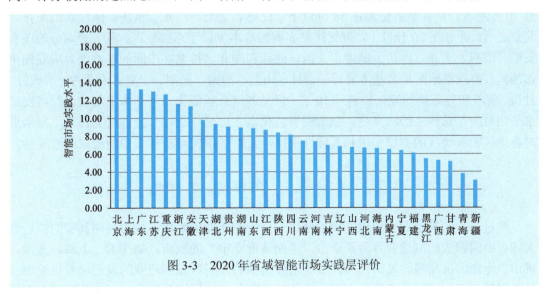

图 3-3　2020 年省域智能市场实践层评价

4. 综合评价

综合智能化 3 个维度，制造业智能化综合评价结果见图 3-4。30 个省份均分为 23.54，标准差为 13.48，变异系数为 0.57。变异系数低于智能基础层和生产应用层，高于市场实践层，表明制造业智能化的省域差异主要是由智能基础层和生产应用层差异较大引起的。因此为确保中国智能制造业能够均衡发展，智能基础层和生产应用层，特别是生产应用层方面，较落后的地区应加大投入，即发展装备制造业，发展生产性服务业。

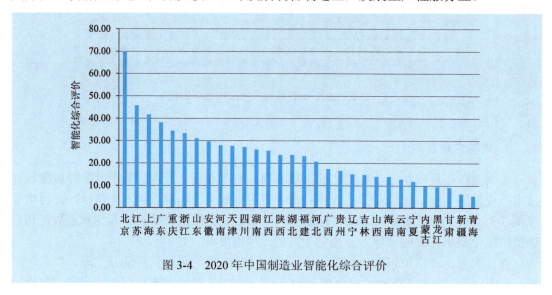

图 3-4   2020 年中国制造业智能化综合评价

具体来看，由于北京在各维度表现较好，因此在综合评分方面也是高居第一名，评分 70 分左右，而其余省份都在 50 分以下。江苏、上海、广东、重庆、浙江和山东排在北京之后，评分在 30 分以上，可见排名靠前的基本上属于东部地区。高于平均分的还有安徽、河南、天津、四川、湖南、江西、陕西和湖北。排名在中间的基本上对应我国中部地区，而西部地区排名基本靠后。吉林、山西、海南、云南、宁夏、内蒙古、黑龙江、甘肃、新疆和青海是智能化排名后 10 名。可见制造业智能化水平基本上与我国经济发展水平相对应，总体上经济发达，制造业智能化水平也高。这在一定程度上体现了制造业对各地区宏观经济的支撑作用和基础性地位，反映了国民经济体系中制造业的重要性。

3.2   城市制造业智能化评价

经过几十年的工业化建设，我国已进入后工业化发展阶段，成为名副其实的制造业大国。中国强大的制造业背后是众多以"制造业立市"的城市，如深圳、上海、天津、佛山、无锡、苏州等。城市作为区域制造业的核心，对区域制造业的发展起着重要的带动和辐射作用。因此，研究城市制造业的发展对于研究区域制造业的智能化发展有着重要意义。

经过多年的深耕发展，中国部分制造业发达城市已形成具有自身特色的制造业发展之路。例如苏州提前布局制造业向"质造""智能化""数字化"转型、打造电子信息和装备制造业等创新集群，推动制造业由"大而不强"转向"又大又强"。深圳坚持工业立市，制造业强市，全面完善产业发展的顶层设计，把战略性新兴产业作为实体经济发展的重中之重，以深化供给侧结构性改革为主线，以破解关键核心技术"卡脖子"问题为核心，大力发展先进制造、智能制造、绿色制造、服务型制造等。

目前中国共有大中小城市 600 多个，为了对 2020 年中国城市制造业的智能化发展水平进行比较分析，根据制造业发展程度较高和资料可获得性的双重要求，拟选择中国主要省会城市、副省级城市和少数制造业特别发达城市作为样本城市进行比较研究，分别是沈阳、大连、济南、青岛、南京、苏州、无锡、合肥、杭州、深圳、宁波、广州、厦门、福州、石家庄、郑州、成都、武汉、长沙、西安、佛山、南昌、昆明、贵阳。本节通过客观数据对 24 个样本城市的制造业智能化发展程度进行评价分析。

3.2.1　城市制造业智能化基础层比较

新型制造业智能化升级发展战略是以智能制造和工业互联网为核心。我国将信息技术与工业制造融合作为发展重点，发布了《智能制造发展规划（2016—2020 年）》《国务院关于深化"互联网+先进制造业"发展工业互联网的指导意见》等文件，以工业互联网为网络化平台，推动工业制造向数字化、智能化转型升级。因此，本章选择电信业务总量和城市互联网宽带用户数来对比各城市智能制造基础。

电信业务总量是指以货币形式表示的电信企业为社会提供的各类电信服务的总数量。随着近年来新兴产业发展，新型业态涌现。电信业务中 IPTV、互联网数据中心、大数据、云计算、物联网等新兴业务发展壮大，与智能制造相辅相成，奠定了智能制造的发展基础。

从 2020 年各城市电信业务总量来看（图 3-5），深圳和成都两市遥遥领先，深圳业务规模达到 2678 亿元，成都稍差，为 2243 亿元，是所有城市中仅有的两个超 2000 亿元

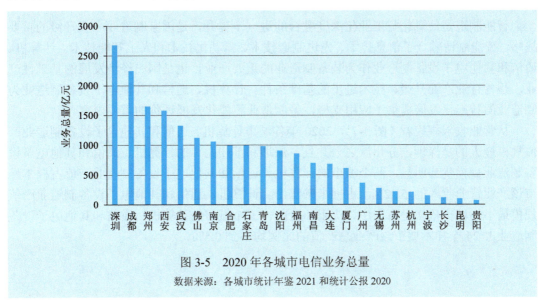

图 3-5　2020 年各城市电信业务总量

数据来源：各城市统计年鉴 2021 和统计公报 2020

级的城市，两者合计达到所有样本城市电信业务总量的 24%。千亿级别的城市有 5 个，分别是郑州、西安、武汉、佛山和南京。较低的有宁波、长沙、昆明、贵阳等城市，其中贵阳最低，仅为 72 亿元。

互联网作为制造业智能化发展的网络基础，是制造业智能化评价的重要方面。由图 3-6 可知，2020 年各城市互联网宽带用户数最多的城市依次是成都、苏州、广州、南京、深圳和杭州，其宽带用户数均超过 500 万户；其中，成都的宽带用户数超过 700 万户。与之对应的，互联网宽带用户数最少的城市依次是厦门、太原、大连和贵阳等，其宽带用户数均低于 250 万户。

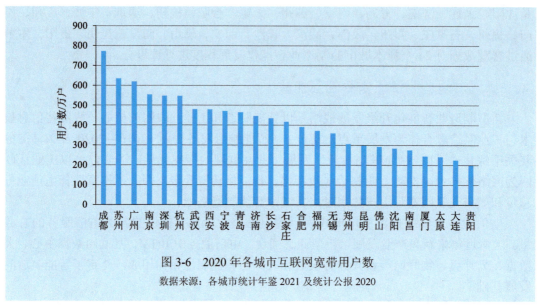

图 3-6　2020 年各城市互联网宽带用户数

数据来源：各城市统计年鉴 2021 及统计公报 2020

3.2.2　城市制造业智能化应用层比较

智能制造是信息化与工业化深度融合的进一步提升，是国家制造业产业升级的重要战略。智能制造融合了信息技术、先进制造技术、自动化技术和人工智能技术。计算机、通信和其他电子设备制造业作为装备制造业的重要产业，也是国民经济发展的基础性产业，是各行业产业升级、技术进步的基础条件。计算机、通信和其他电子设备制造业为制造业的智能化发展提供了应用支持，是制造业智能化发展评价的重要内容。

从营业收入规模看（图 3-7），2020 年各城市计算机、通信和其他电子设备制造业产值规模最大的是深圳，苏州次之。并且，深圳和苏州两市的计算机、通信和其他电子设备制造业规模优势明显，两个城市的计算机、通信和其他电子设备制造业产值占样本城市该产业营业收入的 51.2%，占据半壁江山。计算机、通信和其他电子设备制造业产值规模最小的城市依次是石家庄、沈阳和贵阳，三个城市的计算机、通信和其他电子设备制造业占 24 个样本城市该产业总产值的比例均不到 0.5%。

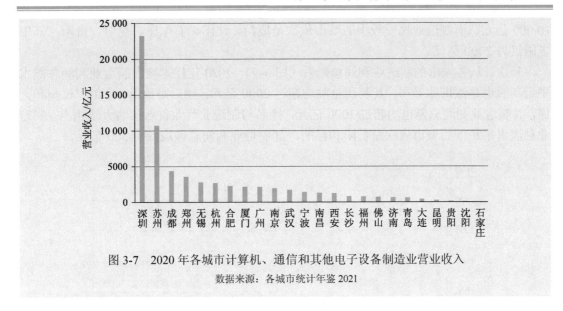

图 3-7　2020 年各城市计算机、通信和其他电子设备制造业营业收入

数据来源：各城市统计年鉴 2021

3.2.3　城市制造业智能化市场层比较

制造业的智能化发展，首先体现在制造业产品的智能化和个性化，从而增加市场容量、避免产能过剩；其次，通过智能化的资源优化配置和智能生产过程，实现制造业结构的优化升级，并提高制造业的经济效益。因此，市场层是制造业智能化发展的重要评价内容。本节从制造业营业收入和利润总额两个角度对比各城市智能制造市场层表现。

首先，从制造业营业收入规模看（图 3-8），2020 年各城市制造业营业收入规模最大的是深圳和苏州，均在 35 000 亿元以上。深圳为 37 013 亿元，高居第一；苏州稍次于深圳位居第二，收入规模为 36 206 亿元；佛山居于第三位，达到 20 000 亿元级别。此外，广州、无锡、宁波、杭州、成都、南京、武汉 7 个城市的制造业营业收入规模均超过

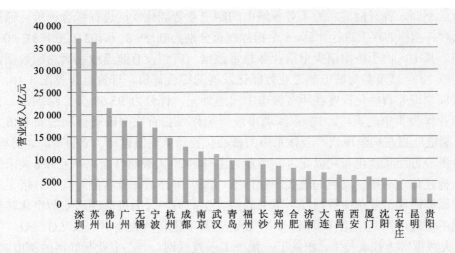

图 3-8　2020 年各城市制造业营业收入

数据来源：各城市统计年鉴 2021，统计口径为规模以上制造业

10 000 亿元。而制造业规模较小的城市依次是厦门、沈阳、石家庄、昆明、贵阳，其中贵阳仅为 2000 亿元。

其次，从各城市的制造业利润总额看（图 3-9），2020 年样本城市制造业利润总额水平最高的也是深圳和苏州，其利润总额均超过 2000 亿元；然后是佛山、宁波、杭州和无锡，其制造业利润总额也均超过 1000 亿元，排名与制造业营业收入排名大致相当；制造业利润水平最低的城市依次是贵阳和昆明，其制造业利润总额均低于 300 亿元。

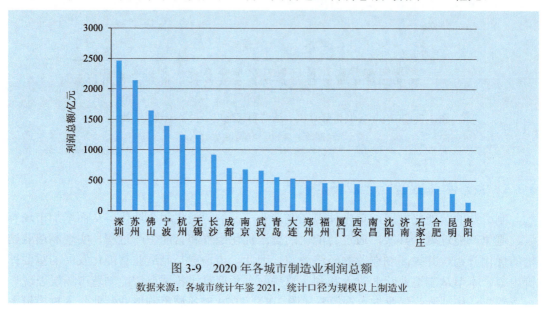

图 3-9   2020 年各城市制造业利润总额

数据来源：各城市统计年鉴 2021，统计口径为规模以上制造业

3.2.4   城市制造业智能化综合评价

从单指标分析可以看到，样本城市制造业智能化发展的基础层、应用层和实践层方面侧重点不同，各有侧重。为了对各城市的制造业智能化发展进行综合评价，通过采用熵值法对各指标的权重进行计算，5 个指标权重分别为 0.159 8、0.402 9、0.168 2、0.154 3、0.114 8。其中，由于济南缺少电信业务总量数据，广州没有制造业利润总额数据，因此最终选取 22 个城市参与城市制造业智能化发展的综合评价，评价结果见图 3-10。

深圳制造业智能化程度在所有城市中遥遥领先，评分为 95.68 分。深圳市一直将发展制造业作为重中之重，2022 年深圳市政府工作报告首次明确坚持制造业立市之本决心，将制造业摆在构建现代产业体系中的核心位置。从顶层设计、空间布局、创新体系、项目投资等方面系统化布局以先进制造业为主体的 20 大战略性新兴产业和 8 大未来产业集群，构建体现高质量发展的现代产业体系。深圳市打造一批智能时代"灯塔工厂"，积极发掘第四次工业革命数据红利带来的巨大生产力，大力推动制造业数字化转型，打造一批工业互联网"示范样板园"，在制造业数字化转型大潮中，以 5G、AI、智能传感器、大数据等为代表技术，织就了一张"工业互联网"。在工业互联网的深度融合下，深圳一大批企业实现了升级发展。

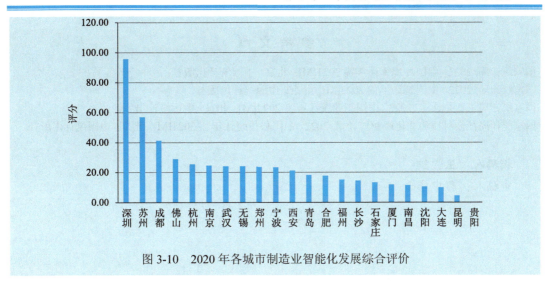

图 3-10　2020 年各城市制造业智能化发展综合评价

苏州在所有城市中智能化评分仅次于深圳。苏州 2020 年提出《关于推进制造业智能化改造和数字化转型的若干措施》，以智能化改造和数字化转型为抓手，紧盯任务、跟踪进展，计划用 3 年时间完成全市规上工业企业智能化改造和数字化转型全覆盖。通过支持工业企业智能化改造和数字化转型深入推进、完善智能化改造和数字化转型服务方式、培育智能化改造和数字化转型服务主体、构建智能化改造和数字化转型创新体系等措施，保持高质量发展。

深圳、苏州之后，依次是成都、佛山、杭州、南京、武汉、无锡、郑州、宁波等城市，这些城市的智能化水平位居前列。这些城市也将制造业作为支柱产业，例如南京发布《制造业智能化改造和数字化转型实施方案（2022—2024）》，明确南京在未来三年内将以智能化改造和数字化转型为转型抓手，全面促进制造业高质量发展。样本城市中智能化程度较低的是沈阳、大连、昆明、贵阳。这些城市因为制造业规模较小，所以在评分上也较低。

3.3　本章小结

本章 3.1 节针对中国 30 个省份，从制造业智能化发展的智能基础层、生产应用层和市场实践层三个方面展开比较。结果表明省域制造业智能化程度与中国经济发展东高西低的形势基本一致，北京、江苏、上海、广东等较高，内蒙古、黑龙江、甘肃、新疆、青海等地较低。从区域差异来看，主要是生产应用层的区域差异较大。

3.2 节选取中国主要省会城市、副省级城市和少数制造业特别发达城市（共 24 个城市）作为样本，对比研究中国城市制造业的智能化发展。研究发现，深圳、苏州、成都、佛山、杭州、南京、武汉、无锡、郑州、宁波等城市的智能化水平位居前列。样本城市中智能化程度较低的是沈阳、大连、昆明、贵阳。

参 考 文 献

国家统计局. 2022. 中国环境统计年鉴 2021[M]. 北京: 中国统计出版社.
国家统计局. 2022. 中国统计年鉴 2022[M]. 北京: 中国统计出版社.
国家统计局工业统计司. 2022. 中国工业统计年鉴 2022[M]. 北京: 中国统计出版社.
国家统计局社会科技和文化产业统计司. 2022. 中国科技统计年鉴 2021[M]. 北京: 中国统计出版社.

撰稿人：王常凯
审稿人：程中华

第4章 中国制造业智能化发展：产业研究

本章首先从基础建设层、生产应用层和产出效益层 3 个层面建立中国制造业智能化评价体系，共计 12 个指标；之后，介绍离差最大化方法的具体过程。然后，选取 2016～2020 年的数据，对家具制造业、造纸和纸制品业、有色金属冶炼和压延加工业这三个流程型制造业行业进行智能化评价，并利用离差最大化计算每个行业每个年份的综合评价值，得出 2016～2020 年该行业的智能化能力，并进行排序比较。

4.1 制造业细分产业的评价指标体系

制造业智能化能力涉及多学科、多领域、多视角，难以对其进行科学的客观的评价，而且缺乏相关成熟的研究。因此，首先需要建立一套评价指标体系来反映制造业智能化的能力；然后，根据我国制造业智能化历年发展所体现出来的特点，遵循指标选取标准，结合统计数据的可得性和完整性，最终确定由下列评价指标来构建我国制造业智能化评价指标体系（表 4-1）。评价指标体系主要包括基础建设层、生产应用层和产出效益层 3 个一级指标、6 个二级指标和 12 个三级指标。

表 4-1　制造业智能化评价指标体系

总指标	一级指标	二级指标	序号	三级指标
制造业智能化指标体系	基础建设层	资金投入	A1	制造业 R&D 经费内部支出/万元
			A2	制造业新产品开发经费/万元
		人员队伍建设	A3	制造业 R&D 人员全时当量/（人·年）
			A4	制造业 R&D 人员占全工人员人数比例/%
	生产应用层	创新能力	B1	制造业发明专利数/项
			B2	制造业专利申请数/项
		新产品	B3	制造业新产品开发项目数/项
	产出效益层	经济效益	C1	制造业企业利润总额/亿元
			C2	主营业务收入/亿元
			C3	新产品销售收入/万元
		社会效益	C4	制造业用工人员人数/人
			C5	制造业用工人员人均利润率/（元/人）

从制造业智能化发展历程来看，建设初期的工作重心为资源建设，是智能制造的基础，伴随着制造业智能化的后续深入发展，资源建设还将不断得到加强和完善。考虑到家具制造业、造纸和纸制品业、有色金属冶炼和压延加工业 3 个行业的共性特征和发展

规律，基础建设层主要包括资金投入和人员队伍建设两个二级指标。资金投入主要包括两个三级指标：制造业 R&D 经费内部支出和制造业新产品开发经费；人员队伍建设主要包括两个三级指标，即制造业 R&D 人员全时当量和制造业 R&D 人员占用工人员人数比例。

当资源建设具备一定的基础后，智能制造在各个环节的应用得到逐渐推行和重视，智能化生产应用的层次不断提高。智能化的应用是对工业化各环节的促进，所以生产应用层评价将从创新能力和新产品的产出来进行评价。创新能力主要包括制造业发明专利数、制造业专利申请数两个三级指标；新产品主要体现在制造业新产品开发项目数。

智能化的终极目标是转方式、调结构、提效率，进而提升人民的生活水平。因此，经济效益和社会效益是体现智能化水平最直观的指标。智能制造涉及全社会固定资产的更新升级，在很大程度上依托于国家和企业的经济实力，因此选取制造业企业利润总额、主营业务收入、新产品销售收入 3 个三级指标来代表经济效益。随着制造业产业结构的转型升级，着力推行"智能制造"使制造业由原来的粗放式、劳动密集型转向集约式、智能化、无人化，这大大减少工人数量，降低了劳动力成本，将对制造业就业产生影响。因此，社会效益体现在两个三级指标中：制造业用工人员人数和制造业用工人员人均利润率。

1. 基础建设层

1）制造业 R&D 经费内部支出

制造业 R&D 经费内部支出是指被调查单位在报告年度用于内部 R&D 活动的实际支出。包括 R&D 项目（课题）活动的直接支出，以及间接 R&D 活动管理费、服务费、与 R&D 相关的基本建设支出和外协加工费等；不包括生产活动支出、偿还贷款费用、与外部单位合作或委托外单位进行 R&D 活动而转拨给对方的经费支出。

2）制造业新产品开发经费

制造业新产品开发经费是指报告期内企业科技活动内部支出中新产品的研发费用。包括新产品研究、设计、模型开发、测试、试验等费用。

3）制造业 R&D 人员全时当量

制造业 R&D 人员全时当量是指 R&D 全时人员（全年 R&D 活动累积工作时间占全部工作时间的 90%或更多的人员）工作量与非全时人员按实际工作时间折算的工作量之和。

4）制造业 R&D 人员占用工人员人数比例

制造业 R&D 人员占用工人员人数比例为 $\frac{L'}{L} \times 100\%$，其中，$L'$ 为制造业 R&D 人员数，L 为制造业用工人员人数。

2. 生产应用层

1）制造业发明专利数

专利分为发明专利、实用新型专利以及外观专利，这里指的是该行业拥有的发明专利数量。

2）制造业专利申请数

制造业专利申请数是指该行业的专利申请数量。

3）制造业新产品开发项目数

制造业新产品开发项目数是指使用新技术原理和新设计概念开发和生产的全新产品，或者在结构、材料、工艺等方面显著改善了产品的性能或扩展了产品的使用范围。

3. 产出效益层

1）制造业企业利润总额

制造业企业利润总额是指企业生产经营活动的最终结果。它是企业在一定时期内实现的利润与亏损相抵后的总利润。利润总额=营业利润+营业外收入-营业外支出，用 S 表示。

2）主营业务收入

主营业务收入是指会计"利润表"中相应指标的累计数量。未实施 2001 年《企业会计制度》的企业，用"产品销售收入"的本期累计数代替。

3）新产品销售收入

新产品销售收入是指企业在主营业务收入和其他业务收入中销售新产品实现的收入。

4）制造业用工人员人数

制造业用工人员人数以字母 L 表示。

5）制造业用工人员人均利润率

制造业用工人员人均利润率为 $\dfrac{S \times 100000000}{L}$，其中，$S$ 为制造业企业利润总额，L 为制造业用工人员人数。

本节利用制造业基础建设层、生产应用层和产出效益层 3 个层面的相关数据，运用多指标离差最大化决策方法，先对制造业基础建设层、生产应用层和产出效益层进行分析，然后综合这三个维度评价制造业各行业的智能化发展。

中国各行业综合发展的评价和顺序涉及多个指标，因此这是一个多属性的决策问题。多属性也称为多标准决策，其核心和关键是指标权重的确定，本章采用离差最大化决策方法确定权重。该方法是一种客观的评价方法，它消除了人为因素在主观评价方法中的影响，方法概念清晰、意义明确、算法简单，已在实践中得到广泛应用。

4.2　家具制造业

4.2.1　家具制造业智能化评价

1. 基础建设层

1）R&D 经费内部支出

R&D 经费内部支出指的是实际用于各个单位内部研究开发方面的全部支出。从图 4-1 可以看出，家具制造业的 R&D 经费内部支出从 2016 年的 428 659 万元上升到 2020

年的 907 096 万元，2020 年的支出是 2016 年的 2.12 倍，总体呈上升趋势，其中，2018～2019 年上升趋势较为平缓，增长率仅为 8.2%，其余年份增长率均超过 22%。

图 4-1　2016～2020 年家具制造业 R&D 经费内部支出

该数据说明了家具制造业企业一直以来都非常重视科技研发创新工作。2015 年国务院正式印发《中国制造 2025》，自此之后，政府就将发展智能装备、智能产品和生产过程智能化作为制造业发展的主攻方向，同年，《国务院关于积极推进"互联网 + "行动的指导意见》指出要提升终端产品智能化，推动互联网与制造业融合，大力发展智能制造。由此可以预见未来一段时间家具制造业 R&D 经费内部支出仍将呈现总体上升趋势。

2）新产品开发经费

创新是行业拥有、散发活力的源泉。由图 4-2 可知，家具制造业在新产品开发上的支出整体呈现上升趋势。从 2016 年的 563 543 万元上升到 2020 年的 1 148 828 万元，2020 年是 2016 年的 2.04 倍，除 2019～2020 年的年增长率为 13.2%外，其余年份的增长率均超过 20%。预计未来新产品开发经费仍将不断增加。

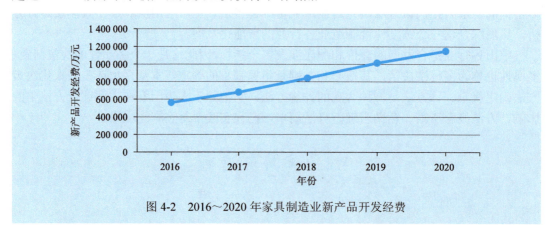

图 4-2　2016～2020 年家具制造业新产品开发经费

在国家层面和各省份制定的政策、文件的引导和制造业本身竞争压力的双重作用下，加快开发新产品、新技术是产业升级的必由之路。

3）R&D 人员全时当量

研发人员是技术创新的实践者，因此 R&D 人员全时当量在一定程度上展现了行业的技术进步水平。由图 4-3 可知，家具制造业 R&D 人员全时当量呈现上升趋势，但是其增长率呈现出逐年递减的趋势，2016～2017 年的增长率达到了 32.1%，而 2019～2020 年的增长率仅为 14.6%。

图 4-3　2016～2020 年家具制造业 R&D 人员全时当量

尽管家具制造业的 R&D 人员全时当量的增长率逐年递减，但是人数增长的绝对值均超过了 4000 人，说明家具制造业研发人员、研发团队的建设水平趋于稳定。

4）R&D 人员占用工人员人数比例

由图 4-4 可知，家具制造业 R&D 人员占用工人员人数比例在 2016～2020 年不断上升，占比由 2016 年的 1.22% 上升到 2020 年的 3.09%。其中，较为关键的增长在 2017～2018 年，R&D 人员占用工人员人数比例从 1.58% 上升至 2.31%，期间增长率达到 46.37%。

图 4-4　2016～2020 年家具制造业 R&D 人员占用工人员人数比例

家具制造业 R&D 人员占用工人员人数比例从 2016 年开始呈现出整体上升趋势，甚至在 2018 年的增长率超过了 46%。虽然在达到增长率峰值之后，2019 年家具制造业 R&D 人员占用工人员人数比例的增长率大幅下降，但在随后的一年中增长率有了小幅回升，且这两年的增长率呈现出稳步上升的趋势，这说明 2016～2020 年，家具制造业行业内部在研发人员的配置等方面达到了一个相对良好的状态。

2. 生产应用层

1）发明专利数

发明专利申请难度相对较大且技术价值较高，被认为是高技术水平的创新，对技术进步具有积极的推动作用。通过图 4-5 可知，2016～2017 年家具制造业发明专利数呈下降趋势，从 2016 年的 1618 项下降到 1386 项。2018 年发明专利数增长率为 2016～2020 年最高，达到了 18.61%。发明专利数在连续增长 2 年后，在 2020 年表现为小幅度负增长。

图 4-5　2016～2020 年家具制造业发明专利数

家具制造业的发明专利数虽然存在负增长，但从 2016～2020 年家具制造业在 R&D 经费内部支出和新产品开发经费等投入不断增长的情况来看，该行业创新和技术进步的总体水平较高，因此创新产出成果仍有进步空间。

2）专利申请数

通过图 4-6 可以看到，与发明专利数相同，2016～2017 年的专利申请数也表现出了负增长，2018 年和 2019 年的专利申请数呈现上升趋势，但是上升较为平缓，直到 2020 年呈现出相对大幅度的增长，增长率达到 22.08%。

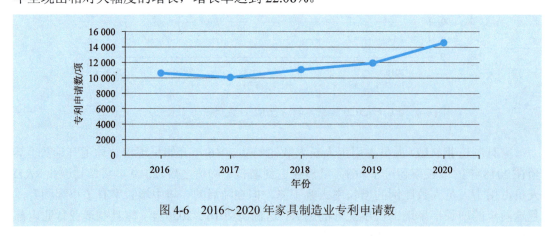

图 4-6　2016～2020 年家具制造业专利申请数

由此可以看到，该行业的知识产权意识自 2017 年起不断加强。结合该行业的发明专利数来看，在专利申请数中，发明专利数占比不到 20%，说明该行业在有效专利的转化工作上仍有待加强。

3）新产品开发项目数

由图 4-7 可知，家具制造业新产品开发项目数在 2016～2020 年呈现出直线式上升。其中 2016～2017 年、2018～2019 年的增长率分别达到了 40.56% 和 44.98%。从数据期间整体来看，2020 年的新产品开发项目数为 8638 项，其数量是 2016 年的 3.08 倍。

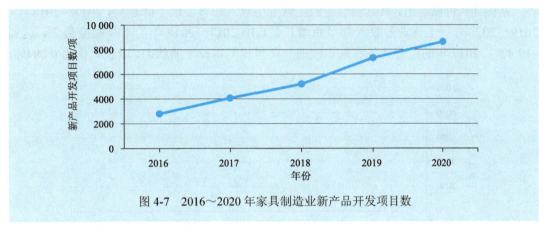

图 4-7　2016～2020 年家具制造业新产品开发项目数

图 4-7 的趋势与家具制造业新产品开发经费的折线图相似，2016～2020 年，该行业在新产品上的投入与产出均成正比关系。

3. 产出效益层

1）利润总额

由图 4-8 可知，2016～2020 年家具制造业的利润总额总体上呈现下降趋势，从 2016 年的 574.39 亿元下降到 2020 年的 467.5 亿元。2017～2018 年该行业的利润总额的增长率为 −25.09%，从 568.55 亿元下降到 425.9 亿元，为五年以来的最低值，此后一年的利润总额虽然有了小幅度回升，但截至 2020 年，其利润总额仍然没有恢复到 2016 年的水平。

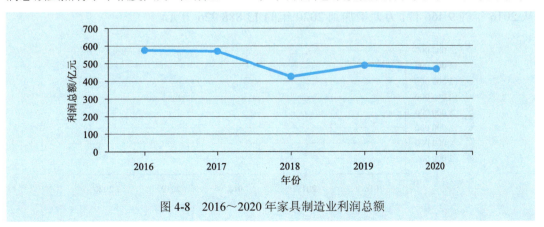

图 4-8　2016～2020 年家具制造业利润总额

家具制造业有其独特属性，必须考虑配套的建筑设计以及与其他产品的功能组合与分工。工业和信息化部等所印发的《制造业设计能力提升专项行动计划（2019—2022 年）》中提出，要实现传统优势产业设计升级，在消费品领域支持家具等设计创新。在此类政策的支持下，家具制造业的 R&D 经费内部支出、新产品开发经费等各项支出持续增长，对利润空间造成了一定挤压。但是，推动行业发展的政策环境良好、智能家居的进一步发展都给家具制造业带来了发展空间。

2）主营业务收入

从图 4-9 可以看出，家具制造业的主营业务收入总体呈现下降趋势，2017～2018 年、2019～2020 年，主营业务收入都呈负增长，其中 2017～2018 年的下降幅度最大，达到 −19.42%。2017 年的主营业务收入相较前一年呈现基本持平的状态，增长率仅为 0.094%。

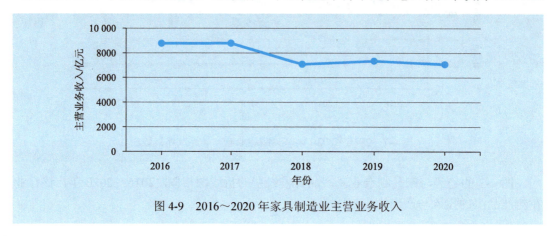

图 4-9　2016～2020 年家具制造业主营业务收入

在制造业转型升级背景下，家具制造业的利润总额和主营业务收入均处于下降状态，说明该行业仍有很大的提升空间，要致力于智能化改造，实现技术升级，从而达到技术与效益的双赢。

3）新产品销售收入

由图 4-10 可知，家具行业的新产品收入呈现逐年递增的趋势，虽然 2016～2017 年的增长率仅为 5.39%，但是 2016～2020 年整体呈现出平稳上升的趋势。新产品销售收入从 2016 年的 9 466 171 万元增加到 2020 年的 13 888 926 万元。

图 4-10　2016～2020 年家具制造业新产品销售收入

结合图 4-10 可以发现，在主营业务收入呈现负增长的阶段，新产品销售收入仍然保持上升态势，且与新产品开发经费投入和开发项目数成正比，说明家具制造业在 2016～2020 年保持了较为稳定的创新研发能力。

4）用工人员人数

从图 4-11 可以看到，2017～2018 年的家具制造业用工人员人数出现了非常明显减少，在 1 年内减少了 142 400 人，增长率为–11.43%。在随后的 2018～2019 年，虽然用工人数有所增加，但增长率仅为 2.71%。除此之外，2020 年的平均用工人数增长率为–1.68%，呈现出负增长趋势。

图 4-11　2016～2020 年家具制造业用工人员人数

智能化过程中，很多传统岗位存在被智能机器替代的风险。出于成本考虑，不少企业也乐于接受新技术、新机器对传统行业岗位的改造。而从长期来看，虽然传统岗位被替代，但是智能化可能又会产生新的岗位。用工问题关乎民生，在制造业智能化背景下处理好人的角色问题，也是考验行业竞争力的重要指标。

5）用工人员人均利润率

用工人员人均利润率指标的提升，说明用工人员的人均贡献提升。由图 4-12 可知，家具制造业的用工人员人均利润率仅在 2018～2019 年有所增长，增长率为 11.64%，其余年份的人均利润率均呈下降趋势。

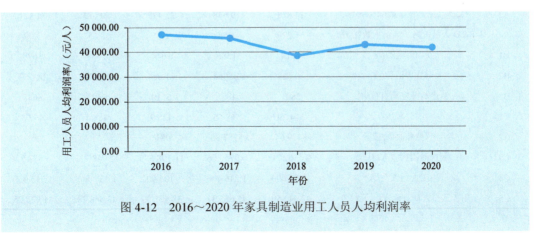

图 4-12　2016～2020 年家具制造业用工人员人均利润率

对比图 4-8 可知，用工人员人均利润率的变动趋势与利润总额的下降趋势相近，说明利润总额的变动对家具制造业用工人员人均利润率的变化影响较大。

4.2.2　家具制造业智能化能力综合化评价

家具制造业是我国轻工业的典型代表，也是传统行业之一。中国是世界上最大的家具和木制品出口国，也是世界上最大的家具和木制品生产基地。尽管中国在世界家具行业占据着举足轻重的地位，但是由于消费者需求多元化等特点决定了家具制造业其极低的行业集中度，完全竞争的行业属性使家具制造业进入与退出门槛低，难以掌握核心技术。由图 4-8 可知，近年来家具制造业的整体利润总额呈现下降趋势，说明家具制造业面临着较大的挑战，需要进行转型升级以带来新的利润增长点。近年来相关政策的发布为家具制造业带来了良好的政策环境，工信部联合多部门联合发布的《数字助力消费品工业"三品"行动方案（2022—2025 年）》明确提出要大力实施增品种、提品质、创品牌的"三品"战略，同时增强自主创新能力、积极推动智能化发展、着力调整产业结构。《轻工业发展规划（2016—2020 年）》从以上角度出发，提出要在家具等行业发展个性化定制、云制造等新型制造模式，在家具等基础条件好的行业推进智能制造，加快智能制造软硬件产品应用与产业化。

根据 2016～2020 年《中国统计年鉴》《中国科技统计年鉴》中家具制造业智能化方面的数据，选取能客观、分层次地反映制造业智能化的 12 项指标，使用离差最大化方法计算出每个指标的权重。结合各项指标的规范化数值，可得出 2016～2020 年中国家具制造业科技创新能力的综合评价值。依据各指标的原始数据、规范化数据、权重、智能化综合评价值及其排序结果，对智能化能力做出评价。中国家具制造业智能化能力各项评价指标的原始数据见表 4-2。

表 4-2　家具制造业 2016～2020 年各项指标数据表

序号	指标	2016 年	2017 年	2018 年	2019 年	2020 年
A1	R&D 经费内部支出/万元	428 659	554 273	680 099	735 978	907 096
A2	新产品开发经费/万元	563 543	681 163	840 057	1 014 522	1 148 828
A3	R&D 人员全时当量/（人·年）	14 878	19 648	25 473	30 023	34 421
A4	R&D 人员占用工人员人数比例/%	1.22	1.58	2.31	2.65	3.09
B1	发明专利数/项	1618	1386	1644	1738	1679
B2	专利申请数/项	10 629	10 064	11 064	11 928	14 562
B3	新产品开发项目数/项	2801	4061	5210	7323	8638
C1	利润总额/亿元	574.39	568.55	425.9	488.4	467.5
C2	主营业务收入/亿元	8779.64	8787.88	7081.7	7346	7069.8
C3	新产品销售收入/万元	9 466 171	9 976 306	11 198 873	12 768 723	13 888 926
C4	用工人员人数/人	1 221 000	1 246 400	1 104 000	1 134 000	1 115 000
C5	用工人员人均利润率/（元/人）	47 042.59	45 615.37	38 577.90	43 068.78	41 928.25

运用离差最大化方法，构造家具制造业 2016～2020 年各项指标规范化数据，计算结果如表 4-3 所示。

表 4-3　家具制造业 2016～2020 年各项指标规范化数据表

序号	指标	2016 年	2017 年	2018 年	2019 年	2020 年
A1	R&D 经费内部支出	0	0.262 6	0.525 5	0.642 3	1
A2	新产品开发经费	0	0.201 0	0.472 4	0.770 5	1
A3	R&D 人员全时当量	0	0.244 1	0.542 1	0.775 0	1
A4	R&D 人员占用工人员人数比例	0	0.191 5	0.582 7	0.764 8	1
B1	发明专利数	0.659 1	0	0.733 0	1	0.832 3
B2	专利申请数	0.125 6	0	0.222 3	0.414 4	1
B3	新产品开发项目数	0	0.215 9	0.412 7	0.774 7	1
C1	利润总额	1	0.960 7	0	0.420 9	0.280 2
C2	主营业务收入	0.995 2	1	0.006 9	0.160 8	0
C3	新产品销售收入	0	0.115 3	0.391 8	0.746 7	1
C4	用工人员人数	0.821 6	1	0	0.210 7	0.077 2
C5	用工人员人均利润率	1	0.831 4	0	0.530 5	0.395 8

计算家具制造业 2016～2020 年各项指标权重，综合评价家具制造业各年度智能化能力，计算结果如表 4-4 所示。

表 4-4　家具制造业 2016～2020 年智能化能力及排序比较

权系数	序号	指标	2016 年	2017 年	2018 年	2019 年	2020 年
0.077 9	A1	R&D 经费内部支出	0	0.262 6	0.525 5	0.642 3	1
0.084 1	A2	新产品开发经费	0	0.201 0	0.472 4	0.770 5	1
0.082 8	A3	R&D 人员全时当量	0	0.244 1	0.542 1	0.775 0	1
0.084 2	A4	R&D 人员占用工人员人数比例	0	0.191 5	0.582 7	0.764 8	1
0.071 1	B1	发明专利数	0.659 1	0	0.733 0	1	0.832 3
0.074 9	B2	专利申请数	0.125 6	0	0.222 3	0.414 4	1
0.083 7	B3	新产品开发项目数	0	0.215 9	0.412 7	0.774 7	1
0.087 7	C1	利润总额	1	0.960 7	0	0.420 9	0.280 2
0.097 8	C2	主营业务收入	0.995 2	1	0.006 9	0.160 8	0
0.086 1	C3	新产品销售收入	0	0.115 3	0.391 8	0.746 7	1
0.089 8	C4	用工人员人数	0.821 6	1	0	0.210 7	0.077 2
0.079 7	C5	用工人员人均利润率	1	0.831 4	0	0.530 5	0.395 8
		评价值 Di（w）	0.394 9	0.439 9	0.312 4	0.588 7	0.696 1
		排序号	4	3	5	2	1

　　由表 4-4 可知，2016～2020 年家具制造业的智能化能力综合评价值呈上升趋势，这反映出家具制造业智能化水平正逐年提高。总体来说，从 2016 年开始，R&D 经费内部支出、新产品开发经费、R&D 人员全时当量、R&D 人员占用工人员人数比例、新产品开发项目数以及新产品销售收入的评价值不断上升。而用工人员人均利润率与利润总额的评价值从 2016 年开始就出现下降趋势，其中利润总额的评价值在 2018 年达到最低，并在 2019 年出现短暂回升后，在 2020 年依旧呈现下降趋势。用工人员人数和主营业务收入评价值在 2017 年呈现出较大的下降，虽然在 2018 年出现小幅度增长，但总体仍是下降趋势。且五年间，发明专利数、专利申请数评价值不断上下波动。就综合评价来说（图 4-13），从 2016～2020 年，家具制造业各方面评价值在基础建设层和生产应用层都有着一定程度的进步，应当重点关注的是创新质量问题。而在产出效益层，除新产品销售收入外的 4 个指标均总体上均呈现下降趋势，在这一层面应该着重解决经济新常态阶段如何提高效益的问题。

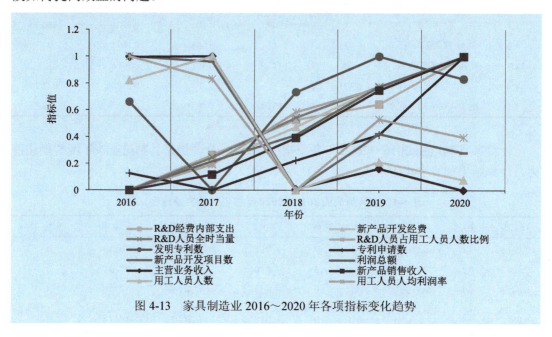

图 4-13　家具制造业 2016～2020 年各项指标变化趋势

　　党的十九届五中全会提出了创新、协调、绿色、开放、共享的新发展理念，其中创新是驱动制造业发展的关键动力，家具制造业存在着发明专利数、专利申请数上下浮动等问题，应引起重视。《"十四五"智能制造发展规划》再次强调要坚持创新驱动，把科技自立自强作为智能制造发展的战略支撑，加强用产学研协同创新，着力突破关键核心技术和系统集成技术。另外，近年来家具制造业的利润总额与主营业务收入总体上都在下降，该行业应通过提升技术水平，加强质量管理并寻找新的利润提升点。

4.3　造纸和纸制品业

4.3.1　造纸和纸制品业智能化评价

1．基础建设层

1）R&D 经费内部支出

如图 4-14，造纸和纸制品业的 R&D 经费内部支出从总体上看在 2016～2020 年增长了 138 223 万元，其中 2017 年与 2018 年实现了连续两年的增长，增长率均超过 16%，2018 年 R&D 经费内部支出是 2016 年的 1.37 倍。但是在随后的两年，R&D 经费内部支出均为负增长。

图 4-14　2016～2020 年造纸和纸制品业 R&D 经费内部支出

不可否认的是，R&D 经费内部支出在 2016～2018 年实现了较快的增长，但是 2018 年之后呈现的负增长状态也需要引起行业内部的重视。

2）新产品开发经费

从图 4-15 来看，2016～2020 年，造纸和纸制品业新产品开发经费呈现连续的上升趋势，2020 年新产品开发经费是 2016 年的 1.71 倍，且 2016～2017 年增长率最高，超过 24%。

图 4-15　2016～2020 年造纸和纸制品业新产品开发经费

　　近年来，政府越来越强调重污染行业的环境保护问题，用技术创新驱动可持续发展也是重要举措之一。在公众和政府对环保监管和科技进步的有力推动下，造纸和纸制品业也在积极投入经费致力于新产品开发。

3）R&D 人员全时当量

　　从图 4-16 可以看出，造纸和纸制品业 R&D 人员全时当量指标的年度变化趋势整体上升。其中 2017～2018 年的增长幅度最大，增长率为 32.5%，2018～2019 年的上升幅度不明显，增长率仅为 0.32%。

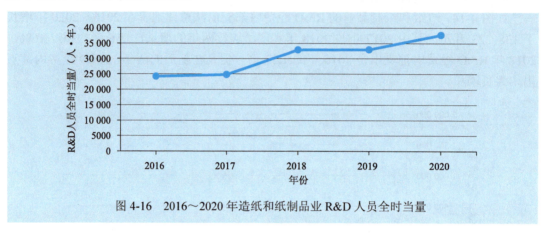

图 4-16　2016～2020 年造纸和纸制品业 R&D 人员全时当量

　　该行业 R&D 人员全时当量的稳步上升反映出该行业的人员结构正在不断优化，但仍需进一步增强科技创新意识，壮大科研队伍。

4）R&D 人员占用工人员人数比例

　　从图 4-17 可以看到，总体上，造纸和纸制品业 R&D 人员占用工人员人数比例趋势与 R&D 人员全时当量趋势都呈现上升趋势。不同的是，R&D 人员占用工人员人数比例在 2018～2019 年表现为负增长，增长率为-8.07%。结合图 4-16 可知，可能的原因是这一年内 R&D 人员全时当量的增长幅度较小。

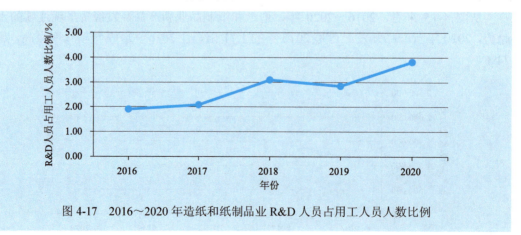

图 4-17　2016～2020 年造纸和纸制品业 R&D 人员占用工人员人数比例

2. 生产应用层

1）发明专利数

2016 年造纸和纸制品业拥有发明专利数为 1665 项，2020 年达到了 2137 项，2020 年的发明专利数是 2016 年的 1.28 倍。根据图 4-18，该行业的发明专利数在 2017～2018 年增长较快，增长率为 29.25%。

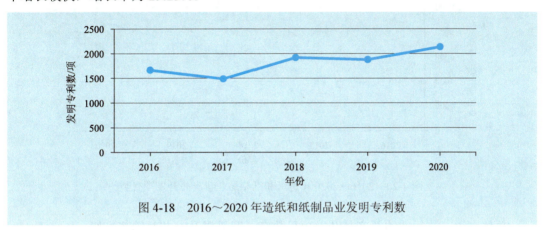

图 4-18   2016～2020 年造纸和纸制品业发明专利数

2016～2020 年，该行业的发明专利数在 2017 年最低，整体呈波动增长的趋势。我们应同时关注拥有专利之后如何提高专利转化率，如何让专利变为产品、如何产业化的问题。

2）专利申请数

由图 4-19 可看到造纸和纸制品业专利申请数在五年中呈现增长趋势，2017 年后的增长较为快速，其中 2017～2018 年的增长率达到了 31.96%。

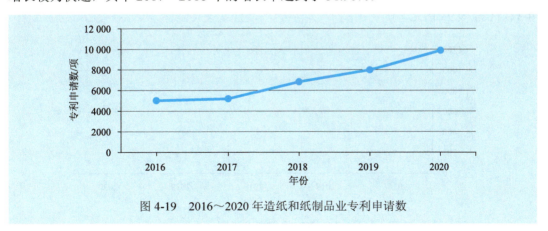

图 4-19   2016～2020 年造纸和纸制品业专利申请数

观察该行业发明专利数和专利申请数，可以发现 2016 年发明专利数占专利申请数的比例最高，为 33.25%。从 2017 年开始，发明专利数所占比例持续降低。结合发明专利数的走势，可以得出该行业仍需进一步加强技术进步和创新，提升申请专利的质量。

3）新产品开发项目数

新产品开发项目数是评估科技产出的指标之一。从图4-20可知，造纸和纸制品业新产品开发项目数在2016~2020年均处于较为快速的增长状态，其中2017年增长率最高，达到了33.2%，其余年份的增长率均超过20%。2020年新产品开发项目数是2016年的2.57倍。

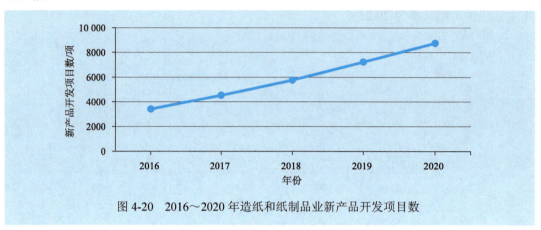

图 4-20　2016~2020 年造纸和纸制品业新产品开发项目数

总体来说，该行业的新产品开发项目数有了明显提升，并且趋势良好。

3．产出效益层

1）利润总额

通过图4-21可以发现，造纸和纸制品业2017年利润总额为1016.39亿元，处于峰值，但是利润总额在2018年和2019年连续两年出现负增长，增长率分别为-24.6%和-4.45%。2020年的增长率虽然达到了19.73%，但是2020年的利润总额相比于2016年只增长了9.93亿元。

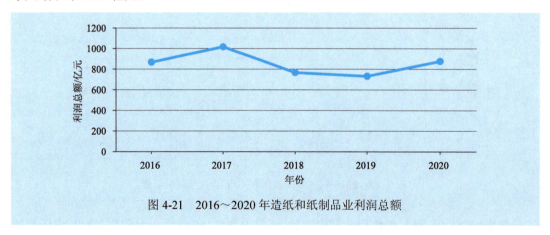

图 4-21　2016~2020 年造纸和纸制品业利润总额

在智能化和供给侧结构性改革的大环境下，每一年造纸和纸制品业的各项成本都处于上升状态，对利润空间造成一定挤压。

2）主营业务收入

图 4-22 显示，造纸和纸制品业主营业务收入在 2016～2017 年呈现小幅度增长，并在随后的几年内都呈现负增长状态，其中 2017～2019 年的主营业务收入呈现快速下滑趋势，增长率均超过–4.8%，虽然 2020 年的下降速度有所放缓，但是相比峰值仍然下降了1684.81 亿元。

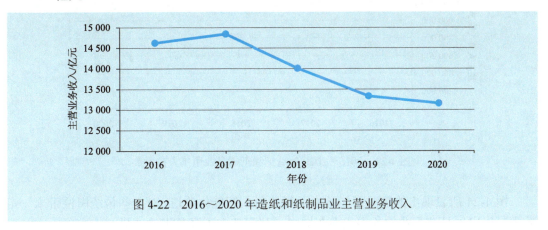

图 4-22 2016～2020 年造纸和纸制品业主营业务收入

从国家政策上看，造纸和纸制品业涉及不少《中国制造 2025》和国家"十四五"规划中提到的重点领域，比如节能环保领域。从投入（R&D 经费内部支出）和产出（利润总额）的数据来看，该行业近几年的表现也并没有明显进步。造成 2017～2020 年该行业主营业务收入下降的原因可能是环保监管力度加大、市场低迷、产品价格下调、部分企业产能落后等。

3）新产品销售收入

图 4-23 显示，2016～2020 年造纸和纸制品业的新产品销售收入历经了较为快速的上升以及缓慢上升两个阶段。以 2018 年为分界点，2018 年前新产品销售收入的增长率均超过 16.08%，之后两年的增长率仅为 1.28% 和 7.63%。

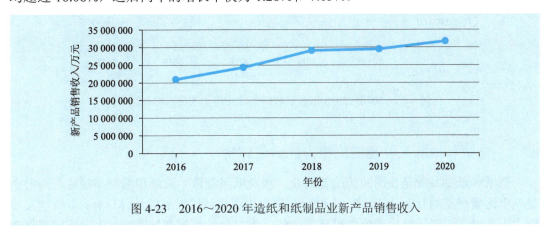

图 4-23 2016～2020 年造纸和纸制品业新产品销售收入

相比于主营业务收入的下降，新产品销售收入处于稳步上升阶段，且与新产品开发经费与开发项目数成正比，说明该行业在新产品研发方面投入和产出水平较高。

4）用工人员人数

图 4-24 显示，2016～2020 年造纸和纸制品业用工人员数量整体呈现下降趋势，仅在 2018～2019 年出现了短暂增长，增长率为 9.13%。

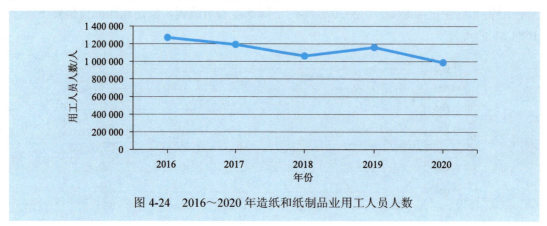

图 4-24   2016～2020 年造纸和纸制品业用工人员人数

图 4-24 所表现出的情况可能是由于行业引入智能化改造，对一些传统岗位带来一定冲击；也可能是该行业的各项成本在增加，利润却在下降带来的结果。

5）用工人员人均利润率

由图 4-25 可知，2017～2019 年造纸和纸制品业用工人员人均利润率不断下降，增长率分别为–15.34%和–12.45%，下降趋势较为明显。但是 2020 年的用工人员人均利润率呈现快速上升趋势，增长率达到 40.46%，在数量上达到了 2016 年的 1.3 倍。

图 4-25   2016～2020 年造纸和纸制品业用工人员人均利润率

4.3.2   造纸和纸制品业智能化能力综合化评价

造纸和纸制品业是我国的传统制造业，涉及纸浆制造、造纸和纸制品制造，同时也是一个污染严重的行业。我国在 21 世纪初便提出了可持续发展的总体目标：可持续发展能力不断增强，经济结构调整取得显著成效，人口总量得到有效控制，生态环境明显改善，资源利用率显著提高，促进人与自然的和谐，推动整个社会走上生产发展、生活富裕、生态良好的文明发展道路。2015 年在联合国发展峰会上，各国领导人一道通过了

《2030 年可持续发展议程》。我国高度重视可持续发展，更是将可持续发展目标融入"十四五"规划当中。我国还在 2016 年印发了《中国落实 2030 年可持续发展议程创新示范区建设方案》，其中明确提出，要围绕制约可持续发展瓶颈问题，加强技术筛选，明确技术路线，形成成熟有效的系统化解决方案。因此，造纸和纸制品业想要实现环境保护和经济效益的双赢，应该用创新技术驱动可持续发展，向智能化制造转型。

根据 2016～2020 年《中国统计年鉴》《中国科技统计年鉴》中造纸和纸制品业的智能化方面数据，选取能客观、分层次地反映制造业智能化的 12 项指标，使用离差最大化方法计算出每个指标的权重。结合各项指标的规范化数值，可得出 2016～2020 年中国造纸和纸制品业科技创新能力的综合评价值。依据各指标的原始数据、规范化数据、权重、智能化综合评价值及其排序结果，对智能化能力做出评价。中国造纸和纸制品业智能化能力各项评价指标的原始数据见表 4-5。

表 4-5　造纸和纸制品业 2016～2020 年各项指标数据表

序号	指标	2016 年	2017 年	2018 年	2019 年	2020 年
A1	R&D 经费内部支出/万元	1 227 575	1 445 953	1 677 816	1 576 680	1 365 798
A2	新产品开发经费/万元	1 171 997	1 457 380	1 674 834	1 841 321	2 001 440
A3	R&D 人员全时当量/（人·年）	24 222	24 826	32 895	33 001	37 720
A4	R&D 人员占用工人员人数比例/%	1.91	2.08	3.10	2.85	3.82
B1	发明专利数/项	1665	1487	1922	1880	2137
B2	专利申请数/项	5008	5184	6841	8002	9895
B3	新产品开发项目数/项	3406	4537	5761	7232	8754
C1	利润总额/亿元	866.87	1016.39	766.4	732.3	876.8
C2	主营业务收入/亿元	14 622.82	14 840.51	14 012.8	13 335.1	13 155.7
C3	新产品销售收入/万元	20 926 495	24 290 960	29 140 356	29 512 526	31 765 713
C4	用工人员人数/人	1 271 100	1 192 300	1 062 000	1 159 000	988 000
C5	用工人员人均利润率/（元/人）	68 198.41	85 246.16	72 165.73	63 183.78	88 744.94

运用离差最大化方法，构造造纸和纸制品业 2016～2020 年各项指标规范化数据，计算结果如表 4-6 所示。

表 4-6　造纸和纸制品业 2016～2020 年各项指标规范化数据表

序号	指标	2016 年	2017 年	2018 年	2019 年	2020 年
A1	R&D 经费内部支出	0	0.485 0	1	0.775 4	0.307 0
A2	新产品开发经费	0	0.344 1	0.606 2	0.807 0	1
A3	R&D 人员全时当量	0	0.044 7	0.642 5	0.650 4	1
A4	R&D 人员占用工人员人数比例	0	0.092 4	0.623 3	0.492 5	1
B1	发明专利数	0.273 8	0	0.669 2	0.604 6	1

续表

序号	指标	2016 年	2017 年	2018 年	2019 年	2020 年
B2	专利申请数	0	0.036 0	0.375 1	0.612 6	1
B3	新产品开发项目数	0	0.211 5	0.440 4	0.715 4	1
C1	利润总额	0.473 7	1	0.120 0	0	0.508 6
C2	主营业务收入	0.870 8	1	0.508 7	0.106 5	0
C3	新产品销售收入	0	0.310 4	0.757 8	0.792 1	1
C4	用工人员人数	1	0.721 7	0.261 4	0.604 0	0
C5	用工人员人均利润率	0.196 2	0.863 1	0.351 4	0	1

计算造纸和纸制品业 2016～2020 年各项指标权重,综合评价造纸和纸制品业各年度智能化能力,计算结果如表 4-7 所示。

表 4-7　造纸和纸制品业 2016～2020 年智能化能力及排序比较

权系数	序号	指标	2016 年	2017 年	2018 年	2019 年	2020 年
0.081 4	A1	R&D 经费内部支出	0	0.485 0	1	0.775 4	0.307 0
0.081 3	A2	新产品开发经费	0	0.344 1	0.606 2	0.807 0	1
0.086 0	A3	R&D 人员全时当量	0	0.044 7	0.642 5	0.650 4	1
0.083 5	A4	R&D 人员占用工人员人数比例	0	0.092 4	0.623 3	0.492 5	1
0.079 0	B1	发明专利数	0.273 8	0	0.669 2	0.604 6	1
0.085 0	B2	专利申请数	0	0.036 0	0.375 1	0.612 6	1
0.082 6	B3	新产品开发项目数	0	0.211 5	0.440 4	0.715 4	1
0.078 8	C1	利润总额	0.473 7	1	0.120 0	0	0.508 6
0.091 2	C2	主营业务收入	0.870 8	1	0.508 7	0.106 5	0
0.081 9	C3	新产品销售收入	0	0.310 4	0.757 8	0.792 1	1
0.081 2	C4	用工人员人数	1	0.721 7	0.261 4	0.604 0	0
0.088 0	C5	用工人员人均利润率	0.196 2	0.863 1	0.351 4	0	1
		评价值 $Di(w)$	0.236 9	0.429 6	0.529 2	0.508 4	0.732 4
		排序号	5	4	2	3	1

根据表 4-7,2016～2020 年造纸和纸制品业的智能化能力综合评价值呈现逐步上升趋势。这反映行业在智能化改造工程上取得了进步。观察图 4-26,新产品开发经费、R&D 人员全时当量、R&D 人员占用工人员人数比例、专利申请数、新产品开发项目数以及新产品销售收入的指标值趋势都是从 2016 年开始逐年上升的。其余指标均呈现出波动情况,其中利润总额和主营业务收入的指标值下降较为明显,说明该行业的经济效益处于下降趋势。

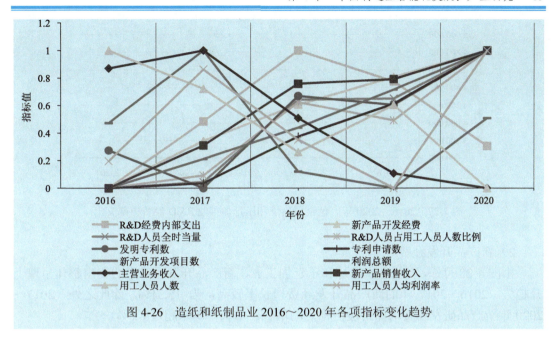

图 4-26　造纸和纸制品业 2016～2020 年各项指标变化趋势

　　总体来说，造纸和纸制品业近几年为科技创新进行了大量投入。从新产品角度看，这部分投入取得了较好的成果，但专利的产出还不够稳定且其市场表现评价值仍有波动。造纸和纸制品业的重污染行业属性使得一部分企业迫于国家大力的环保监管下退出行业，因此企业应该关注环境保护和经济效益之间的平衡。"十三五"战略规划提到需要建设智能互联网、大力开展国际性的互联网项目合作，加强实施"走出去"战略，提升国际市场占有率，通过国际交流合作实现创新发展，从而提升国际竞争力。在这个过程中，造纸和纸制品业从基础自动化转向智能化发展，需要的不仅是行业本身的努力，更需要全产业链以及政府部门的配合，共同攻克难关、突破新技术。

4.4　有色金属冶炼和压延加工业

4.4.1　有色金属冶炼和压延加工业智能化评价

1. 基础建设层

1）R&D 经费内部支出

　　从图 4-27 可以看出，有色金属冶炼和压延加工业的研发经费在 2016～2020 年这五年内呈现出波动趋势，2020 年的 R&D 经费内部支出是 2016 年的 1.41 倍。2017～2018年以及 2019～2020 年呈现出两次下降趋势，其中 2020 年的下降趋势较为明显，为−12.72%。

　　这个趋势可以说明有色金属冶炼和压延加工业对研发创新的重视程度有待加强，2020 年 R&D 经费内部支出水平虽然相较于 2016 年增长了 119 506 万元，但其未来的发展态势仍然很难预测。

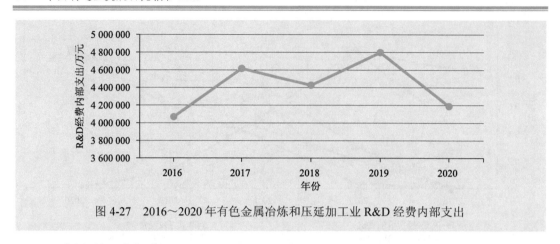

图 4-27　2016～2020 年有色金属冶炼和压延加工业 R&D 经费内部支出

2）新产品开发经费

由图 4-28 可知，有色金属冶炼和压延加工业在新产品开发经费上的支出整体呈现上升趋势。2016～2017 年的新产品开发经费增长率较高，为 15.31%，除此之外，2017～2020 年新产品研发经费均保持缓慢稳定的增长，增长率均未超过 8.6%。

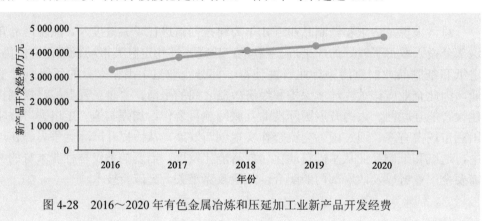

图 4-28　2016～2020 年有色金属冶炼和压延加工业新产品开发经费

3）R&D 人员全时当量

由图 4-29 可知，有色金属冶炼和压延加工业 R&D 人员全时当量呈现整体上升的趋

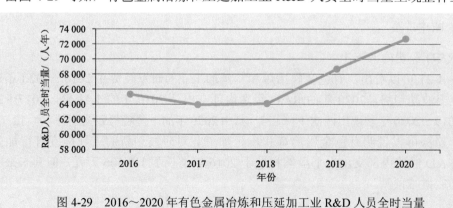

图 4-29　2016～2020 年有色金属冶炼和压延加工业 R&D 人员全时当量

势，2018 年以前的增长率分别为–2.1%和 0.24%，增长较为缓慢甚至出现了负增长，但是 2018 年之后增长速度变快。2020 年的 R&D 人员全时当量是 2016 年的 1.11 倍。

查阅相关法律可知，2018 年 1 月 1 日《中华人民共和国环境保护税法》正式开始实施。环保税的征收在倒逼企业治污减排、产业技术升级上发挥了重要作用，这也可能是有色金属冶炼和压延加工业 2018 年之后 R&D 人员全时当量开始快速增长的原因之一。

4）R&D 人员占用工人员人数比例

从图 4-30 来看，有色金属冶炼和压延加工业的 R&D 人员占用工人员人数比例与 R&D 人员全时当量的趋势相似，但 R&D 人员占用工人员人数比例的下降在 2016~2017 年更为明显，增长率为–12.02%，但随后一年的增长相对明显，2018 年的增长率最高，为 29.61%。

图 4-30　2016~2020 年有色金属冶炼和压延加工业 R&D 人员占用工人员人数比例

2. 生产应用层

1）发明专利数

发明专利数在一定程度上体现了企业的创新产出，是反映单位产出效果的指标之一。通过图 4-31 可知，有色金属冶炼和压延加工业发明专利数保持稳定上升趋势，从 2016 年的 4322 项上升为 2020 年的 5923 项。

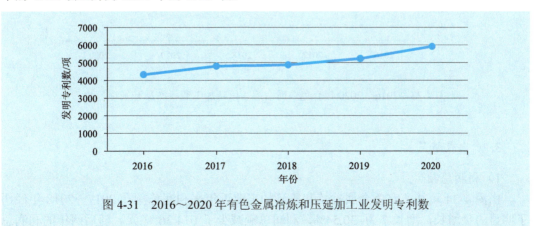

图 4-31　2016~2020 年有色金属冶炼和压延加工业发明专利数

2）专利申请数

由图 4-32 可知，有色金属冶炼和压延加工业的专利申请数整体呈现上升趋势，其中 2017～2018 年增长较为缓慢，增长率为 1.73%，其余年份增长率均大于 7.33%。

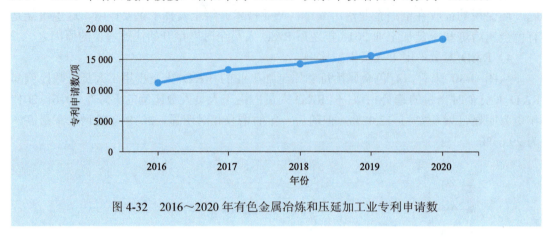

图 4-32　2016～2020 年有色金属冶炼和压延加工业专利申请数

值得肯定的是，该行业的专利申请数和发明专利数在五年内均保持稳定上升趋势，说明该行业对专利和创新的重视程度较高。但发明专利数占专利申请数的比例在逐年下降，这反映有色金属冶炼和压延加工业对创新质量的重视程度并不够，未来应该更关注高质量创新，而不是只关注专利申请数量。

3）新产品开发项目数

由图 4-33 可知，有色金属冶炼和压延加工业新产品开发项目数在 2016～2020 年增长速度较为平均，且增长率均超过 14%，这也从侧面反映出该行业对新产品研发的重视程度较高。

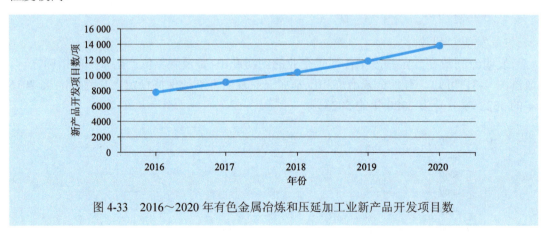

图 4-33　2016～2020 年有色金属冶炼和压延加工业新产品开发项目数

3. 产出效益层

1）利润总额

由图 4-34 可知，有色金属冶炼和压延加工业近年来利润总额在 2017～2018 年经历了明显的负增长，增长率为–30.54%，利润总额减少了 614.36 亿元。随后两年的利润总额虽然有所回升，但仍低于 2016 年与 2017 年的水平。

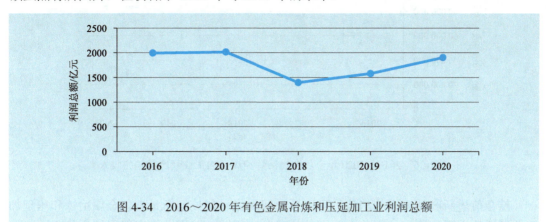

图 4-34　2016～2020 年有色金属冶炼和压延加工业利润总额

　　五年内，有色金属冶炼和压延加工业经营状况不容乐观。传统的有色金属冶炼和压延加工业在市场上份额下降，需要及时调整产业结构，降低生产成本，引进科研人才，其中更需要创新改革，才能达到提高利润的目的。

　　2）主营业务收入

　　从图 4-35 可知，有色金属冶炼和压延加工业的主营业务收入同样在 2017～2018 年呈现下降趋势，增长率为–3.47%，随后两年呈现连续稳定的增长趋势，增长率分别为 3.36%和 0.48%。

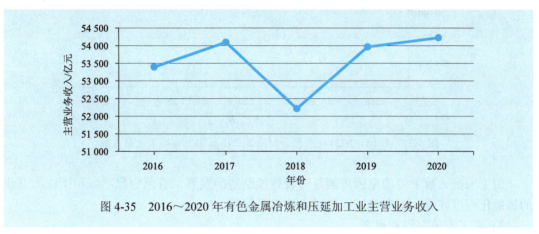

图 4-35　2016～2020 年有色金属冶炼和压延加工业主营业务收入

　　主营业务收入的下降部分导致了利润总额的下降。有色金属冶炼和压延加工业除了需要关注不断提高的环保标准和行业规范，进行治污减排，更需要加快调整产业结构，提升自身创新能力。

　　3）新产品销售收入

　　从图 4-36 可以看到，2018～2019 年新产品销售收入出现短暂的下滑，但是下降幅度较低，增长率为–1.06%，总体上并未影响 2016～2020 年的上升趋势。

图 4-36   2016～2020 年有色金属冶炼和压延加工业新产品销售收入

结合前述新产品方面的趋势,可以预见智能化、科技创新是有色金属冶炼和压延加工业发展的主要趋势。该行业在新产品的开发、研发、销售上均表现得较为稳定。

4)用工人员人数

从图 4-37 可以看到,2016～2020 年用工人员人数表现出总体下降趋势。其中 2017～2018 年下降较为明显,增长率为–22.67%。随后两年的人数变化有所放缓,增长率分别为 0.3%和–3.79%。

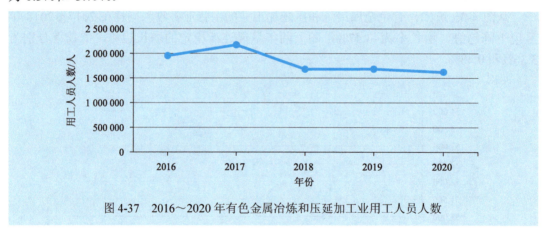

图 4-37   2016～2020 年有色金属冶炼和压延加工业用工人员人数

用工人员人数下降的原因可能是随着智能制造的发展,有色金属冶炼和压延加工业的智能化程度较高,很多传统岗位逐步被机器代替。

5)用工人员人均利润率

从图 4-38 可看出,2016～2020 年有色金属冶炼和压延加工业用工人员人均利润率先下降后上升。总体上看,从 2016 年的 101 908 元/人上升到 2020 年的 117 295.13 元/人。随着智能化的普及,就业人员逐渐被智能机器替代。如图 4-37 与图 4-34 所示,有色金属冶炼和压延加工业用工人员人数呈现下降趋势,而该行业的利润总额在 2018～2020 年呈现出上涨趋势,这可能是用工人员人均利润率上升的原因之一。

图 4-38　2016～2020 年有色金属冶炼和压延加工业用工人员人均利润率

4.4.2　有色金属冶炼和压延加工业智能化能力综合化评价

随着近年来《中国制造 2025》《智能制造发展规划（2016—2020 年）》的提出，加快发展和全面推进制造业智能化转型成为各行业的工作重点。有色金属冶炼和压延加工业近些年来发展态势良好，但仍然存在长期积累的结构性产能过剩、市场供求失衡等问题和矛盾。2016 年国务院印发的《关于营造良好市场环境促进有色金属工业调结构促转型增效益的指导意见》中明确提出要通过推动智能制造、发展精深加工、加强上下游合作、完善相关产品标准、积极推进国际合作等方式，加快有色金属冶炼和压延加工业转型升级、降本增效。中国有色金属冶炼和压延加工业在国家政策的支持和引导下，在产业链各环节广泛应用自动化、智能化技术，但仍需进一步加强研发创新，缩小与发达国家的差距。

根据 2016～2020 年《中国统计年鉴》《中国科技统计年鉴》《中国工业统计年鉴》及国泰安数据库和万德数据库中有色金属冶炼和压延加工业智能化方面的数据，选取能客观、分层次地反映制造业智能化的 12 项指标，使用离差最大化方法计算出每个指标的权重。结合各项指标的规范化数值，可得出 2016～2020 年中国有色金属冶炼和压延加工业科技创新能力的综合评价值。依据各指标的原始数据、规范化数据、权重、智能化综合评价值及其排序结果，对行业的智能化能力做出评价。中国有色金属冶炼和压延加工业智能化能力各项评价指标的原始数据见表 4-8。

表 4-8　2016～2020 年有色金属冶炼和压延加工业各项指标数据表

序号	指标	2016 年	2017 年	2018 年	2019 年	2020 年
A1	R&D 经费内部支出/万元	4 068 224	4 616 196	4 425 396	4 798 098	4 187 730
A2	新产品开发经费/万元	3 296 787	3 801 627	4 082 921	4 280 599	4 645 887
A3	R&D 人员全时当量/（人·年）	65 324	63 952	64 107	68 701	72 727
A4	R&D 人员占用工人员人数比例/%	3.34	2.94	3.81	4.07	4.48
B1	发明专利数/项	4322	4798	4881	5239	5923
B2	专利申请数/项	11 173	13 324	14 259	15 599	18 276
B3	新产品开发项目数/项	7751	9083	10 364	11 843	13 843
C1	利润总额/亿元	1991.69	2011.46	1397.1	1581	1903.7

续表

序号	指标	2016 年	2017 年	2018 年	2019 年	2020 年
C2	主营业务收入/亿元	53 393.18	54 091.07	52 215.3	53 968.9	54 229.8
C3	新产品销售收入/万元	69 760 133	75 496 509	80 367 983	79 519 573	85 769 560
C4	用工人员人数/人	1 954 400	2 174 800	1 682 000	1 687 000	1 623 000
C5	用工人员人均利润率/（元/人）	101 908.00	92 489.42	83 061.83	93 716.66	117 295.13

运用离差最大化方法,构造有色金属冶炼和压延加工业 2016～2020 年各项指标规范化数据,计算结果如表 4-9 所示。

表 4-9 2016～2020 年有色金属冶炼和压延加工业各项指标规范化数据表

序号	指标	2016 年	2017 年	2018 年	2019 年	2020 年
A1	R&D 经费内部支出	0	0.750 8	0.489 4	1	0.163 7
A2	新产品开发经费	0	0.374 2	0.582 7	0.729 2	1
A3	R&D 人员全时当量	0.156 4	0	0.017 7	0.541 2	1
A4	R&D 人员占用工人员人数比例	0.260 8	0	0.565 3	0.734 7	1
B1	发明专利数	0	0.297 3	0.349 2	0.572 8	1
B2	专利申请数	0	0.302 8	0.434 5	0.623 1	1
B3	新产品开发项目数	0	0.218 6	0.428 9	0.671 7	1
C1	利润总额	0.967 8	1	0	0.299 3	0.824 6
C2	主营业务收入	0.584 7	0.931 1	0	0.870 5	1
C3	新产品销售收入	0	0.358 3	0.662 6	0.609 6	1
C4	用工人员人数	0.600 6	1	0.106 9	0.116 0	0
C5	用工人员人均利润率	0.550 5	0.275 4	0	0.311 2	1

计算有色金属冶炼和压延加工业 2016～2020 年各项指标权重,综合评价有色金属冶炼和压延加工业各年度智能化能力,计算结果如表 4-10 所示。

表 4-10 2016～2020 年有色金属冶炼和压延加工业智能化能力及排序比较

权系数	序号	指标	2016 年	2017 年	2018 年	2019 年	2020 年
0.089 0	A1	R&D 经费内部支出	0	0.750 8	0.489 4	1	0.163 7
0.081 0	A2	新产品开发经费	0	0.374 2	0.582 7	0.729 2	1
0.086 8	A3	R&D 人员全时当量	0.156 4	0	0.017 7	0.541 2	1
0.085 0	A4	R&D 人员占用工人员人数比例	0.260 8	0	0.565 3	0.734 7	1
0.078 3	B1	发明专利数	0	0.297 3	0.349 2	0.572 8	1
0.079 8	B2	专利申请数	0	0.302 8	0.434 5	0.623 1	

续表

权系数	序号	指标	2016 年	2017 年	2018 年	2019 年	2020 年
0.084 4	B3	新产品开发项目数	0	0.218 6	0.428 9	0.671 7	1
0.091 8	C1	利润总额	0.967 8	1	0	0.299 3	0.824 6
0.080 7	C2	主营业务收入	0.584 7	0.931 1	0	0.870 5	1
0.079 3	C3	新产品销售收入	0	0.358 3	0.662 6	0.609 6	1
0.085 8	C4	用工人员人数	0.600 6	1	0.106 9	0.116 0	0
0.078 2	C5	用工人员人均利润率	0.550 5	0.275 4	0	0.311 2	1
		评价值 $Di（w）$	0.266 4	0.465 6	0.300 2	0.589 1	0.823 7
		排序号	5	3	4	2	1

　　由表 4-10 可以看出，2016～2018 年有色金属冶炼和压延加工业的智能化水平略有波动但整体呈现显著上升趋势。2018 年有色金属冶炼和压延加工业的智能化水平有所下降，但后期恢复较快。可以预见未来一段时间，有色金属冶炼和压延加工业的智能化水平仍将呈现稳步上升态势。

　　由图 4-39 可知，2016～2020 年有色金属冶炼和压延加工业中 R&D 经费内部支出、利润总额、用工人员人数有下降趋势；R&D 人员全时当量、R&D 人员占用工人员人数比例、主营业务收入、用工人员人均利润率均呈现出波动上涨趋势；新产品开发经费、发明专利数、专利申请数、新产品开发项目数、新产品销售收入等指标的变化都代表了有色金属冶炼和压延加工业增加了科技方面的投入且都处于不断上升的状态。这表明有色金属冶炼和压延加工业正在顺应时代潮流，加大对智能化创新的投入，着力于产业结构的改革。科技的发展以及智能制造时代的到来，将帮助有色金属冶炼和压延加工业开辟未来新格局。

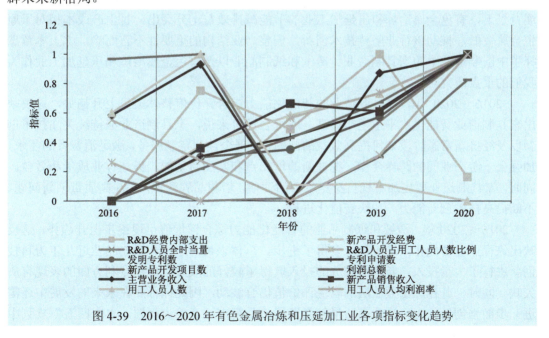

图 4-39　2016～2020 年有色金属冶炼和压延加工业各项指标变化趋势

4.5 本章小结

我国制造业体量大、体系完备、产品竞争力强，改革开放以来，我国充分发挥了经济和人口规模大带来的产业配套优势,使中国制造业连续 11 年稳居全球第一。尽管如此，"大而不强"一直是我国制造业需要解决的问题，在这之中，智能制造是促进我国制造业高质量发展、实现由大到强转变的重要方向。在良好的政策环境下，制造业向数字化、网络化、智能化转型升级，不仅是企业提高产能、提高竞争力的重要途径之一，更是培育我国经济增长新动能的必由之路。

自《中国制造 2025》发布以来，我国就将智能制造作为两化深度融合的主攻方向，《"十四五"智能制造发展规划》更是提出到 2025 年要建成 500 个以上引领行业发展的智能制造示范工厂。在这个背景之下，智能化将是推动中国制造业高质量发展的关键动力。家具制造业属于传统行业。中国地大物博，资源丰富，传统行业具有原材料、消费市场、基础设施完善等优势，但存在缺乏技术上的创新、缺乏品牌意识等问题。对于家具制造业来说，其面对的还有消费者个性化、品质化的需求。《轻工业发展规划（2016—2020 年）》中明确指出要在家具等行业发展个性化定制，这些问题都需要依靠智能化升级与创新投入来解决。造纸和纸制品业是与国民经济和社会发展关系密切的重要基础原材料产业，该行业同时具有不可忽视的环境保护问题。我国进入高质量发展阶段之后，人民对优美生态环境的要求会更高，该行业在快速发展的同时不得不兼顾环境保护。我国近年来的环境监管力度只增不减，在增产排污的过程中，需要用智能化驱动行业可持续发展，以技术优势推动产业发展。有色金属冶炼和压延加工业是《智能制造发展规划（2016—2020 年）》中明确提出的智能转型重点领域。在我国制造业快速发展的过程中，有色金属冶炼和压延加工业等原材料产业仍然占有极为重要的地位。在绿色发展背景下，有色金属冶炼和压延加工业的节能减排效益十分突出，且生产成本相对于原生金属较低，推动该行业坚持技术创新，调整产业结构的重要性不言而喻。综上本章选择了中国制造业中的家具制造业、造纸和纸制品业以及有色金属冶炼和压延加工业作为我们的重点研究对象。

2016～2020 年，家具制造业的智能化能力综合评价值整体上呈上升趋势，这反映出家具制造业智能化水平正逐年提高。就综合评价来说，家具制造业应持续关注技术创新以及经济新常态阶段如何提高效益的问题，开展个性化定制服务，满足消费者的需求，加强上下游产业间的跨界合作，挖掘新的增长点和发展新动能，提高行业质量和效益。同时，家具制造业要更加重视自身竞争力的评估，培养品牌意识，关注高质量创新问题，不断提高技术创新能力，加快智能化进程。

2016～2020 年，造纸和纸制品业的智能化能力综合评价值呈现逐步上升趋势，这反映出该行业在智能化改造工程上取得了进步。总体来说，造纸和纸制品业近几年为科技创新进行了大量投入，新产品部分的投入取得了较好的成果，但在专利方面的表现有所欠缺。同时，其在产出效益层的表现评价值仍有波动，因此该行业在未来的发展中还需进一步加强创新行为，注重高质量创新发展，重视市场竞争力问题。"十四五"规划中提出要加快造纸等重点行业改造升级，完善绿色制造体系，这说明在未来的发展中，造纸和纸制品业污染防治任务依旧艰巨，智能制造是造纸和纸制品业转型升级的关键切入点，以技术进步实现减排增效的目标。

2016～2020 年，有色金属冶炼和压延加工业的智能化水平略有波动但整体呈现显著上升趋势。有色金属冶炼和压延加工业的新产品开发经费在这五年内呈现出持续上升的趋势，R&D 人员全时当量和 R&D 人员占用工人员人数比例略有波动，但总体呈增长趋势，这说明有色金属冶炼和压延加工业应进一步增加研发经费支出，使研发效率达到最大化。有色金属冶炼和压延加工业的用工人员人数下降较为明显，可能是智能化程度逐步提升的结果。智能制造时代下，很多传统岗位逐步被机器代替，但也有可能产生新的岗位。用工问题关乎民生，同时也是企业的社会责任所在，在未来的发展中，该行业应警惕相关问题的出现。在环境保护问题上，有色金属冶炼和压延加工业的节能减排重任是推动我国绿色发展的重要一环，该行业在未来的发展中要遵循绿色发展理念，利用智能装备和智能制造来提高展业能效水平，实现绿色高质量发展。

综上所述，中国制造业中的家具制造业、造纸和纸制品业以及有色金属冶炼和压延加工业的智能化程度都呈现整体上升态势。

参 考 文 献

国家统计局. 2017. 中国科技统计年鉴 2017[M]. 北京: 中国统计出版社.

国家统计局. 2017. 中国统计年鉴 2017[M]. 北京: 中国统计出版社.

国家统计局. 2018. 中国统计年鉴 2018[M]. 北京: 中国统计出版社.

国家统计局. 2018. 中国科技统计年鉴 2018[M]. 北京: 中国统计出版社.

国家统计局. 2019. 中国统计年鉴 2019[M]. 北京: 中国统计出版社.

国家统计局. 2019. 中国科技统计年鉴 2019[M]. 北京: 中国统计出版社.

国家统计局. 2020. 中国统计年鉴 2020[M]. 北京: 中国统计出版社.

国家统计局. 2020. 中国科技统计年鉴 2020[M]. 北京: 中国统计出版社.

国家统计局. 2021. 中国统计年鉴 2021[M]. 北京: 中国统计出版社.

国家统计局. 2021. 中国科技统计年鉴 2021[M]. 北京: 中国统计出版社.

撰稿人：孙 薇 钟 念

审稿人：刘 军

第5章 中国制造业智能化发展：企业研究

5.1 引　　言

以互联网、大数据、云计算、人工智能为代表的新一代信息技术与制造业的深度融合正加速驱动制造业产业模式和企业形态根本性转变。企业智能化转型升级发展的难点和痛点主要有：一是，企业智能化转型受管理决策者重视程度、企业信息系统软件平台建设投入、数字化智能化技术应用发展水平等方面的制约；二是，制造业细分行业的企业差异性特征较为明显，无法完全适用智能化转型发展标杆企业的先进经验。为进一步加快制造业整体转型进程，2021年工业和信息化部等部委陆续发布了《关于加快培育发展制造业优质企业的指导意见》《"十四五"信息化和工业化深度融合发展规划》等重要文件，强调应积极引导推动制造企业数字化、智能化转型发展，要激发四类企业主体新活力，充分发挥行业骨干企业的标杆引领作用，将制造业数字化转型行动作为重点工程，并具体罗列钢铁、石化化工、航空航天、船舶、汽车、工程机械、家电、电子等数字化转型重点行业，积极构建制造业数字化转型评估评价体系，引导重点行业企业发展数字化管理、平台化设计、智能化制造、网络化协同、个性化定制、服务化延伸等新模式。为此，本章主要研究上述重点制造行业中家电家具等消费品制造企业的智能化转型发展状况，并确定其智能化转型发展标杆企业，为这些重点行业企业智能化转型发展提供依据。

5.2 制造型企业智能化发展水平的评价体系

制造型企业智能化发展水平的评价分析可体现在《中华人民共和国国民经济和社会发展第十四个五年规划和2035年远景目标纲要》中有关智能制造发展的规划要求，有利于持续深化智能制造推广应用。

5.2.1 制造型企业智能化发展水平评价的内涵分析

制造型企业智能化转型发展已经成为制造行业企业高质量发展的重要路径，是衡量企业核心竞争能力和发展潜力的重要风向标。近年来不少文献对制造型企业智能化发展展开了持续深入研究。

1. 协同推进制造型企业智能化转型研究

相关研究强调市场主导、政府引导、行业参与等方式协同推进制造型企业数字化智能化转型发展，认为促使资源有效配置、融合创新能力提升、价值链优化等是政府、企业以及市场等主体协同推进转型发展的主要方式。尹华等（2021）通过研究工程机械行业的中联重科，认为价值链优化是实现重点制造行业企业智能化转型发展的重要路径。政府补贴（李婉红等，2022）、劳动力（付宏等，2020）、企业创新资源与融资能力（郑季良等，2020）以及无形资产（李倩等，2020）等资源能力都是企业转型发展的重要影响因素。李婉红等（2022）研究认为政府制定动态平衡的补贴和税收政策、消费者对智能产品的偏好、潜在消费者占比等因素对推动制造型企业智能化转型都有积极影响，还指出制造企业间的耦合度越大，越利于推动制造型企业智能化转型。因此，有必要进一步从管理上研究如何协同推进制造企业智能化转型发展，比如政策法规、制造企业之间的网络拓扑关系、价值链终端消费者的消费偏好等，这有助于制造型企业智能化转型发展。

2. 新兴信息技术助力制造型企业智能化转型研究

有关研究认为新兴信息技术包括互联网、物联网、云计算以及大数据等信息系统或者平台技术的应用奠定了制造型企业智能化转型发展的基础。比如，有研究认为智能化先进设备的应用将会替代低教育程度劳动力（孙早等，2019），工业互联网作为基础设施支撑智能制造发展（赵剑波，2020），互联网及其设计有助于推动制造业企业智能化转型发展（赖红波，2019）。总体来说，这些新一代信息技术与制造业的深度融合彻底改变制造产品、过程、装备、模式、业态等（赵剑波，2020），也是实现制造企业智能化转型发展的具体体现。

3. 企业技术创新能力强化制造型企业智能化转型研究

相关文献普遍研究认为企业技术创新能力是制造企业智能化转型的重要因素。王雪原等（2022）明确指出企业技术创新对智能化转型的显著作用，智能制造技术越成熟，越能提升制造企业智能化转型的推广率。而创新技术（产品）孵化则是制造业转型升级的关键影响因素（杨瑾等，2020）。但技术创新在创新柔性与制造企业智能化转型之间起部分中介作用（孟凡生等，2019）。围绕技术创新具体影响因素，瞿肖怡等（2020）具体分析了 R&D 人员和经费投入结构对制造业转型升级的影响。尹华等（2021）也具体提出了 5 个关键技术创新能力。可见制造业企业智能化转型发展有赖于企业技术创新能力的提升，但具体关键成功影响因素和有效路径有待进一步分析。

综合上述文献分析，制造型企业智能化转型升级的成功实施依然受到企业内外多重因素的影响，在管理决策上需要考虑到政府、企业和市场等环境影响，也要考虑到企业是否具备与智能化转型密切相关的信息技术系统基础条件建设和发展，还要考虑到企业自身技术创新投入产出能力发展等因素。为衡量制造型企业智能化发展水平，激发引导制造行业企业智能化转型发展活力，需要进一步针对制造型企业智能化发展相关因素做出评价分析，引导企业智能化转型发展。

5.2.2　制造型企业智能化发展水平的评价指标体系构建

制造型企业智能化转型升级是制造型企业信息化、网络化、智能化发展逐步推进的过程，反映出企业利益相关方对智能化发展的重视关注程度、企业业务管理智能化投入程度以及企业智能化技术创新能力发展等方面的关键成功因素。为此，本节继续采用制造型企业智能化转型发展评价指标体系，为制造企业尤其是制造业转型重点行业企业的智能化发展提供参考依据。

1. 制造型企业智能化关注水平

制造型企业智能化发展是一种新发展理念，可通过网络媒体对企业智能化情况的推荐或者评价得到体现。受到行业内外推荐和公众的广泛关注，获得企业员工、客户以及供应商等的关注、认可和支持，对推动企业智能化发展有积极正面影响。这里采用企业发布的公告，其他外部机构包括券商机构、新闻媒体等关于本企业智能化话题的提及频率来测度制造型企业智能化关注水平，提及率多反映制造型企业智能化关注水平高。

2. 制造型企业智能化管理水平

制造型企业管理的智能化是企业智能化发展的重要内容，主要反映企业业务管理数据的处理应用，并在不同发展阶段表现为信息化、网络化和智能化发展，依赖利用信息系统和其他各类软件，实现制造型企业智能化管理。这里采用企业所拥有软件账面价值原值和软件著作权拥有数量（信息系统数量）来测度制造型企业智能化管理水平。企业应用软件水平高，企业管理信息化、网络化、智能化程度就高。

3. 制造型企业智能化技术水平

制造型企业智能化水平不仅体现在管理智能化，也反映在企业产品研发、生产等环节的技术智能化，依赖于制造型企业智能化转型过程中适用于企业产品研发、生产的智能化技术创新。这里采用含"智能"的企业实用新型专利和发明专利申请量来测度制造型企业智能化技术水平。含"智能"的专利技术越多，企业智能化水平越高。

因此，制造型企业智能化发展水平评价指标体系如表 5-1 所示。

表 5-1　制造型企业智能化发展水平评价指标体系

一级指标	测量指标	指标数据解释
智能化关注水平	智能化关注评价	企业发布的智能化话题提及率 X1
		其他机构媒体智能化话题提及率 X2
智能化管理水平	智能化软件应用	软件账面价值原值 X3
		软件著作权拥有数量（各类信息系统数量）X4
智能化技术水平	智能化技术专利	（实用新型专利+发明专利）申请量（含"智能"的专利技术）X5

5.2.3　制造型企业智能化发展水平评价方法

制造型企业智能化发展水平的综合评价，基于不同维度指标的差异性。首先须将所得指标数据标准化，即通过对各维度原始数据与该维度指数常数的比值计算，得到该样本各项指标的千分化数值，然后通过指标加权计算出制造型企业智能化发展总体水平。

1. 指标数据标准化

首先确定各维度指标常数。这里采用行业企业该维度指标最高数值，作为各维度指标常数 X'。然后在此基础上，各指标按以下公式进行标准化：

$$X^* = \ln(X+1)/\ln(X'+1)\times 100 \tag{5-1}$$

此处，"+1"是为了避免出现类似"0"，而产生无效值。

2. 指标加权

指标权重代表了每个指标对于评价目标的重要程度，用相应的权重与对应的属性值相乘可得到综合评价的得分。综合评价的结论是否合理，关键就在于此，即只有确定最合理、最具说服力的指标权重，才能得到合理、可信的评价结论。为了确保赋权值的稳定性，这里采用专家赋权方法。由于指标数据反映制造型企业智能化发展的程度不同，赋予不同的权重，分别记为 $\omega_1,\omega_2,\omega_3,\omega_4,\omega_5$，分别为 0.1, 0.1, 0.1, 0.3 和 0.4。

3. 计算综合评分

通过上述指标数据标准化和指标加权后，可以采用下式进行综合评分：

$$CID= \omega_1 X_1^* + \omega_2 X_2^* + \omega_3 X_3^* + \omega_4 X_4^* + \omega_5 X_5^* \tag{5-2}$$

5.3　制造型企业智能化发展水平评价

根据以上构建的指标，收集整理相应的数据。数据主要从如下渠道获取：①上市企业官方网站，通过官方网站收集企业概况、行业发展动态、业务情况以及新闻动态等资料。②专利数据库[①]，以"智能"为检索词收集企业实用新型专利和发明专利数据。③金融数据库[②]，通过同花顺金融数据库收集整理有关企业的无形资产账面价值原值（软件）、软件著作权拥有数量以及涉及"智能"的企业公告和新闻媒体报道等。

2021 年我国多部门联合发布了《关于加快推动制造服务业高质量发展的意见》，工业和信息化部发布了《"十四五"信息化和工业化深度融合发展规划》。这些文件都强调了要推动制造业数字化、网络化、智能化发展，推动传统产业转型升级，重点规划了四个"两化"融合发展行业。其中之一的消费品行业作为我国重要的民生产业和传统优势产业，基于工业互联网平台实现消费品行业的柔性生产和产需对接，开展基于消费数据的用户需求挖掘、产品研发、智能生产和数据增值等创新，推广大规模个性化定制、共享制造等新模式新业态，满足多样化、个性化消费升级需求，尤其提到了家具、家电等行业的企业建设自动化、连续化、柔性化生产系统和产品信息追溯系统，并要求在家电等重点领域遴选一批实施成效突出、复制推广价值大的智能制造标杆工厂。

---

① 专利数据库：国家知识产权局（pss-system.cnipa.gov.cn）

② 金融数据库：同花顺金融数据库（www.51ifind.com）

因此，本节主要选择家电制造业和家具制造业的上市企业作为研究对象，对企业智能化发展水平进行比较和评价。所收集的指标数据截至 2021 年 12 月，按照新证监会行业分类标准和同花顺行业企业分类，选择家电制造业上市企业 76 家和家具制造业上市企业 28 家作为考察对象。

5.3.1 家电企业智能化发展水平评价

家电企业智能化转型发展主要围绕智能制造应用场景，采用数据驱动的创新模式和先进解决方案对设计、制造、测试以及运维等阶段的数字化、网络化和智能化转型，实现数字化映射模型开发、数字化系统设计、虚拟仿真技术等方面的应用，推进智能化水平提升。本节将筛选出 76 家该行业企业作为评价对象，首先针对智能化关注水平、智能化管理水平以及智能化技术水平进行比较分析，然后评价其智能化综合发展水平。

1. 智能化关注水平评价

企业智能化必然受到企业利益相关方广泛关注，一方面突出反映出智能化发展需求的一致性，另一方面揭示了企业利益相关方共同协作的发展方向。智能化关注水平高可显示出企业的智能化发展得到了各方较高的认可和支持。

本节采用研究期限内企业相关公告和新闻媒体报道中智能被提及的频次来反映企业智能化关注水平指数。数据显示 2021 年家电行业上市企业所发布的企业公告中提及智能的频次累计达到了 10 685 次（76 家企业），相比 2010 年的 595 次（31 家企业）有显著增加。2021 年企业相关新闻报道中提及智能的频次总计达到了 21 087 次（73 家企业），相比 2010 年的 835 次（27 家企业）也有显著的增加。

图 5-1 反映出家电行业 76 家上市企业智能化关注水平分布情况。其主要特征表现为

（1）2010～2021 年，家电行业上市企业智能化发展通过企业公告和新闻媒体报道方式被提及的企业数和频次都呈现逐年增加趋势，显示出更多企业智能化发展取得了共识和认可，智能化关注水平的提升对企业智能化发展具有积极的影响。

（2）2010～2021 年，家电行业上市企业智能化关注水平整体上是稳步发展的。2021年，73 家家电行业上市企业智能化关注水平指数超过 25，其中 42 家企业智能化关注水平指数位于 60～85。相比 2010 年未有一家企业超过 60，反映出家电行业上市企业智能化关注水平得到普遍提高。因此，这说明家电企业智能化发展趋势得到广泛认可，是推动家电企业智能化转型协同发展的支持力量和重要决策依据。

图 5-2 仅列出 2021 年智能化关注水平指数排名前十的家电行业上市企业，并列出了此十强家电行业上市企业智能化关注水平变化情况：

（1）这十强企业可以作为家电企业智能化关注水平方面的典型标杆企业。按智能化关注水平指数排名高低，十强企业按指数排名高低分别为三花智控（002050.SZ）、美的集团（000333.SZ）、四川长虹（600839.SH）、深康佳 A（000016.SZ）、奥佳华（002614.SZ）、格力电器（000651.SZ）、长虹美菱（000521.SZ）、兆驰股份（002429.SZ）、创维数字（000810.SZ）和九阳股份（002242.SZ）。

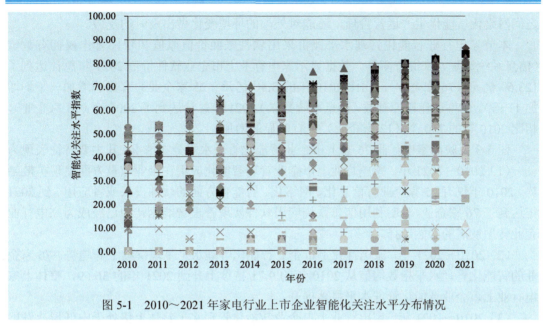

图 5-1 2010～2021 年家电行业上市企业智能化关注水平分布情况

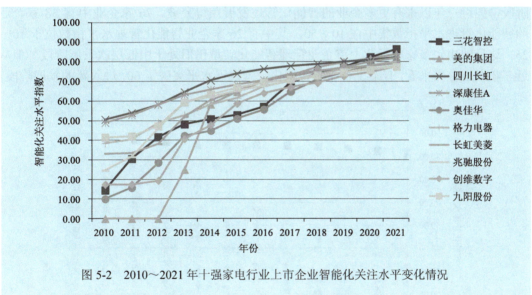

图 5-2 2010～2021 年十强家电行业上市企业智能化关注水平变化情况

（2）这十强家电行业上市企业智能化关注水平得到稳步提升，其发展趋势呈现一致性。2010～2021 年，三花智控（002050.SZ）和美的集团（000333.SZ2）的智能化关注水平在此期间提升最快；2019 年以来这十家企业智能化关注水平指数日益接近，指数值为 70～90。其智能化关注水平呈现一致性趋势，表明这十强家电企业智能化发展受到各方一致性的关注、认可和支持。

2. 智能化管理水平评价

智能制造管理的关键是企业各类业务数字化、网络化和智能化，通过信息系统软件来定义数字化的产品、业务及生产体系，实现企业管理过程、生产过程、不同生产设备之间网络化智能化生产运营管理，还能对外部的环境变化做出及时的反应。

本节家电行业智能化管理水平评价采用软件账面价值原值和软件著作权拥有数量（信息系统数量）来综合衡量。数据显示家电行业上市企业软件价值 2021 年总计达到了 123.60 亿元（76 家企业），相比 2010 年的 3.40 亿元（25 家企业）有显著增加（平均增加 11 倍）。软件著作权拥有数（信息系统数量）2021 年总计达到了 2006 个（53 家企业），相比 2010 年的 750 个（12 家企业）也有明显的增加。

图 5-3 反映出家电行业 76 家上市企业智能化管理水平分布情况。其主要特征表现为

（1）2010～2021 年，家电行业上市企业管理智能化应用在企业数量方面呈现扩散趋势。2010 年仅有 25 家企业有信息化、网络化、智能化方面的软件投入或者应用，到 2021 年达到了 76 家企业，表明利用信息系统应用软件实现管理智能化转型已经成为家电行业企业转型发展的必然选择。

（2）2010～2021 年，家电行业上市企业智能化管理水平呈现持续上升趋势。76 家企业的智能化管理水平指数均值从 2010 年的 9.71 持续上升到 2021 年的 36.69，整体上家电行业上市企业智能化管理水平显著提升。

（3）2010～2021 年，家电行业上市企业智能化管理水平整体上仍处于中低层次发展阶段，但近三年以来有更多企业的智能化管理发展获得突破。76 家企业中有 58 家企业的智能化管理水平指数集中在 10～50，其中有 26 家企业智能化管理水平指数位于 10～25。这反映出较多家电行业上市企业管理智能化转型仍旧处于中低层次发展阶段。但从近三年发展分布来看，有不少企业的智能化管理发展水平突破了 60，进入新的发展阶段。

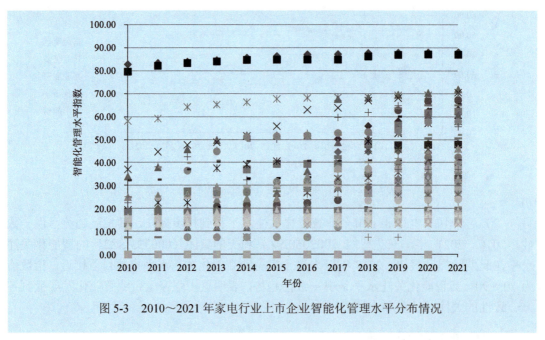

图 5-3   2010～2021 年家电行业上市企业智能化管理水平分布情况

图 5-4 仅列出 2021 年智能化管理水平指数排名前十的家电行业上市企业，并列出了十强家电行业上市企业智能化管理水平变化情况：

（1）这十强企业可以作为智能化管理水平发展的典型标杆企业。按智能化管理水平

指数排名高低，十强企业分别为海信视像（600060.SH）、深康佳 A（000016.SZ）、九联科技（688609.SH）、四川长虹（600839.SH）、海信家电（000921.SZ）、美的集团（000333.SZ）、奥佳华（002614.SZ）、格力电器（000651.SZ）、海尔智家（600690.SH）、老板电器（002508.SZ），其中海信视像（600060.SH）和深康佳 A（000016.SZ）两家企业智能化管理水平发展具有明显优势，分别达到了 88.18 和 87.10 的高水平状态。

（2）2010～2021 年这十强家电行业上市企业智能化管理水平总体上得到了持续提升。其中，2016～2018 年提升明显，但 2019 年以来家电企业普遍进入稳定发展阶段，智能化管理水平指数维持在 60～72（8 家企业）和 80～90 之间（2 家企业）。这表明企业的管理智能化转型进入新阶段，并实现了稳定发展，探索出了具有自身特色的智能化管理模式，将起到引领智能化管理发展的作用。

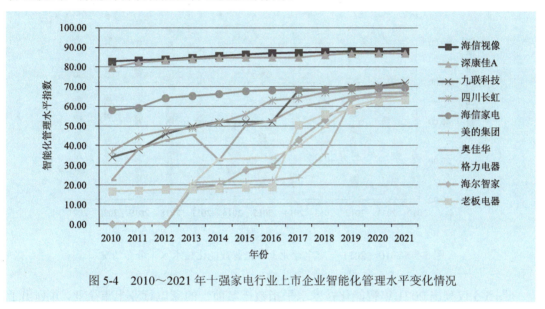

图 5-4　2010～2021 年十强家电行业上市企业智能化管理水平变化情况

3. 智能化技术水平评价

企业智能化转型的基础就是智能技术和智能产品的发展，是《中国制造 2025》发展规划中的重要发展方向，是未来制造业发展的必然趋势。

本节家电行业智能化技术水平评价采用研究期间内公司申请的实用新型专利和发明专利数量来衡量。其中数据显示家电行业上市企业智能发明专利和实用新型专利申请数 2021 年累计达到了 14 059 件（62 家企业），相比 2010 年的 267 件（18 家企业）有显著的增加。

图 5-5 反映出家电行业 76 家上市企业智能化技术水平分布情况。其主要特征表现为

（1）2010～2021 年，家电行业上市企业智能技术发展在企业数量方面呈现扩散趋势。2010 年仅有 18 家企业申请智能技术专利，到 2021 年就达到了 62 家企业，表明更多的家电企业在智能化发展过程中非常重视智能技术研发应用。

（2）2010～2021 年，家电行业上市企业智能化技术水平呈现持续上升趋势。76 家上

市企业智能化技术水平指数的均值从 2010 年的 4.89 持续上升到 2021 年的 25.83，整体上家电行业上市企业智能化技术水平得到了提升。

（3）2010～2021 年，家电行业上市企业智能化技术水平整体上仍处于较低发展阶段。2021 年 14 家上市企业智能化技术水平指数为 0，54 家企业智能化技术水平指数集中在 5～60，仅有 8 家企业超过 60，反映出家电行业上市企业智能化技术发展水平较低。因此，如何提升家电行业上市企业智能化技术水平是未来几年家电企业智能化转型发展的关键方向。

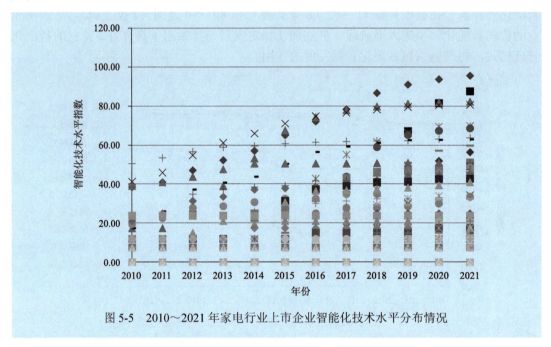

图 5-5　2010～2021 年家电行业上市企业智能化技术水平分布情况

图 5-6 仅列出 2021 年智能化技术水平指数排名前十的家电行业上市企业，并列出了十强家电行业上市企业智能化技术水平变化情况：

（1）这十强企业可以作为智能化技术发展典型标杆企业。按智能化技术水平指数排名高低，十强企业分别为格力电器（000651.SZ）、海尔智家（600690.SH）、美的集团（000333.SZ）、四川长虹（600839.SH）、三花智控（002050.SZ）、奥佳华（002614.SZ）、深康佳 A（000016.SZ）、九阳股份（002242.SZ）、华帝股份（002035.SZ）和亿田智能（300911.SZ）。

（2）2010～2021 年这十强家电行业上市企业智能化技术水平得到持续提升，并具有示范引领价值。2010～2021 年，这十强家电行业上市企业智能技术水平均获得突破和提升。尤其海尔智家（600690.SH）2019 年以来智能化技术水平得到迅速发展，同时格力电器（000651.SZ）、海尔智家（600690.SH）、美的集团（000333.SZ）、四川长虹（600839.SH）的智能化技术水平均超过 80，表明家电智能化技术发展不仅具有很大发展机会和潜力，同时也具有起示范引领作用，能助推家电企业加快智能化转型发展。

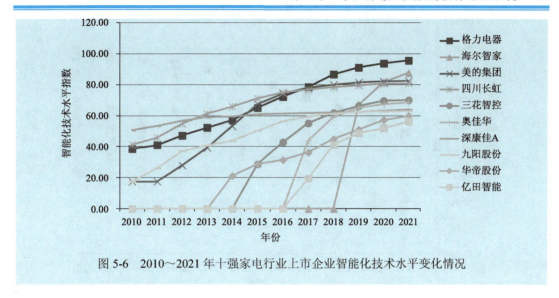

图 5-6　2010～2021 年十强家电行业上市企业智能化技术水平变化情况

4. 智能化综合发展水平评价

为综合评价传统家电行业上市企业智能化发展水平，如图 5-7 和图 5-8 所示，本节将评价分析 2010～2021 年家电行业上市企业智能化综合发展水平分布情况和前十强家电行业上市企业智能化综合发展水平变化情况。

图 5-7 反映出家电行业 76 家上市企业智能化综合发展水平分布情况。其主要特征表现为

（1）2010～2021 年，家电行业上市企业智能化综合发展水平整体上呈现持续稳定上升趋势。76 家家电行业上市企业智能化综合发展水平指数的均值从 2010 年的 8.53 持续上升到 2021 年的 36.88，整体上家电行业上市企业智能化综合发展水平得到了提升。

（2）2010～2021 年，家电行业上市企业智能化综合发展水平整体上处于较低发展阶段，但预计未来几年将是家电企业智能化快速发展时期。2021 年所有家电行业上市企业智能化综合发展水平指数均不为 0，反映家电行业上市企业都在一定程度上推行了智能化发展，其中 37 家企业智能化综合发展水平指数集中在 25～50，同时有 22 家企业的智能化综合发展水平指数低于 25（表 5-2），反映出家电行业上市企业智能化综合发展水平整体上不高，但也说明家电企业智能化转型发展还有很大潜力。

图 5-8 仅列出 2021 年智能化发展水平指数综合排名前十的家电行业上市企业，并列出了十强家电行业上市企业智能化发展水平变化情况：

（1）这十强企业可以作为家电智能化综合发展典型标杆企业。按智能化综合发展水平指数排名高低，十强企业分别为格力电器（000651.SZ）、四川长虹（600839.SH）、深康佳 A（000016.SZ）、美的集团（000333.SZ）、海尔智家（600690.SH）、海信视像（600060.SH）、奥佳华（002614.SZ）、华帝股份（002035.SZ）、老板电器（002508.SZ）和九阳股份（002242.SZ）。

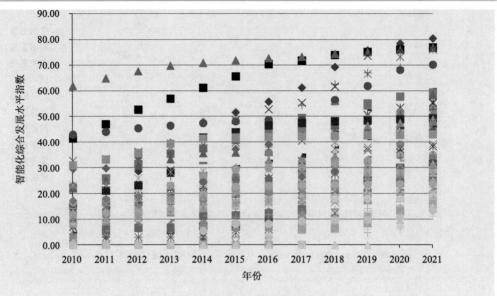

图 5-7　2010~2021 年家电行业上市企业智能化综合发展水平分布情况

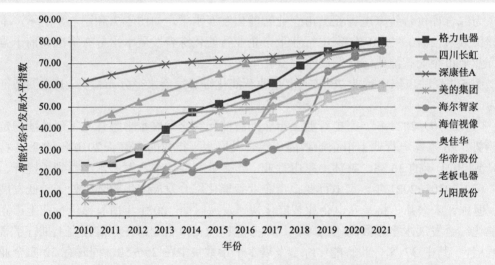

图 5-8　2010~2021 年十强家电行业上市企业智能化综合发展水平变化情况

（2）2010~2021 年这十强家电行业上市企业智能化综合发展水平得到稳步提升，并呈现出多种类型模式态势。2010~2021 年，这 10 家企业智能化综合发展水平平均指数从 25.01 稳步提升到 70.78。从十强企业智能化综合发展态势来看，格力电器（000651.SZ）、四川长虹（600839.SH）、深康佳 A（000016.SZ）、美的集团（000333.SZ）、海尔智家（600690.SH）这五家企业的智能化综合发展水平位于 80 左右，海信视像（600060.SH）和奥佳华（002614.SZ）两家企业的智能化综合发展水平位于 70 左右，而华帝股份（002035.SZ）、老板电器（002508.SZ）和九阳股份（002242.SZ）三家企业的智能化综合发展水平位于 60 左右，呈现智能化综合发展多种类型模式态势。表 5-2 列出了 2021 年家电行业 76 家上市企业智能化综合发展水平指数及排名情况。

表 5-2　2021 年家电行业 76 家上市企业智能化综合发展水平指数及排名情况

证券代码	证券名称	行业	2021 年智能化综合发展水平指数	排名
000651.SZ	格力电器	家用电器	80.47	1
600839.SH	四川长虹	家用电器	76.99	2
000016.SZ	深康佳 A	家用电器	76.81	3
000333.SZ	美的集团	家用电器	76.66	4
600690.SH	海尔智家	家用电器	76.10	5
600060.SH	海信视像	家用电器	70.27	6
002614.SZ	奥佳华	家用电器	70.20	7
002035.SZ	华帝股份	家用电器	60.66	8
002508.SZ	老板电器	家用电器	60.58	9
002242.SZ	九阳股份	家用电器	59.03	10
688609.SH	九联科技	家用电器	58.38	11
000921.SZ	海信家电	家用电器	55.75	12
000521.SZ	长虹美菱	家用电器	55.24	13
002050.SZ	三花智控	家用电器	52.89	14
603486.SH	科沃斯	家用电器	52.82	15
300911.SZ	亿田智能	家用电器	51.80	16
600983.SH	惠而浦	家用电器	50.94	17
600336.SH	澳柯玛	家用电器	49.76	18
002519.SZ	银河电子	家用电器	49.28	19
002705.SZ	新宝股份	家用电器	48.88	20
688169.SH	石头科技	家用电器	48.03	21
002429.SZ	兆驰股份	家用电器	47.51	22
688793.SH	倍轻松	家用电器	46.83	23
002543.SZ	万和电气	家用电器	46.30	24
002848.SZ	高斯贝尔	家用电器	46.19	25
603355.SH	莱克电气	家用电器	45.33	26
688696.SH	极米科技	家用电器	44.63	27
002052.SZ	*ST 同洲	家用电器	43.12	28
002677.SZ	浙江美大	家用电器	39.29	29
300272.SZ	开能健康	家用电器	38.39	30
002011.SZ	盾安环境	家用电器	35.10	31
300403.SZ	汉宇集团	家用电器	35.00	32
603551.SH	奥普家居	家用电器	34.63	33
002403.SZ	爱仕达	家用电器	34.34	34
002032.SZ	苏泊尔	家用电器	33.80	35
603677.SH	奇精机械	家用电器	31.72	36

续表

证券代码	证券名称	行业	2021 年智能化综合发展水平指数	排名
000404.SZ	长虹华意	家用电器	31.51	37
603519.SH	立霸股份	家用电器	30.84	38
002005.SZ	ST 德豪	家用电器	30.62	39
603868.SH	飞科电器	家用电器	30.04	40
002676.SZ	顺威股份	家用电器	29.89	41
600619.SH	海立股份	家用电器	29.23	42
301008.SZ	宏昌科技	家用电器	28.49	43
002668.SZ	ST 奥马	家用电器	28.18	44
300247.SZ	融捷健康	家用电器	28.11	45
300342.SZ	天银机电	家用电器	27.62	46
002420.SZ	毅昌科技	家用电器	26.42	47
003023.SZ	彩虹集团	家用电器	26.18	48
300894.SZ	火星人	家用电器	26.04	49
002290.SZ	禾盛新材	家用电器	25.81	50
300217.SZ	东方电热	家用电器	25.47	51
002959.SZ	小熊电器	家用电器	25.33	52
603726.SH	朗迪集团	家用电器	25.25	53
300824.SZ	北鼎股份	家用电器	25.07	54
603366.SH	日出东方	家用电器	24.88	55
603579.SH	荣泰健康	家用电器	24.72	56
300160.SZ	秀强股份	家用电器	24.40	57
600854.SH	春兰股份	家用电器	23.95	58
603311.SH	金海高科	家用电器	22.32	59
000801.SZ	四川九洲	家用电器	21.79	60
000810.SZ	创维数字	家用电器	21.08	61
002860.SZ	星帅尔	家用电器	20.67	62
605555.SH	德昌股份	家用电器	19.71	63
605336.SH	帅丰电器	家用电器	19.46	64
200512.SZ	闽灿坤 B	家用电器	19.41	65
002418.SZ	康盛股份	家用电器	19.13	66
603150.SH	万朗磁塑	家用电器	18.91	67
603219.SH	富佳股份	家用电器	18.63	68
605117.SH	德业股份	家用电器	18.08	69
603578.SH	三星新材	家用电器	17.87	70
603112.SH	华翔股份	家用电器	16.05	71
601956.SH	东贝集团	家用电器	14.67	72

证券代码	证券名称	行业	2021 年智能化综合发展水平指数	续表 排名
603657.SH	春光科技	家用电器	14.51	73
301187.SZ	欧圣电气	家用电器	14.11	74
831768.BJ	拾比佰	家用电器	13.48	75
603215.SH	比依股份	家用电器	11.21	76

从排名结果来看，2021 年智能化综合发展水平指数排名最后五位的企业是东贝集团（601956.SH）、春光科技（603657.SH）、欧圣电气（301187.SZ）、拾比佰（831768.BJ）、比依股份（603215.SH），相对其他企业来说，其智能化发展仍处于初步发展阶段。

综合家电企业智能化发展水平态势来看，总体上家具企业智能化发展呈现稳步上升趋势。虽然较多家电企业的智能化发展水平仍旧处于中低层次发展阶段，但已有部分企业突破到较高层次智能化发展阶段，并保持持续稳定智能化发展，起到示范引领作用。为此，针对家电企业尤其是具有标杆作用的十强家电企业，我们建议：一方面需要持续关注家电企业智能化发展需求痛点和关切，加强家电企业上下游相关企业的智能化发展建设；另一方面在业务流程信息化、智能化管理的软件投入应用，以及智能化技术创新和技术改造等方面，可以借鉴具有引领作用的家电企业智能化发展模式，进一步激发智能化发展层次较低的企业实现智能化转型升级。

5.3.2　家具企业智能化发展水平评价

家具企业智能化转型发展需要依托智能制造解决家具个性化需求与工业化生产的矛盾。本节将筛选出 28 家上市企业作为评价对象。首先针对智能化关注水平、智能化管理水平以及智能化技术水平进行比较分析，然后评价其智能化综合发展水平。

1. 智能化关注水平评价

企业智能化必然受到企业利益相关方的广泛关注，一方面突出反映智能化发展需求的一致性，另一方面揭示了企业利益相关方共同协作的发展方向。智能化关注水平高可显示出企业的智能化发展得到了各方较高的认可和支持。

本节采用研究期限内企业相关公告和新闻媒体报道中智能被提及的频次来反映企业智能化关注水平指数。数据显示 2021 年家具制造业上市企业所发布的企业公告中提及智能的频次累计达到了 2665 次（28 家企业），相比 2010 年的 1 次（1 家企业）有显著的增加。2021 年企业相关新闻报道中提及智能的频次总计达到了 2771 次（28 家企业），相比2010 年的 6 次（2 家企业）也有显著的增加。

图 5-9 反映出家具制造业 28 家上市企业智能化关注水平分布情况。其主要特征表现为

（1）2010～2021 年，家具制造业上市企业智能化发展通过企业公告和新闻媒体报道方式被提及的企业数和频次都呈现逐年增加趋势，显示出更多企业智能化发展取得了共识和认可。这对企业智能化发展具有积极的影响。

（2）2010～2021 年,家具制造业上市企业智能化关注水平整体上是稳步发展的。2021年, 28 家家具制造业上市企业智能化关注水平指数超过 28, 其中 23 家企业智能化关注水平指数超过 50,相比 2010 年仅有 1 家企业关注水平指数不为 0,反映出家具制造业上市企业智能化关注水平得到较大提高。因此, 这说明家具企业智能化发展趋势得到广泛认可, 是推动家具企业智能化转型协同发展的支持力量和重要决策依据。

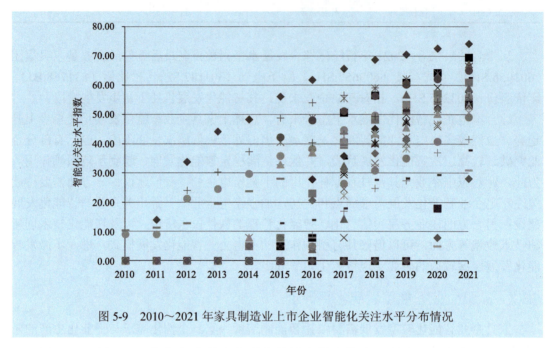

图 5-9 2010～2021 年家具制造业上市企业智能化关注水平分布情况

图 5-10 列出 2021 年智能化关注水平指数排名前十的家具制造业上市企业, 并列出了此十强家具制造业上市企业智能化关注水平变化情况:

（1）这十强企业可以作为智能化关注水平方面的典型标杆企业。按智能化关注水平指数排名高低, 十强企业分别为索菲亚（002572.SZ）、尚品宅配（300616.SZ）、顶固集创（300749.SZ）、乐歌股份（300729.SZ）、好莱客（603898.SH）、*ST 易尚（002751.SZ）、喜临门（603008.SH）、欧派家居（603833.SH）、皮阿诺（002853.SZ）和梦百合（603313.SH）。

（2）这十强家具制造业上市企业智能化关注水平得到稳步提升, 但增长趋势有所放缓。2010～2021 年, 这十家企业陆续关注智能化发展问题, 并于 2017 年智能化关注水平均得到了提升, 到 2019 年这十家企业智能化关注水平指数均超过 50,2021 年又超过了 60,并保持稳步提升状态, 但从曲线形状发展来看, 增长趋势有所放缓。

2. 智能化管理水平评价

智能制造管理的关键是企业各类业务数字化、网络化和智能化,通过信息系统软件来定义数字化的产品、业务及生产体系,实现企业管理过程、生产过程、不同生产设备之间网络化智能化生产运营管理,还能对外部的环境变化做出及时的反应。

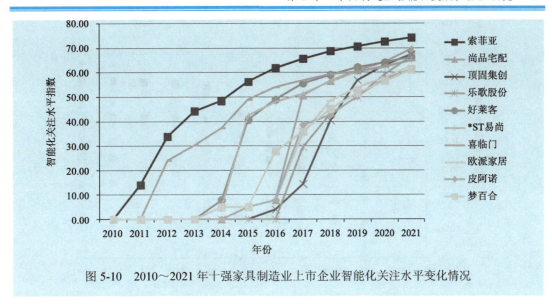

图 5-10　2010～2021 年十强家具制造业上市企业智能化关注水平变化情况

本节采用软件账面价值原值和软件著作权拥有数量（信息系统数量）来综合衡量企业的智能化管理水平，其中数据显示家具制造业上市企业软件价值 2021 年总计达到了 15.76 亿元（28 家企业），相比 2010 年的 3.56 百万元（1 家企业）有显著增加（平均增加 15 倍）。软件著作权拥有数（信息系统数量）2021 年总计达到了 407 个（24 家企业），相比 2010 年的 6 个（1 家企业）也有明显增加。

图 5-11 反映出家具制造业 28 家上市企业智能化管理水平分布情况。其主要特征表现为

（1）2010～2021 年，家具制造业上市企业智能化管理水平在企业数量方面呈现一定增加趋势。2010 年仅有 1 家企业有信息化、网络化、智能化方面的软件投入或者应用，到 2021 年达到了 28 家企业，表明利用信息系统应用软件实现管理智能化转型已经成为家具制造业企业转型发展的必然选择。

（2）2010～2021 年，家具制造业上市企业智能化管理水平呈现持续上升趋势，但近三年来提升放缓。28 家家具制造业上市企业智能化管理水平指数的均值从 2010 年的 1.34 持续上升到 2021 年的 40.89，整体上家具制造业上市企业智能化管理水平持续提升，但 2019～2021 年仅仅提升了 2.48，反映家具制造业上市企业智能化管理水平进入平稳发展阶段，缺乏提升的动力。

（3）2010～2021 年，家具制造业上市企业智能化管理水平整体上仍处于中低层次发展阶段。28 家具制造业上市企业中智能化管理水平指数最高才 66.67，其中有 20 家企业智能化管理水平指数集中在 10～50，其中仅有 4 家企业智能化管理水平指数位于 10～25，这反映出多数家具制造业上市企业管理智能化发展应用有了一定基础，但仍旧处于中低层次发展阶段。

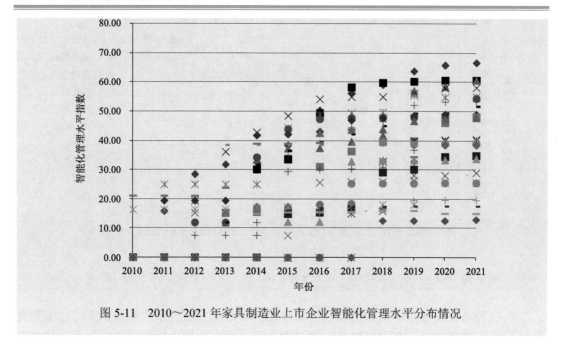

图 5-11　2010～2021 年家具制造业上市企业智能化管理水平分布情况

　　图 5-12 仅列出 2021 年智能化管理水平指数排名前十的家具制造业上市企业，并列出了十强家具制造业上市企业智能化管理水平变化情况：

　　（1）这十强企业可以作为家具制造业企业智能化管理水平发展的典型标杆企业。按智能化管理水平指数排名高低，十强企业分别为索菲亚（002572.SZ）、中源家居（603709.SH）、*ST 易尚（002751.SZ）、顶固集创（300749.SZ）、欧派家居（603833.SH）、我乐家居（603326.SH）、金牌厨柜（603180.SH）、好莱客（603898.SH）、永艺股份（603600.SH）、皮阿诺（002853.SZ）。

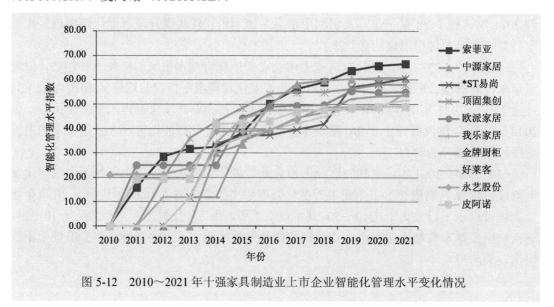

图 5-12　2010～2021 年十强家具制造业上市企业智能化管理水平变化情况

（2）2010～2021 年这十强家具制造业上市企业智能化管理水平前期增长较快，后期增长放缓，持续增长乏力。相对其他家具制造企业，这十强家具制造业上市企业较早进行智能化管理，但 2019 年以来出现增长放缓现象；其智能化管理水平指数维持在 48～70，还未形成持续增长的智能化管理发展模式。

3. 智能化技术水平评价

企业智能化转型的基础就是智能技术和智能产品的发展，是《中国制造 2025》发展规划中的重要发展方向，是未来制造业发展的必然趋势。

本节家具制造业智能化技术水平评价采用研究期间内公司申请的实用新型专利和发明专利数量来衡量，其中数据显示家具制造业上市企业智能发明专利和实用新型专利申请数 2021 年累计达到了 299 件（18 家企业），而 2010 年时为 0 件，相对来说家具企业智能化技术水平已有很大进步。

图 5-13 反映出家具制造业 28 家上市企业智能化技术水平分布情况。其主要特征表现为

（1）2010～2021 年，家具制造业上市企业的智能技术发展应用呈现扩散趋势。从 2010 年没有企业有智能技术专利申请，到 2021 年有 18 家企业申请 299 件智能技术专利，这表明将有更多的家具企业在智能化技术发展中会有较大的突破和应用扩散趋势。

（2）2010～2021 年，家具制造业上市企业智能化技术水平持续上升，但近年来发展放缓。28 家家具制造业上市企业智能化技术水平指数的均值从 2010 年的 0 持续上升到 2021 年的 16.54。整体上家具制造业上市企业智能化技术水平不高，但得到了提升，近年来又有所放缓。

（3）2010～2021 年，家具制造业上市企业智能化技术水平整体上仍处于较低发展阶段。2021 年，10 家家具制造业上市企业智能化技术水平指数为 0，其余 18 家企业智能化技术水平指数未超过 45，这些数据反映出家具制造业上市企业智能化技术发展水平还较低。

图 5-14 仅列出 2021 年智能化技术水平指数排名前十的家具制造业上市企业，并列出了十强家具制造业上市企业智能化技术水平变化情况：

（1）这十强企业可以作为家具制造业智能化技术发展典型标杆企业。按智能化技术水平指数排名高低，十强企业分别为皮阿诺（002853.SZ）、顶固集创（300749.SZ）、匠心家居（301061.SZ）、顾家家居（603816.SH）、中源家居（603709.SH）、乐歌股份（300729.SZ）、麒盛科技（603610.SH）、索菲亚（002572.SZ）、喜临门（603008.SH）、*ST 易尚（002751.SZ）。

（2）2010～2021 年这十强家具制造业上市企业智能化技术水平得到持续提升，但部分企业增长趋势放缓。2010～2021 年，这十强家具制造业上市企业智能化技术水平均获得突破和提升。尤其皮阿诺（002853.SZ）2017 年以来智能化技术水平得到迅速发展，这也表明企业智能化技术水平仍具有很大发展机会和潜力，助推智能化转型发展。但从增长态势来看，其他企业智能化技术水平增长速度有所放缓。

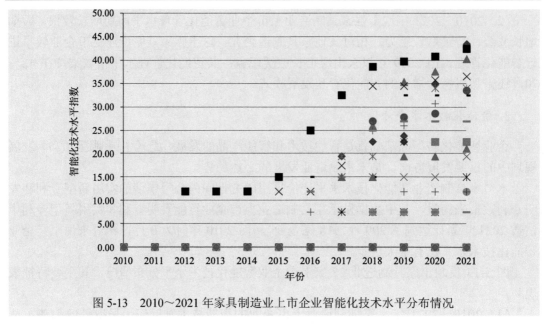

图 5-13　2010～2021 年家具制造业上市企业智能化技术水平分布情况

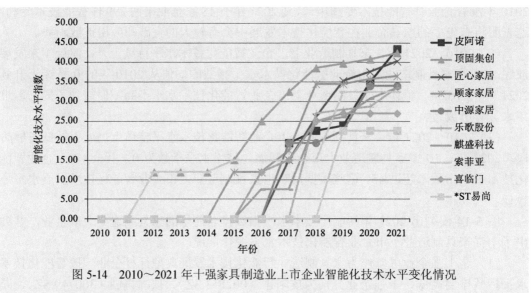

图 5-14　2010～2021 年十强家具制造业上市企业智能化技术水平变化情况

4. 智能化综合发展水平评价

为综合评价传统家具制造业上市企业智能化综合发展水平, 如图 5-15 和图 5-16 所示, 本节将评价分析 2010～2021 年家具制造业上市企业智能化综合发展水平分布情况和前十强家具制造业上市企业智能化综合发展水平变化情况。

图 5-15 反映出家具制造业 28 家上市企业智能化综合发展水平分布情况。其主要特征表现为

（1）2010～2021 年, 家具制造业上市企业智能化综合发展水平整体上呈现持续稳定上升趋势。28 家家具制造业上市企业智能化综合发展水平指数的均值从 2010 年的 0.86

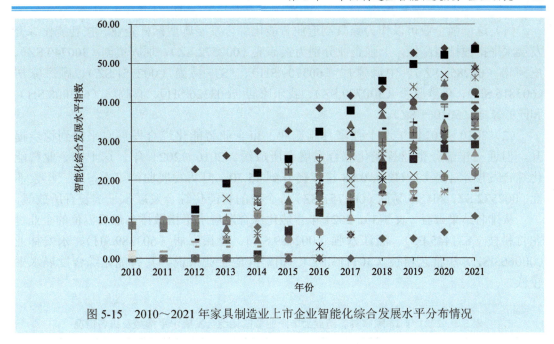

图 5-15　2010~2021 年家具制造业上市企业智能化综合发展水平分布情况

持续上升到 2021 年的 34.18，整体上家具制造业上市企业智能化综合发展水平得到了提升。

（2）2010~2021 年，家具制造业上市企业智能化综合发展水平整体上处于较低发展阶段。2021 年所有家具制造业上市企业智能化综合发展水平指数均不为 0，反映家具制造业上市企业都在一定程度上推行了智能化发展。其中 19 家企业智能化综合发展水平指数集中在 25~50，有 7 家企业的智能化综合发展水平指数低于 25（表 5-3），反映出家具制造业上市企业智能化综合发展水平整体上不高。

图 5-16 仅列出 2021 年智能化发展水平指数综合排名前十的家具制造业上市企业，并列出了十强家具制造业上市企业智能化发展水平变化情况：

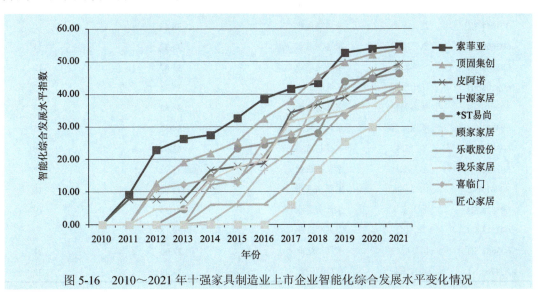

图 5-16　2010~2021 年十强家具制造业上市企业智能化综合发展水平变化情况

（1）这十强企业可以作为家具制造业智能化综合发展典型标杆企业。按智能化综合发展水平指数排名高低，十强企业分别为索菲亚（002572.SZ）、顶固集创（300749.SZ）、皮阿诺（002853.SZ）、中源家居（603709.SH）、*ST 易尚（002751.SZ）、顾家家居（603816.SH）、乐歌股份（300729.SZ）、我乐家居（603326.SH）、喜临门（603008.SH）和匠心家居（301061.SZ）。

（2）2010～2021 年这十强家具制造业上市企业智能化综合发展水平得到稳步提升，但近三年部分企业智能化综合发展有所放缓。2010～2021 年，这十家企业智能化综合发展水平平均指数从 0.68 稳步提升到 45.70。但从发展曲线来看，近三年索菲亚（002572.SZ）和*ST 易尚（002751.SZ）等企业的智能化综合发展水平增长有所放缓。

从排名结果来看（表 5-3），2021 年智能化综合发展水平指数排名最后五位的企业是龙竹科技（831445.BJ）、浙江永强（002489.SZ）、亚振家居（603389.SH）、永安林业（000663.SZ）和雅艺科技（301113.SZ）。相对其他企业来说，其智能化综合发展水平较低。

表 5-3　2021 年 28 家家具制造业上市企业智能化综合发展水平指数及排名情况

证券代码	证券名称	行业	2021 年智能化综合发展水平指数	排名
002572.SZ	索菲亚	家具制造业	54.53	1
300749.SZ	顶固集创	家具制造业	53.70	2
002853.SZ	皮阿诺	家具制造业	49.28	3
603709.SH	中源家居	家具制造业	48.50	4
002751.SZ	*ST 易尚	家具制造业	46.33	5
603816.SH	顾家家居	家具制造业	42.60	6
300729.SZ	乐歌股份	家具制造业	42.24	7
603326.SH	我乐家居	家具制造业	41.40	8
603008.SH	喜临门	家具制造业	39.98	9
301061.SZ	匠心家居	家具制造业	38.43	10
603600.SH	永艺股份	家具制造业	36.32	11
603180.SH	金牌厨柜	家具制造业	35.82	12
603208.SH	江山欧派	家具制造业	35.36	13
603610.SH	麒盛科技	家具制造业	34.83	14
603833.SH	欧派家居	家具制造业	34.52	15
603898.SH	好莱客	家具制造业	33.97	16
603801.SH	志邦家居	家具制造业	33.93	17
300616.SZ	尚品宅配	家具制造业	33.07	18
603818.SH	曲美家居	家具制造业	31.34	19
603313.SH	梦百合	家具制造业	29.18	20
603661.SH	恒林股份	家具制造业	27.06	21
834765.BJ	美之高	家具制造业	23.22	22

续表

证券代码	证券名称	行业	2021 年智能化综合发展水平指数	排名
603216.SH	梦天家居	家具制造业	22.27	23
831445.BJ	龙竹科技	家具制造业	21.85	24
002489.SZ	浙江永强	家具制造业	21.28	25
603389.SH	亚振家居	家具制造业	17.98	26
000663.SZ	永安林业	家具制造业	17.32	27
301113.SZ	雅艺科技	家具制造业	10.81	28

综合家具企业智能化发展水平态势来看，虽然总体上家具企业智能化发展水平呈现稳步上升趋势，但仍旧处于低层次发展阶段，同时近年来增长趋势有放缓的现象，表明家具企业智能化发展仍面临不能忽视的困境。为此，针对家具企业尤其是具有标杆作用的十大家具企业，我们建议：不仅需要激励家具企业业务流程信息化智能化管理的软件投入和应用，而且要大力推动家具企业的智能化技术创新和技术改造，逐步实现智能化转型升级。

5.4　本章小结

本章基于 3 个方面评价制造型企业智能化发展情况，构建企业智能化发展水平评价指标体系，客观反映制造业上市企业智能化关注水平、智能化管理水平、智能化技术水平以及智能化综合发展水平的情况。

本章研究选取了家电制造业上市企业 76 家和家具制造业上市企业 28 家，运用综合评价法进行评价，结果显示：

（1）2010～2021 年家电制造业和家具制造业上市企业智能化发展各层面指数均呈现持续上升趋势，表明企业智能化发展趋势明显，但家具制造业企业智能化发展水平曲线近年来变得平缓，增长趋势放缓。

（2）从各智能化发展水平指数值分布来看，这两类行业较多企业仍处于中低层次的智能化发展阶段，但已有部分家电企业逐步突破中低层次智能化发展瓶颈。未来几年家电和家具企业应抓住智能化快速发展契机实现跨越式发展。

（3）智能化发展典型企业。在家电制造业 76 家上市企业中，各层面智能化水平指数均涌现出了典型的上市企业，值得其他企业参考借鉴。其中格力电器（000651.SZ）、四川长虹（600839.SH）、深康佳 A（000016.SZ）、美的集团（000333.SZ）、海尔智家（600690.SH）、海信视像（600060.SH）、奥佳华（002614.SZ）、华帝股份（002035.SZ）、老板电器（002508.SZ）和九阳股份（002242.SZ）等十家企业在家电制造业智能化发展中具有标杆作用。索菲亚（002572.SZ）、顶固集创（300749.SZ）、皮阿诺（002853.SZ）、中源家居（603709.SH）、*ST 易尚（002751.SZ）、顾家家居（603816.SH）、乐歌股份（300729.SZ）、我乐家居（603326.SH）、喜临门（603008.SH）和匠心家居（301061.SZ）等十家企业在家具制造业智能化发展中具有标杆作用。

参 考 文 献

付宏, 刘其享, 汪金伟. 2020. 智能制造、劳动力流动与制造业转型升级[J]. 统计与决策, 36(23): 181-184.

国家知识产权局. 2022. 专利检索及分析[EB/OL]. https: //www. cnipa. gov. cn/.

赖红波. 2019. 传统制造产业融合创新与新兴制造转型升级研究: 设计、互联网与制造业 "三业" 融合视角[J]. 科技进步与对策, 36(8): 68-74.

李倩, 潘玉香. 2020. 智能制造企业无形资产结构与经营绩效相关性研究[J]. 东南大学学报(哲学社会科学版), 22(S1): 19-26.

李婉红, 李娜. 2022. 基于复杂网络的制造企业智能化转型动态博弈及仿真: 考虑政府与消费者的驱动效应[J]. 软科学, 36(3): 39-47.

孟凡生, 赵刚. 2019. 创新柔性对制造企业智能化转型影响机制研究[J]. 科研管理, 40(4): 74-82.

瞿肖怡, 陆萍, 汪红霞, 等. 2020. R&D 投入对中国传统制造业转型升级影响的实证分析[J]. 统计与决策, 36(5): 120-123.

上海证券交易所. 2022. 上市公司 2010—2021 年度年报[EB/OL]. http: //www. sse. com. cn.

深圳证券交易所. 2022. 上市公司 2010—2021 年度年报[EB/OL]. http: //www. szse. cn/.

孙早, 侯玉琳. 2019. 工业智能化如何重塑劳动力就业结构[J]. 中国工业经济, (5): 61-79.

王雪原, 何美鑫. 2022. 信息化战略认知与建设行为对制造企业智能化转型的影响[J]. 科技进步与对策, 39(3): 87-95.

杨瑾, 解若琳. 2020. 颠覆式创新驱动装备制造业转型升级的关键影响因素及路径[J]. 中国科技论坛, (11): 74-82, 109.

尹华, 余昊, 谢庆. 2021. 基于价值链优化的制造企业智能化转型升级研究[J]. 中国科技论坛, (3): 113-122.

赵剑波. 2020. 推动新一代信息技术与实体经济融合发展: 基于智能制造视角[J]. 科学学与科学技术管理, 41(3): 3-16.

郑季良, 陈白雪. 2020. 制造企业转型升级的条件组态路径对比研究: 企业资源视角[J]. 科技进步与对策, 37(6): 1-10.

撰稿人: 周飞雪

审稿人: 程中华

第3部分

专题研究篇

第6章　人工智能对制造业全球价值链地位的影响研究

6.1　人工智能与制造业全球价值链地位研究背景

人工智能技术被视为第四次工业革命的标志性技术，将对经济社会发展产生极大的影响，重构国际竞争格局（Dwivedi et al.，2021）。为了占领新一轮国际科技竞争的制高点，德国、美国、日本等主要发达国家均已经将发展人工智能产业作为提升国家竞争力的重大战略，并出台了一系列战略规划和政策。德国在 2013 年提出"工业 4.0"计划，指出大力发展智能技术，提升制造业智能化水平；2016 年，美国公布了《国家人工智能研究发展战略计划》，强调维持美国在人工智能领域的领先地位的优势；2019 年，日本制定了《人工智能战略 2019》，提出要加强人工智能技术在各产业中的应用，建设人工智能强国。面对第四次工业革命带来的新的竞争格局和发展机遇，中国在 2017 年发布了《新一代人工智能发展规划》，提出人工智能是新一轮产业革命的核心驱动力，将重构经济活动的各个环节，成为经济发展的新引擎。中国工程院发布的研究报告《中国智能制造发展战略研究》中指出，标志着中国智能制造第二阶段（2025～2035 年）的新一代智能制造的目标应该是使中国的智能制造技术和应用水平处于世界前列。

随着人工智能的快速发展和广泛应用，实现整个制造业价值链智能化和创新，促使制造业转型升级，有助于推动制造业全球价值链地位提升。已有的文献研究表明，人工智能的发展能够显著提高制造业生产效率，增加制造业生产附加值，增强制造业的核心竞争力（Li et al.，2017；Graetz et al.，2018）。然而，直接研究人工智能对制造业全球价值链地位影响的文献并不多见，现有研究对于人工智能对制造业全球价值链地位的影响机制尚不明确，且相关实证研究大多以中国作为研究对象，对世界范围内人工智能影响制造业全球价值链地位的研究尚显不足。因此，本章将国际机器人联合会（IFR）发布的工业机器人数据和联合国商品贸易（UN Comtrade）统计数据库相匹配，得到 61 个国家及地区 2000～2019 年的跨国面板数据，实证研究人工智能对制造业全球价值链地位的影响及作用机制，同时探讨人工智能对发达国家和发展中国家制造业全球价值链地位造成的差异化影响。本章首次从人工智能提高生产效率和技术创新能力、降低贸易成本三个角度，探究人工智能对制造业全球价值链地位的影响机理。随后，本章根据匹配所得的 61 个国家及地区 2000～2019 年的跨国面板数据，实证检验人工智能对制造业全球价值链地位的影响、机制及其异质性。结果表明，人工智能对提高制造业全球价值链地位具有显著的促进作用，且这一促进作用在发展中国家表现得更为明显。

6.2   人工智能与制造业全球价值链地位研究进展

目前关于人工智能对制造业全球价值链地位影响的研究并不多见，本节从全球价值链地位的影响因素研究以及人工智能与制造业发展相关研究两个方面综述。

一是全球价值链地位的影响因素研究。一些学者认为技术创新能力（Gallagher et al.，2010；Agostino et al.，2014）、人力资本水平（Freeman，2013）、物质资本水平（Zhu et al.，2013；Fang et al.，2015）等一国或地区的内部因素对全球价值链地位发挥重要的作用。还有一些学者认为外商直接投资（Kee et al.，2016）、贸易成本（Ghodsi et al.，2016）、制度环境（Liu et al.，2020）等外部因素会影响一国或地区全球价值链地位。此外，还有学者关注数字化、信息和通信技术（ICT）等对全球价值链地位的影响。Karishma（2019）基于印度制造业企业的微观数据实证研究发现，数字技术有利于推动制造业全球价值链地位提升。Oliveira 等（2021）认为，实现数字化的企业在追求价值链升级上具有更大的自主性和灵活性，更有利于推动其全球价值链地位提升。Cieślik（2021）研究发现，信息通信技术有助于改善中欧国家全球价值链地位。

二是人工智能与制造业发展相关研究。Li 等（2017）认为人工智能技术和制造业深度融合推动了制造业生产组织方式和管理模式变革，有利于促进制造业生产力提高和产业附加值增加。Graetz 等（2018）利用 1997～2007 年 17 个国家的工业部门数据实证研究工业机器人的经济贡献，结果发现，工业机器人的使用提高了劳动生产率，并且使用工业机器人的这些国家的经济增长率平均每年增加了 0.37%。Ballestar 等（2020）利用 2008～2015 年西班牙制造业中小企业样本数据研究工业机器人技术和劳动生产率之间的关系，研究结果表明，以机器人为基础的中小企业的销售额是以非机器人为基础的中小企业的两倍，并且中小企业使用机器人使劳动生产率增加 5%。此外，人工智能能够对技术创新产生显著的影响。人工智能和其他通用性技术一样，随着扩散，能够产生互补性创新，带来乘数效应（Brynjolfsson et al.，2017）。Liu 等（2020）利用 2008～2017 年中国 14 个制造业行业的面板数据实证研究人工智能对技术创新的影响，结果发现，人工智能有利于促进技术创新，并且对低技术行业技术创新有更大的影响。

综上所述，一些学者从 ICT、数字化等角度出发，研究其对制造业全球价值链地位的影响，然而较少有学者探讨人工智能对制造业全球价值链地位的影响。人工智能技术的快速发展正在加快推进全球价值链重构，因此有必要在当前基础上探究人工智能对制造业全球价值链地位的影响。

6.3   人工智能对制造业全球价值链地位的机理分析

本节主要从 3 个方面分析人工智能对制造业全球价值链地位的影响。

6.3.1   人工智能通过提高生产效率，促进制造业全球价值链地位提升

以工业机器人为代表的智能技术逐渐渗透到制造业企业生产运作的各个环节，有利

于提高生产效率，促进制造业全球价值链地位提升。

一是人工智能作为一种新的生产要素提高生产效率，提升制造业全球价值链地位。人工智能技术的深入应用，加快了企业原有机器设备的更新，提高生产设备的智能化水平。智能化设备能够进行自感知、自分析、自决策等智能活动，有利于提高生产效率。同时，生产设备智能化水平提升能够使企业保持相对稳定的生产能力，减少生产错误率，提高产品的良品率，控制意外故障导致的损失，使得企业生产过程更加高效。此外，以工业机器人为代表的智能设备作为一种资本技术密集型生产要素，其广泛地使用将替代从事常规性、程序性工作的劳动力（刘胜等，2019），节约了劳动力投入，降低劳动力成本。且相对于人类劳动力来说，智能制造装备和系统可以全天候工作，工作的准确性和速度也大幅提高，从而进一步提高生产效率，使得价值链中生产制造环节的附加值不断增加，有利于提升制造业全球价值链地位。

二是人工智能通过优化生产要素的配置，提高生产效率，提升制造业全球价值链地位。一方面，人工智能促进供需匹配。智能化企业借助机器学习技术产生强大的数据分析能力，对从市场获取的大量数据进行分析，挖掘其隐藏的价值（刘业政等，2020），有效地识别市场对于产品的需求，根据市场需求调整生产规模，合理地安排生产计划。由此，智能制造实现了由传统的批量生产，转为分散、灵活地以市场需求为导向的个性化定制生产，弹性释放产能，优化生产要素配置（戚聿东等，2020），提高生产线的柔性和生产效率，从而提升制造业企业自身所处环节的附加值，实现价值链升级。另一方面，人工智能促进生产流程优化。借助计算机视觉技术感知和监测环境，智能制造可以提供生产流程中各个环节的数据（Shang et al.，2019），再传递给智能设备，从而实现对生产流程的实时精准控制与决策，实现生产流程的升级，使得现有的设备、资源、劳动力等生产要素能够根据实际的生产情况进行调整和优化，即将生产要素由附加值低的部门转移到附加值高的部门，提高资源利用和配置效率，最大限度地发挥现有生产要素的作用，以期在提高制造业生产效率的同时，增强要素增值能力，最终促进制造业全球价值链地位不断提升。

6.3.2　人工智能通过提高技术创新能力，促进制造业全球价值链地位提升

人工智能能够通过提高技术创新能力，促进制造业全球价值链地位提升。具体来说，可以分为增强企业知识获取和知识学习吸收能力、促进知识技术溢出两个方面。

人工智能通过增强企业知识获取和知识学习吸收能力，提高技术创新能力，提升制造业全球价值链地位。一方面，人工智能增强企业知识获取能力。人工智能的发展促使企业实现内在认知和外在环境的互动学习，推动企业高效地进行外部知识的挖掘，提升知识获取速度，促进企业内部知识库更新（张吉昌等，2022）。另一方面，人工智能增强企业知识学习吸收能力。知识的学习吸收能力直接影响企业对外部知识的利用效率，对企业获得和提高竞争力有着重要的影响（Vlačić et al.，2019）。并且企业知识学习吸收能力越强，就越有能力进行技术创新。以深度学习、机器学习、计算机视觉为代表的人工智能，能够进行独立的学习与分析，这一能力与人类相当甚至更优（Coccia，2019），有助于增强企业知识学习与吸收能力。同时，技术创新源于新旧知识的重新组合

（Schumpeter，1993），这高度依赖于知识学习吸收能力的提高。因此，随着人工智能不断深入发展，提高企业知识学习吸收能力，加快新旧知识创造性重组，加强企业内部知识创造，促进新想法和新的解决方式的出现，激发创新活力，提高技术创新能力，有利于增强价值链各环节的价值创造能力，从而提升制造业全球价值链地位。

人工智能通过促进知识技术溢出，提高技术创新能力，提升制造业全球价值链地位。一方面，智能技术具有外部性的特征，通过学习和共享的机制加速了技术在企业间的快速发展和应用（Holmström et al.，2016），使得知识和技术的溢出更加广泛，从而带动更多的制造业企业技术创新能力提高。另一方面，人工智能加快了制造业研发部门和应用部门之间的技术溢出效应和累积循环效应。研发部门将智能技术转移到应用部门，智能技术应用部门在获得越来越多创新溢出红利后，会提出更高的技术需求，倒逼研发部门提高技术研发能力，以至智能技术新一轮应用，从而进一步提升技术溢出效应，最终刺激技术创新能力持续提高（韩先锋等，2014），推动制造业全球价值链地位提升。此外，智能化企业会增加与自身生产技术、工艺水平相匹配的高质量中间品使用，实现企业整体中间品投入质量升级（胡馨月等，2021）。中间品投入质量提升有助于企业进行资源整合和取长补短，即通过集聚、整合全球创新要素，并在消化吸收的基础上再创新，这个过程也是技术溢出的一种体现，有助于提高技术创新能力（程凯等，2020），激发制造业企业更大的生产优势和活力，不断提高产品技术附加值，提升制造业全球价值链地位。

6.3.3　人工智能通过降低贸易成本，促进制造业全球价值链地位提升

广义的贸易成本是指除生产商品的成本外整个贸易过程的各种成本，其中，运输成本和信息搜寻成本是其重要构成部分（Anderson et al.，2004）。人工智能有助于降低企业信息搜寻成本，并且减少企业贸易过程中的运输成本，获得更高的贸易附加值，进而促进制造业全球价值链地位提升。

人工智能通过降低信息搜寻成本，提升制造业全球价值链地位。人工智能技术的不断发展和广泛应用，加快了企业信息收集的速度，使得企业可以在短时间内获取各类市场主体的信息，降低信息搜寻成本。因此，企业能够以更低的成本获得上下游供应商等相关市场主体的信息，从而选择最合适的合作伙伴；并弱化产品中间商的作用，去除中介，直达终端客户（张艳萍等，2022）。此外，信息搜寻成本的降低提高了企业间信息匹配的效率和信息沟通效率，实现信息的精准匹配和高效沟通（Dana et al.，2014；Agrawal et al.，2008）。这有利于制造业企业与供应链网络节点的其他企业建立战略伙伴关系，通过构建直接沟通交互的渠道直面终端客户的需求，提高信息对称性，从而提升供应链协同性和敏捷性（孙新波等，2019），快速地响应消费者需求，促使整个产品运动过程的链条价值增值，提高制造业出口产品附加值，从而促进其全球价值链地位提升。

人工智能通过降低运输成本，提升制造业全球价值链地位。人工智能具有独立学习、感知、推理和决策的能力，将物流运输服务与人工智能技术深度融合，使其成为具备全面感知、可靠传输、实时分析和智能处理等特点的智慧物流，精准优化企业的运输网络，实现商品运输成本的降低和运输效率的提高。而运输成本的降低有利于推动垂直专业化分工的发展，使得许多国家共同参与某项商品的生产（唐东波，2013）。由此制造业企业

能够通过匹配最优势的生产环节参与国际分工体系，通过扩大生产带来规模经济，从而在全球生产中获得更高的收益，实现制造业全球价值链地位提升（邱雪情等，2021）。同时，运输效率的提高和成本的降低能够在一定程度上缓解贸易阻碍，增加制造业尤其是高技术复杂度制造业行业的出口数量，从而提高整体制造业出口产品的技术复杂度（王永进等，2010），最终促进制造业全球价值链地位提升。

基于此，提出假设

假设 1：人工智能有助于促进制造业全球价值链地位提升。

假设 2：人工智能通过提高生产效率和技术创新能力、降低贸易成本三种途径，促进制造业全球价值链地位提升。

6.4　人工智能对制造业全球价值链地位的影响

6.4.1　计量模型构建

为了探究人工智能对制造业全球价值链地位的影响，本章借鉴喻胜华等（2020）的研究，建立如下的计量模型：

$$\ln \mathrm{gvc}_{it} = \alpha_0 + \alpha_1 \ln \mathrm{rob}_{it} + X'_{it}\gamma + \theta_i + \phi_t + \varepsilon_{it} \tag{6-1}$$

其中，gvc 表示被解释变量制造业全球价值链地位；rob 表示核心解释变量人工智能；控制变量 X'_{it} 中包括人力资本水平（hc）、物质资本水平（fix）、贸易开放程度（open）、产业结构（str）、政府公共服务水平（gov）；下标 i 和 t 分别表示国家和年份；θ_i 表示国家及地区固定效应；ϕ_t 表示时间固定效应；ε_{it} 为随机扰动项。此外，为了消除可能存在的异方差，各变量均进行对数处理。在模型（6-1）中，α_1 是本节关心的系数，如果 α_1 在统计上显著为正，则说明智能化有助于促进制造业价值链地位提升。

6.4.2　变量说明

被解释变量：制造业全球价值链地位（goc）。Lall 等（2005）认为，一国或地区出口商品的技术特性能够反映其在全球价值链分工中的地位，即一国或地区出口商品的技术复杂度越高，其全球价值链地位也越高。借鉴马述忠等（2016）的做法，采用出口技术复杂度衡量一国或地区制造业全球价值链地位。

借鉴 Hausmann 等（2007）关于出口技术复杂度的测算方法。首先，测算产品层面出口技术复杂度：

$$\mathrm{prody}_k = \sum_i \left[\left(\frac{x_{ik}}{X_i} \right) \bigg/ \sum_i \left(\frac{x_{ik}}{X_i} \right) \right] \mathrm{GDP}_i \tag{6-2}$$

其中，i 代表国家；k 代表产品；x_{ik} 为 i 国家 k 产品的出口额；X_i 为 i 国家的出口总额；$\left(\frac{x_{ik}}{X_i} \right) \bigg/ \sum_i \left(\frac{x_{ik}}{X_i} \right)$ 为 k 产品在 i 国家出口中所占份额占样本国家及地区总水平的比例，GDP_i 为 i 国家的人均生产总值。

其次，利用各产品层面出口技术复杂度，以本国各产品出口占本国总出口之比为权重进行加权平均，计算国家层面出口技术复杂度：

$$gvc_i = \sum_k \left(\frac{x_{ik}}{X_i}\right) prody_k \qquad (6\text{-}3)$$

核心解释变量：人工智能（rob）。本节借鉴杨光等（2020）的研究，使用各国及地区制造业工业机器人存量作为人工智能的测度指标。

控制变量：人力资本水平（hc）。人力资本水平作为一种内生资本要素（Bond et al.，2003），其提高有助于提升一国或地区制造业生产技术水平，从而提高制造业生产效率和增值能力，促进一国或地区制造业全球价值链地位提升。同时，人力资本水平的提高有利于提升制造业技术吸收和技术成果转化的能力（陈开军等，2014），提高技术创新能力，从而促进一国或地区制造业全球价值链地位提升。本节采用基于受教育年限和回报率计算的人力资本指数衡量人力资本水平。

物质资本水平（fix）。物质资本水平的快速提升有助于形成有效物质资本积累，这是推动制造业全球价值链攀升的基础条件（李建军等，2019）。但是由于弱市场效应，物质资本水平的提高可能会导致大量不良资产的存在，从而对制造业全球价值链攀升产生抑制作用（黄琼等，2019）。本章使用一国或地区固定资本形成总额占生产总值的比值来衡量物质资本水平。

贸易开放程度（open）。一方面，贸易开放程度侧面反映了一国的制度发展水平，即一国的贸易开放程度越高，其制度运行环境越轻松，进而有利于营造良好的出口环境，降低贸易成本，有助于促进制造业全球价值链地位提升；另一方面，贸易开放有助于强化技术扩散效应，提高本国制造业企业技术创新能力，从而提升制造业全球价值链地位。本节采用各国及地区商品和服务进出口总额占生产总值的比例衡量贸易开放程度。

产业结构（str）。产业结构是影响制造业全球价值链地位的重要因素之一。产业结构优化的本质是实现要素禀赋结构优化，产业发展逐渐由劳动密集型向技术密集型转变，优化制造业出口商品结构，增强制造业附加值获取能力，进而促进制造业全球价值链地位提升（李娜娜等，2020）。本节使用一国或地区工业增加值占生产总值比例衡量产业结构。

政府公共服务水平（gov）。政府作为资源配置的重要主体之一，政府公共服务水平的提升有助于提高政府的管理效能和工作效率，促进要素资源的优化配置，促使制造业全球价值链地位提升（杨仁发等，2018）。本章使用一国或地区一般政府公共消费支出占生产总值的比例来衡量政府公共服务水平。

6.4.3 数据来源

本章所使用的数据主要源于以下四部分：一是联合国商品贸易（UN Comtrade）统计数据库，本节采用《国际贸易标准分类》（SITC Rev.3）的 3 位码分类标准，利用相应的产品编码在 UN Comtrade 统计数据库寻找相应国家和地区制造业产品的出口数据，用于测算各国及地区制造业全球价值链地位；二是国际机器人联合会（IFR）发布的世界机器人数据库，该数据库包括了 1993～2019 年 75 个国家和地区工业机器人安装量和存量，以及全球分行业工业机器人数量；三是世界发展指标数据库（WDI），物质资本水平、贸易开放程度、产业结构以及政府公共服务水平数据来自该数据库；四是佩恩世界表（PWT 10.0），人力资本水平指数源于该数据库。通过年份和国家（地区）名称的匹配，最终选取了 2000～2019 年 61 个国家及地区的非平衡面板数据。各变量的描述性统计见表 6-1。

表 6-1　变量的描述性统计

变量	样本量	平均值	标准差	最小值	最大值
ln gvc	1220	10.228	0.200	9.518	10.856
ln rob	935	6.913	2.994	0	13.348
ln hc	1200	1.081	0.188	0.437	1.471
ln fix	1219	−1.494	0.216	−2.246	−0.624
ln open	1219	−0.228	0.594	−1.632	1.488
ln str	1217	−1.350	0.286	−2.772	−0.723
ln gov	1219	−1.805	0.302	−2.907	−1.275

6.4.4　实证分析结果

1. 基准回归

本章采用双向固定效应模型进行实证检验。一般固定效应模型只固定了个体效应，双向固定效应模型分别固定了时间效应与个体效应，以控制其他可能影响因变量的因素以及时间趋势，从而使得实证结果更加可靠（Wooldridge，2015）。分析软件为 Stata 15.0，基准回归结果如表 6-2 所示[①]。

表 6-2　基准回归结果

	（1）	（2）	（3）
	ln gvc	ln gvc	ln gvc
ln rob	0.057 2***	0.010 6***	0.010 7***
	(0.002 8)	(0.002 6)	(0.002 7)
控制变量	No	No	Yes
个体固定效应	No	Yes	Yes
时间固定效应	No	Yes	Yes

① 为检验变量选取是否存在多重共线性，本章对回归模型进行了方差膨胀因子（VIF）检验，结果表明所有变量的 VIF 都小于多重共线临界标准（10），变量之间不存在多重共线性问题。表中各列均将标准误聚类到国家及地区层面，以控制潜在的异方差和序列相关问题。

	（1）	（2）	（3）续表
_cons	9.911 8***	9.972 0***	10.105 9***
	（0.029 1）	（0.016 6）	（0.115 7）
N	935	935	917
R^2	0.554 7	0.945 6	0.948 7

注：括号中数值为稳健标准误；***表示变量系数通过了 1%的显著性检验。

模型（1）只加入了核心解释变量，结果表明，智能化系数显著为正。模型（2）中加入了个体固定效应、时间固定效应后，人工智能依旧显著地促进制造业全球价值链地位攀升。模型（3）中同时加入了个体固定效应、时间固定效应以及控制变量，即按照本章设定的计量模型进行回归，回归结果显示，人工智能变量的系数为 0.010 7，且在 1%水平上显著为正。这表明人工智能对制造业全球价值链地位提升有显著的促进作用，具体表现为人工智能发展水平每提高 1%，制造业全球价值链地位将提升 0.010 7%，由此验证了本章的假设 1。

2. 稳健性检验

本节进行了以下稳健性检验（表 6-3）。

（1）替换核心解释变量。基准回归采用各国及地区制造业工业机器人存量的数据衡量人工智能，这里选取制造业工业机器人安装量（rob2）作为替代变量进行稳健性估计，估计方法依旧选用双向固定效应，回归结果汇报在表 6-3 的列（1）中。结果显示，替代变量的估计系数为 0.005 3，且通过了 10%水平上的显著性检验，表明了在替换核心解释变量后，人工智能对制造业全球价值链地位提升依然具有显著的促进作用。

（2）缩尾处理。为进一步缓解由于变量度量而造成的异方差问题，本章对制造业全球价值链地位指数与人工智能指数进行了 1%分位数以下和 99%分位数以上的缩尾处理（Winsorize），以剔除样本异常值导致的估计结果不稳健，回归结果汇报在表 6-3 的列（2）中。结果表明在剔除异常样本点后，回归结果同样与基准回归结果一致，这证明了估计结果并非异常值产生的伪因果。

（3）更换计量模型。由于制造业全球价值链地位变动具有持续性特征的可能性，即上一期制造业全球价值链地位可能影响当期制造业全球价值链地位水平（郑江淮等，2020）。因此，我们在方程（6-1）的基础上纳入了制造业全球价值链地位的动态效应，建立如下动态面板模型：

$$\ln \text{gvc}_{it} = m_0 + m_1 \ln \text{gvc}_{it-1} + m_2 \ln \text{rob}_{it} + X'_{it}\gamma + \theta_i + \phi_t + \varepsilon_{it} \qquad (6\text{-}4)$$

其中，$\ln \text{gvc}_{it-1}$ 为制造业全球价值链地位的滞后一期；m_1 表示 gvc 一阶滞后的回归系数，反映了前期相关因素对本期的影响。本节采用系统 GMM 回归方法对方程（6-4）进行估计。系统 GMM 模型具有强工具变量的特征，在一定程度上能够缓解可能存在的内生性问题（Harris et al.，2007）。回归结果见表 6-3 的列（3），人工智能系数为 0.008 4，在 1%水平上显著，再次证明了人工智能有助于促进制造业全球价值链地位提升。同时，根据 AR（2）和 Sargan 检验的 P 值可知，模型设定是可靠的，并且模型中工具变量的选取是合理的。

表 6-3　稳健性检验

	（1）替换自变量	（2）Winsorize	（3）系统 GMM
ln rob		0.010 8***	0.008 4***
		(0.002 6)	(0.002 5)
ln rob2	0.005 3*		
	(0.002 7)		
l.ln gvc			0.586 2***
			(0.090 5)
控制变量	Yes	Yes	Yes
个体固定效应	Yes	Yes	Yes
时间固定效应	Yes	Yes	Yes
_cons	10.143 6***	10.082 6***	4.465 4***
	(0.135 2)	(0.109 9)	(0.953 3)
N	748	895	907
R^2	0.957 8	0.952 5	
AR（2）			0.751 8
Sargan 检验			0.754 3

注：括号中数值为稳健标准误；***、*分别表示变量系数通过了 1%、10%的显著性检验。

3. 内生性检验

由于遗漏变量和反向因果，模型可能还存在内生性问题。具体来说：一方面，可能存在同时影响人工智能和制造业全球价值链地位的不可预测因素；另一方面，人工智能和制造业全球价值链地位可能存在反向因果关系，即制造业全球价值链地位较高的地区或国家，其人工智能发展水平往往也越高。这两个问题可能导致智能化变量的系数估计存在偏误，因此，本章采用工具变量法解决其中的内生性问题。

借鉴邵文波等（2014）的思路和方法，使用去除本国（地区）的其他国家及地区制造业工业机器人存量的平均值作为工具变量（Ⅳ）。由于各国制造业之间竞争程度日益加剧，各国纷纷引入新的生产设备和技术（Acemoglu et al.，2020），其他国家及地区制造业工业机器人使用水平与本国工业机器人使用量有一定的相关性，满足了工具变量相关性的假设。但其他国家及地区工业机器人使用水平的提高并不会对本国制造业全球价值链地位产生影响，符合工具变量外生性要求，说明该工具变量具有一定的合理性。表 6-4 为使用 2SLS 对模型进行估计的结果。根据回归结果可以发现，人工智能变量与本章选择的工具变量显著负相关，满足相关性的假设。这主要是由于在全球制造业工业机器人总量一定的情况下，各国及地区工业机器人使用存在一定的竞争关系，因此其他国家制造业工业机器人使用水平与本国制造业工业机器人使用量存在负相关关系。二阶段回归结果显示人工智能对制造业全球价值链地位的影响系数在 1%水平上显著为正，与基准回归结果一致，这表明了在解决可能存在的内生性问题后，人工智能对制造业全球价值链地位的正向影响依然稳健。

表 6-4　内生性检验

	（1）	（2）	（3）	（4）
	一阶段	二阶段	一阶段	二阶段
ln rob		0.010 6***		0.017 6***
		（0.002 0）		（0.003 5）
IV	−3.657 4***		−3.156 9***	
	（0.582 7）		（0.575 8）	
控制变量	No	No	Yes	Yes
个体固定效应	Yes	Yes	Yes	Yes
时间固定效应	Yes	Yes	Yes	Yes
N	935	935	917	917
不可识别检验				
Kleibergen-Paap rk LM 统计量	26.392***		27.133***	
弱工具变量检验				
Kleibergen-Paap rk Wald F 统计量	39.396		30.065***	
Cragg-Donald Wald F 统计量	74.470***		52.405***	
	[16.38]		[16.38]	
稳健弱识别检验				
Anderson-Rubin Wald 统计量	31.06***		32.82***	
R^2		0.978 9		0.979 6

注：括号中数值为稳健标准误；***表示变量系数通过了 1%的显著性检验。

此外，对工具变量进行不可识别检验，结果拒绝原假设。接着，进行弱工具变量检验，结果显示，Kleibergen-Paap rk Wald F 和 Cragg-Donald Wald F 统计量均大于 10，拒绝了弱工具变量的假设。根据稳健弱识别的 Anderson-Rubin Wald 统计量可以发现，本章选择的工具变量与内生变量之间有较强的相关性。

4. 异质性检验

（1）国家层面异质性。为了进一步探究人工智能对制造业全球价值链地位影响的国家层面差异，将样本分为发达国家和发展中国家两个部分。在基准回归模型的基础上，以发展中国家为参照组，引入发达国家（developed）的虚拟变量，并将发达国家虚拟变量与人工智能变量交乘（developed×ln rob）。回归结果汇报在表 6-5 中。

表 6-5　异质性检验结果

	（1） ln gvc	（2） 低技术行业	（3） 中等技术行业	（4） 高技术行业
ln rob	0.015 3***	0.010 2***	0.007 0***	0.006 6**
	(0.003 0)	(0.003 0)	(0.002 0)	(0.003 3)
developed×ln rob	−0.013 5***			
	(0.003 6)			
控制变量	Yes	Yes	Yes	Yes
个体固定效应	Yes	Yes	Yes	Yes
时间固定效应	Yes	Yes	Yes	Yes
_cons	10.074 8***	9.588 1***	9.926 7***	10.027 2***
	(0.113 8)	(0.094 2)	(0.135 4)	(0.079 6)
N	917	917	917	917
R^2	0.953 4	0.949 9	0.963 0	0.956 9

注：括号中数值为稳健标准误；***、**分别表示变量系数通过了 1%、5% 的显著性检验。

表 6-5 的回归结果表明，作为参照组的发展中国家，人工智能对制造业全球价值链地位的影响系数为 0.015 3，在 1% 水平上显著。发达国家人工智能对制造业全球价值链地位的影响系数为 0.001 8（该系数为作为参照组的发展中国家的系数和发达国家虚拟变量的系数之和），且通过了 1% 显著性检验。由此可见，人工智能对发展中国家制造业全球价值链地位提升促进作用更大。这可能是因为发展中国家制造业发展水平较低，大力发展人工智能使得发展中国家制造业智能化程度明显提升，技术水平也得到提高，有助于提升其制造业全球价值链地位。而发达国家人工智能对制造业全球价值链地位提升促进作用较小，这可能是由于发达国家制造业技术水平处于领先地位，并且拥有丰富的人力资本，创新成果转化能力强，大都处于全球价值链中高端的位置，因此人工智能对发达国家制造业全球价值链地位提升的促进作用较小。

（2）行业异质性。考虑到在不同技术类型的制造业行业中，人工智能对其全球价值链地位的作用效果可能存在差异，因此本章继续分析人工智能对制造业全球价值链地位影响的行业异质性。参考李小平等（2015）的研究，将样本按照研发密度分为高技术行业、中等技术行业以及低技术行业三种类型，研究人工智能对制造业全球价值链地位的行业层面差异。

回归结果如表 6-5 所示。人工智能对低技术制造业全球价值链地位的影响系数在 1% 水平上显著，估计系数为 0.010 2。人工智能对中等技术制造业全球价值链地位的影响系数在 1% 水平上显著为正，影响系数为 0.007 0。列（4）结果显示，人工智能对高技术行业全球价值链地位的估计系数同样显著为正。上述结果表明，人工智能对高、中、低技术水平的制造业行业全球价值链地位提升都具有显著的促进作用。这一结论也意味着推进人工智能发展在不同技术水平制造业行业中都将有助于促进其全球价值链地位提升。

5. 机制检验

理论分析表明人工智能提升制造业全球价值链地位，是通过提高生产效率和技术创新能力、降低贸易成本这三个途径。因此，将通过构建中介效应模型对上述影响机制进行检验。借鉴温忠麟等（2014）的研究，对方程（6-5）～（6-7）进行逐步回归，以检验是否存在上述影响机制。

$$\ln \text{gvc}_{it} = \alpha_0 + \alpha_1 \ln \text{rob}_{it} + X'_{it}\gamma + \theta_i + \phi_t + \varepsilon_{it} \tag{6-5}$$

$$\ln M_{it} = \beta_0 + \beta_1 \ln \text{rob}_{it} + X'_{it}\gamma + \theta_i + \phi_t + \omega_{it} \tag{6-6}$$

$$\ln \text{gvc}_{it} = \eta_0 + \eta_1 \ln \text{rob}_{it} + \eta_2 \ln M_{it} + X'_{it}\gamma + \theta_i + \phi_t + \zeta_{it} \tag{6-7}$$

其中，M_{it} 为中介变量，包括生产效率（lp）、技术创新能力（inno）、贸易成本（cost）。现有研究关于生产效率的衡量，主要有全要素生产率和劳动生产率两种。限于数据的可得性，借鉴丁博等（2019）的研究，使用制造业劳动生产率作为生产效率（lp）的代理变量，即各国及地区制造业增加值与就业人数之比。技术创新能力（inno）使用一国或地区专利申请量衡量，数据来自世界发展指标数据库。cost 表示贸易成本，贸易成本包括固定贸易成本和可变贸易成本两部分。借鉴鞠雪楠等（2020）的研究，本章使用一国或地区的经济生产总值衡量固定贸易成本，一国经济生产总值可以反映一国的市场规模，市场规模越大，分摊到每一个销售单位的贸易成本越小；使用一国或地区关税水平（加权平均）来衡量可变贸易成本，数据源于世界发展指标数据库。

表 6-6 汇报了中介机制检验的回归结果。其中，列（1）～列（3）是以生产效率为中介变量的估计结果。列（1）结果表明，人工智能变量的估计系数为 0.010 7，且在 1%水平上显著为正，这意味着人工智能对制造业全球价值链地位的影响存在中介效应（下文检验是否存在中介效应与此相同，不再赘述）。在列（2）和列（3）结果中，人工智能对生产效率的影响系数 β_1 为 0.027 3，在 5%水平上显著；生产效率对制造业全球价值链地位的影响系数 η_2 没有通过显著性检验。本章通过 Bootstrap 法抽样 1000 次，检验中介效应是否显著，结果表明中介效应显著。同时，列（3）结果中，智能化估计系数 η_1 显著为正，$\beta_1 \times \eta_2$ 和 η_1 的系数同号且显著，说明中介变量存在部分中介效应，中介效应占总效应比例为 6.05%。这意味着人工智能能够显著提高生产效率，并通过对生产效率的提高效应促进制造业全球价值链地位提升，部分验证了假设 2。

表 6-6 的列（4）、列（5）是以技术创新能力为中介变量的估计结果。列（4）结果表明，人工智能对技术创新能力的影响系数显著为正，这意味着人工智能显著地提高了技术创新能力。列（5）结果表明，技术创新的估计系数不显著。本章同样采用 Bootstrap 法抽样 1000 次，结果显示中介效应显著，同时人工智能的估计系数显著为正，表明中介变量存在部分中介效应，中介效应占比 0.54%。这意味着人工智能通过提高技术创新能力促进制造业全球价值链地位提升，部分验证了假设 2。

表 6-6 的列（6）～列（9）汇报了降低贸易成本的中介机制检验。其中，列（6）～列（7）是以固定贸易成本为中介变量的估计结果，列（6）结果表明人工智能显著降低了固定贸易成本。列（7），将人工智能和固定贸易成本同时纳入模型，固定贸易成本的

估计系数为 0.086 1，通过了 5% 水平上的显著性检验，表明中介效应显著，并且人工智能估计系数显著为正，说明中介变量存在部分中介效应，中介效应占比 49.09%。列（8）、列（9）是以可变贸易成本为中介变量的估计结果，列（8）结果同样显示人工智能显著地降低了可变贸易成本。列（9）结果显示中介效应显著，中介变量存在部分中介效应，中介效应占总效应的 11.29%。这表明人工智能的确能够通过降低贸易成本促进制造业全球价值链地位提升，假设 2 均得到了验证。

表 6-6　中介机制检验

	(1)	(2)	(3)	(4)	(5)	(6)	(7)	(8)	(9)
		M=lp			M=inno			M=cost	
ln rob	0.010 7***	0.027 3**	0.009 9***	0.096 4**	0.011 1***	−0.061 0***	0.005 4*	−0.047 0**	0.009 3***
	(0.002 7)	(0.011 1)	(0.002 7)	(0.041 4)	(0.002 7)	(0.008 1)	(0.003 1)	(0.022 8)	(0.002 7)
ln lp		0.023 7							
		(0.023 6)							
ln inno				0.000 6					
				(0.005 4)					
ln gdp							0.086 1**		
							(0.036 4)		
ln tax									−0.025 7***
									(0.008 0)
控制变量	Yes	Yes	Yes	Yes	Yes	Yes	Yes	Yes	Yes
个体固定效应	Yes	Yes	Yes	Yes	Yes	Yes	Yes	Yes	Yes
时间固定效应	Yes	Yes	Yes	Yes	Yes	Yes	Yes	Yes	Yes
_cons	10.105 9***	17.483 1	9.702 0***	8.904 2***	10.094 0***	26.513 0***	7.824 0***	−2.590 7	10.056 4***
	(0.115 7)	(0.557 0)	(0.429 4)	(1.801 1)	(0.119 9)	(0.359 3)	(0.975 5)	(2.204 6)	(0.106 6)
Bootstrap 检验		Z=7.99, P=0.000			Z=−5.28, P=0.000		Z=−3.65, P=0.000		Z=3.06, P=0.002
N	917	890	890	889	889	917	917	861	861
R^2	0.948 7	0.712 9	0.949 4	0.138 0	0.950 2	0.832 2	0.951 3	0.268 8	0.951 6

注：括号中数值为稳健标准误；***、**、*分别表示变量系数通过了 1%、5%、10% 的显著性检验。

6.4.5　讨论

本节实证检验了人工智能对制造业全球价值链地位的影响，并分析了不同国家和地区以及不同技术水平的行业之间的异质性，结果表明：①人工智能的发展能够显著提高制造业全球价值链地位。国家异质性分析的结果表明，人工智能对发展中国家制造业全球价值链地位的提升作用强于发达国家。行业异质性分析的结果表明，人工智能的发展对不同技术水平的制造业全球价值链地位均有显著提升作用。②人工智能对制造业全球价值链地位的促进作用是通过提高生产效率、提高技术创新能力和降低贸易成本来实现的。

本节研究结论与 Karishma（2019）类似，但他的研究对象为印度企业，而本节关注的是全球范围内 61 个国家和地区的制造业。这有助于我们比较人工智能的发展对不同国家和地区的制造业所产生的异质性影响。同时，Karishma（2019）认为数字化水平越高的企业全球价值链地位越高，但忽略了人工智能对中低技术行业同样具有积极的促进作用，而本节的研究弥补了这一缺陷。与 Graetz 等（2018）、Oliveira 等（2021）的研究类似，本节认为人工智能显著提高了制造业的生产效率和技术创新能力，从而提升了制造业的全球价值链地位。但同时，已有的研究忽略了人工智能在降低贸易成本方面所发挥的作用。本节首次从提高生产效率、提高技术创新水平和降低贸易成本三个角度分析了人工智能提高制造业全球价值链地位的影响机理并进行了检验，这为进一步明确人工智能未来的发展方向提供了一定的参考。

6.5　结论与政策建议

本章基于 2000～2019 年 61 个国家及地区的跨国面板数据，实证分析了人工智能对制造业全球价值链地位提升的影响，结果表明，人工智能对制造业全球价值链地位的提升具有显著的促进作用。本章从人工智能提高生产效率和技术创新能力、降低贸易成本三个方面，分析了人工智能对制造业全球价值链地位的影响机制。此外，本章探究了人工智能对制造业全球价值链地位影响的国家异质性和行业异质性，结果发现，人工智能对发展中国家制造业价值链地位提升促进作用更大；行业异质性检验结果表明，人工智能对不同技术水平制造业行业的全球价值链地位提升均具有显著的促进作用。基于以上结论，本章提出 3 个建议。

（1）提升制造业智能化水平，促进制造业全球价值链地位提升。本章研究表明，人工智能在提升发展中国家制造业全球价值链地位方面发挥的促进作用更大，是实现其全球价值链攀升的比较优势。因此，我国应当充分抓住"人工智能+制造业"所带来的全球价值链重构的重大战略机遇。首先，完善智能计算中心、工业互联网等新型基础设施建设，夯实智能化发展的底层架构，高效稳固地推动制造业智能化转型升级。其次，充分利用工业机器人、人工智能等智能设备和技术推动制造业实现研发设计智能化、个性化定制、柔性制造等新模式，提升制造业价值链附加价值获取能力，以此推动制造业全球价值链地位提升。最后，政府应加强人工智能技术发展的资金投入和相关政策支持，以此推动制造业智能化发展。

（2）提高技术创新能力，推动制造业全球价值链地位提升。本章研究表明，技术创新能力的提高是智能化提升制造业全球价值链地位的有效途径，但是该途径发挥的作用较小。为此，要充分发挥技术创新能力对制造业全球价值链地位提升的促进作用。第一，人力资本作为影响技术创新能力的重要因素，需要从政府、企业、高校等多个层面强化对相关技能人才的培养和人力资本的投入，扩大高技能劳动力的供给，促进高技能劳动力与智能化的相互匹配，发挥高端要素协同创新效应，实现制造业由传统要素驱动转变为创新驱动，为制造业技术创新注入强大活力，推动其全球价值链地位提升。第二，政府应营造良好的创新氛围，积极搭建创新服务平台，更好地推动科技成果产业化和应用。

健全知识产权保护机制，维护市场秩序，以调动企业对技术研发的积极性，提高自主创新能力。

（3）提高人工智能对贸易成本的降低作用，促进制造业全球价值链地位提升。一方面，制造业企业应加强互联网、大数据、人工智能等新技术的有效运用，使得企业快速地获取所需的各类信息，降低信息搜寻成本，进而提升企业间信息匹配和信息沟通效率，解决价值链各环节信息不对称约束问题，由此提高经济利润水平和最终产品附加值。另一方面，促进传统物流产业链与人工智能深度融合，强化物流机器人在产线装配、运输、仓储、装卸搬运及配送等各个物流环节的运用，加快推动传统物流向智能化、一体化、柔性化、可视化的智能物流转变，提高物流运输全过程效率，降低运输成本，提高制造业出口附加值获取能力，从而驱动制造业全球价值链地位提升。

参 考 文 献

陈开军, 赵春明. 2014. 贸易开放对我国人力资本积累的影响: 动态面板数据模型的经验研究[J]. 国际贸易问题, (3): 86-95.

程凯, 杨逢珉. 2020. 进口中间品质量升级与制造业全球价值链攀升[J]. 广东财经大学学报, 35(5): 35-47.

丁博, 曹希广, 邓敏, 等. 2019. 生产性服务业对制造业生产效率提升效应的实证分析——基于中国城市面板数据的空间计量分析[J]. 审计与经济研究, 34(2): 116-127.

韩先锋, 惠宁, 宋文飞. 2014. 信息化能提高中国工业部门技术创新效率吗[J]. 中国工业经济, (12): 70-82.

胡馨月, 顾国达, 宋学印. 2021. 搜寻成本、互联网与中国进口贸易: 优进还是广进[J]. 浙江社会科学, (5): 12-22, 155.

黄琼, 李娜娜. 2019. 制造业全球价值链地位攀升影响因素分析: 基于发达国家与发展中国家的比较[J]. 华东经济管理, 33(1): 100-106.

鞠雪楠, 赵宣凯, 孙宝文. 2020. 跨境电商平台克服了哪些贸易成本?——来自"敦煌网"数据的经验证据[J]. 经济研究, 55(2): 181-196.

李建军, 孙慧, 田原. 2019. 产品内分工如何影响发展中国家全球价值链攀升——以"丝绸之路经济带"沿线国家为例[J]. 国际贸易问题, (12): 91-105.

李娜娜, 杨仁发. 2020. 生产性服务进口复杂度与制造业全球价值链地位: 理论机制与实证分析[J]. 现代经济探讨, (3): 64-72.

李小平, 周记顺, 王树柏. 2015. 中国制造业出口复杂度的提升和制造业增长[J]. 世界经济, 38(2): 31-57.

刘胜, 陈秀英. 2019. "机器换人"能否成为全球价值链攀升的新动力? [J]. 经济体制改革, (5): 179-186.

刘业政, 孙见山, 姜元春, 等. 2020. 大数据的价值发现: 4C 模型[J]. 管理世界, 36(2): 129-138, 223.

马述忠, 任婉婉, 吴国杰. 2016. 一国农产品贸易网络特征及其对全球价值链分工的影响: 基于社会网络分析视角[J]. 管理世界, (3): 60-72.

戚聿东, 肖旭. 2020. 数字经济时代的企业管理变革[J]. 管理世界, 36(6): 135-152, 250.

邱雪情, 卓乘风, 毛艳华. 2021. "一带一路"能否助推我国全球价值链攀升: 基于基础设施建设的中介效应分析[J]. 南方经济, (6): 20-35.

邵文波, 李坤望. 2014. 信息技术、团队合作与劳动力需求结构的差异性[J]. 世界经济, 37(11): 72-99.

孙新波, 钱丽, 张明超, 等. 2019. 大数据驱动企业供应链敏捷性的实现机理研究[J]. 管理世界, 35(9): 133-151, 200.

唐东波. 2013. 贸易开放、垂直专业化分工与产业升级[J]. 世界经济, 36(4): 47-68.

王永进, 盛丹, 施炳展, 等. 2010. 基础设施如何提升了出口技术复杂度？[J]. 经济研究, 45(7): 103-115.

温忠麟, 叶宝娟. 2014. 中介效应分析: 方法和模型发展[J]. 心理科学进展, 22(5): 731-745.

杨光, 侯钰. 2020. 工业机器人的使用、技术升级与经济增长[J]. 中国工业经济, (10): 138-156.

杨仁发, 李娜娜. 2018. 产业集聚、FDI 与制造业全球价值链地位[J]. 国际贸易问题, (6): 68-81.

喻胜华, 李丹, 祝树金. 2020. 生产性服务业集聚促进制造业价值链攀升了吗: 基于 277 个城市微观企业的经验研究[J]. 国际贸易问题, (5): 57-71.

张吉昌, 龙静. 2022. 数字技术应用如何驱动企业突破式创新[J]. 山西财经大学学报, 44(1): 69-83.

张艳萍, 凌丹, 刘慧岭. 2022. 数字经济是否促进中国制造业全球价值链升级？[J]. 科学学研究, 40(1): 57-68.

郑江淮, 郑玉. 2020. 新兴经济大国中间产品创新驱动全球价值链攀升: 基于中国经验的解释[J]. 中国工业经济, (5): 61-79.

Acemoglu D, Restrepo P. 2020. Robots and jobs: Evidence from US labor markets[J]. Journal of Political Economy, 128(6): 2188-2244.

Agostino M, Giunta A, Nugent J B, et al. 2014. The importance of being a capable supplier: Italian industrial firms in global value chains[J]. International Small Business Joumal, 33(7): 708-730.

Agrawal A, Goldfarb A. 2008. Restructuring research: Communication costs and the democratization of university innovation[J]. American Economic Review, 98(4): 1578-1590.

Anderson J E, Van Wincoop E. 2004. Trade costs[J]. Journal of Economic Literature, 42(3): 691-751.

Ballestar M T, Díaz-Chao Á, Sainz J, et al. 2020. Knowledge, robots and productivity in SMEs: Explaining the second digital wave[J]. Journal of Business Research, 108: 119-131.

Bond E W, Trask K, Wang P. 2003. Factor accumulation and trade: Dynamic comparative advantage with endogenous physical and human capital[J]. International Economic Review, 44(3): 1041-1060.

Brynjolfsson E, Rcck D, Syverson C. 2017. Artificial Intelligence and the Modern Productivity Paradox: A Clash of Expectations and Statistics[R]. NBER Working Paper.

CieślikE. 2021. Towards the industry 4. 0: Have ICT services improved the position of Central and Eastern Europe in global production linkages?[J]. Manufacturing Letters, 28(5): 11-16.

Coccia M. 2019. Artificial intelligence technology in cancer imaging: Clinical challenges for detection of lung and breast cancer[J]. Journal of Social and Administrative Sciences, 6(2): 82-98.

Dana J D, Orlov E. 2014. Internet penetration and capacity utilization in the US airline industry[J]. American Economic Journal: Microeconomics, 6(4): 106-137.

Dwivedi Y K, Hughes L, Ismagilova E, et al. 2021. Artificial Intelligence(AI): Multidisciplinary perspectives on emerging challenges, opportunities, and agenda for research, practice and policy[J]. International Journal of Information Management, 57: 101994.

Fang Y, Gu G, Li H. 2015. The impact of financial development on the upgrading of China's export technical sophistication[J]. International Economics and Economic Policy, 12(2): 257-280.

Freeman R B. 2013. One Ring to Rule Them All?Globalization of Knowledge and Knowledge creation[R]. NBER Working Paper.

Gallagher K P, Shafaeddin M. 2010. Policies for industrial learning in China and Mexico[J]. Technology in Society, 32(2): 81-99.

Ghodsi M, Stehrer R. 2016. No-Tariff Measures Trickling through Global Value Chains[R]. Vienna Institute for International Economic Studies.

Graetz G, Michaels G. 2018. Robots at work[J]. The Review of Economics and Statistics, 100(5): 753-768.

Harris M N, Mátyás L. 2007. A comparative analysis of different Ⅳ and GMM estimators of dynamic panel data models[J]. International Statistical Review, 72(3): 397-408.

Hausmann R, Klinger B. 2007. The Structure of the Product Space and the Evolution of Comparative Advantage[R]. CID working paper.

Holmström J, Holweg M, Khajavi S H, et al. 2016. The direct digital manufacturing(r)evolution: definition of a research agenda[J]. Operations Management Research, 9(1): 1-10.

Karishma B. 2019. Digital Technologies and "Value" Capture in Global Value Chains: Empirical Evidence from Indian Manufacturing Firms[R]. WIDER Working Paper.

Kee H L, Tang H. 2016. Domestic value added in exports: Theory and firm evidence from China[J]. American Economic Review. 106(6): 1402-1436.

Lall S, Weiss J, Oikawa H. 2005. China's competitive threat to Latin America: An analysis for 1990~2002[J]. Oxford Development Studies, 33(2): 163-194.

Li B, Hou B, Yu W, et al. 2017. Applications of artificial intelligence in intelligent manufacturing: A review[J]. Frontiers of Information Technology & Electronic Engineering, 18(1): 86-96.

Liu J, Chang H, Forrest J Y L, et al. 2020. Influence of artificial intelligence on technological innovation: Evidence from the panel data of China's manufacturing sectors[J]. Technological Forecasting and Social Change, 158(2): 120142.

Liu X, Mattoo A, Wang Z, et al. 2020. Services development and comparative advantage in manufacturing[J]. Journal of Development Economics, 144: 3-18.

Oliveira L, Fleury A, Fleury M T. 2021. Digital power: Value chain upgrading in an age of digitization[J]. International Business Review, 30(1): 101850.

Schumpeter J A. 1993. The Theory of Economy Development[J]. Harvard Busines Review.

Shang C, You F. 2019. Data analytics and machine learning for smart process manufacturing: Recent advances and perspectives in the big data era[J]. Engineering, 5(6): 1010-1016.

Vlačić E, Dabić M, Daim T, et al. 2019. Exploring the impact of the level of absorptive capacity in technology development firms[J]. Technological Forecasting and Social Change, 138: 166-177.

Wooldridge J M. 2015. Introductory Econometrics: A Modern Approach[M]. Toronto: Nelson Education.

Zhu S, Fu X. 2013. Drivers of export upgrading[J]. World Development, 51: 221-233.

撰稿人：刘　军

审稿人：李廉水

第7章　数字化转型与制造业全要素生产率

7.1　数字化转型与制造业全要素生产率的研究背景

随着信息技术和数字技术的发展，传统的服务运作及商业模式难以满足客户需要来维持企业持续发展，企业竞争力不断下降。而数字化转型能为客户提供多元化的服务，探寻新的增长机会和发展模式，这将为企业带来巨大竞争力（Broekhuizen et al.，2021a，Verhoef，2021）。理论上而言，数字化转型能够打通产品研发、设计、生产以及服务在内的整个生命周期的数据流，提高企业技术水平、优化业务流程并对产品或服务进行创新，提高企业的应变能力及市场响应能力，优化企业投入结构并改善要素配置效率（Ban et al.，2019；Ferreira et al.，2019；Jafari-Sadeghi et al.，2021）。这些都有利于提升企业全要素生产率（total factor productivity，TFP）。

然而，数字化转型资金投入大、持续时间长，企业普遍缺乏清晰的战略目标、实践路径和实施步骤，更多还是集中在如何引入先进信息系统，没有从企业发展战略的高度进行系统性谋划，企业内部尤其是高层管理者之间难以达成共识（AlNuaimi，2022）。此外，数字化转型是一个创新工作，也是长期、持续的试错过程，企业需要有一套科学、系统的方法体系，指导其制定转型目标、路径，尽可能减少试错成本。但当前既无成熟方法论作为指导，又很难找到成熟的案例作为参考，也就存在较高的失败风险。这些都会对企业 TFP 产生不利影响。因此，数字化转型能否提升企业 TFP 对于企业高质量发展至关重要。

基于此，本章理论分析并实证考察数字化转型对企业 TFP 的影响及作用机制。本章先从技术效应、要素配置效应和成本效应三个层面理论分析了数字化转型影响企业 TFP 的作用机制，弥补了现有文献这方面的不足。在此基础上，利用 2010～2020 年中国 A 股上市公司样本数据进行了实证检验。其次，以往多数文献采用信息技术、机器人以及相关数字化技术无形资产等单一指标和虚拟变量作为企业数字化转型的代理变量（Wen et al.，2022；Zhang et al.，2022；Peng et al.，2022）。然而，单一指标难以刻画企业实际数字化水平，虚拟变量难以对数字化转型程度实现客观量化。因此，本章采用文本挖掘和词频统计方法筛选年报中相关数字化转型的特征词，用连续指标刻画企业数字化转型程度。相比单一指标和虚拟变量，该指标衡量方法更准确。

7.2　数字化转型与制造业全要素生产率的研究进展

数字化转型是企业将先进的数字技术应用于生产和管理各环节，发挥数据要素的高效流动和通信、信息以及计算等连接技术的整合作用，推动企业生产服务运营方式变革创新，提升要素配置效率，引发企业业务流程、经营管理和商业模式的转变，从而使企业完成产业升级和战略转变（Ilvonen et al.，2018）。早期研究主要围绕信息技术对生产率的影响，认为信息通信技术的应用可以带动科技发展并使经济社会发生巨大变化。然而，20 世纪 80 年代的经济学家在统计数据中却没有观察到相应的生产率增长，因此索洛提出生产率悖论，认为信息技术对生产率的推动作用非常微小（Solow，1987）。而在实证分析过程中，大部分研究认为 ICT 有助于提高生产率（Brynjolfsson et al.，2003），这主要是因为 ICT 通过自动化、提高劳动技能以及增强创新能够提高劳动生产率。然而，随着数字技术时滞性、过度自动化以及巨大成本耗费等（Aghion et al.，2018；Acemoglu et al.，2018），有学者认为可能产生新的生产率悖论（Brynjolfsson et al.，2018）。

创新作为企业关键性的竞争优势，数字化转型将促进企业相关创新变革，一些学者围绕数字化转型对创新的影响展开研究。一方面，数字化转型能将外部和内部的信息连接起来，利用数字技术及时将相关信息传至信息系统，推动各类生产要素深入融合，有效突破传统生产要素边界（Li et al.，2021；Cuevas-Vargas et al.，2022）。同时，数字化人才有利于推进发现和挖掘相关资源潜力，促进企业原有生产要素的优化重组，从而推动企业创新（Warner et al.，2019；Zhang et al.，2023）。另一方面，数据化转型能够促进企业获得非竞争性和非稀缺性的数据要素，推动企业构建数据驱动平台，增加生产要素新的组合方式，促进企业产生新的生产函数，从而有利于企业创新（Gölzer et al.，2017）。同时，数据在流转和扩散过程中经过不断迭代、自我增值产生新的数据，也将进一步促进企业创新发生与发展。

事实上，数字化转型不仅影响企业创新，其对企业的影响更全面地反映在 TFP 上。首先，从技术进步角度来看，数字化转型通过增加研发投入、提升人力资本以及创新水平，促进企业技术进步和技术市场扩张（Jafari-Sadeghi et al.，2021）。其次，从规模效应角度来看，一方面，数字技术平台可跨越地域空间和市场分割的限制，有助于形成网络化经营体系，扩大产品销售范围和规模，实现市场规模效应。另一方面，数字技术还可以对传统存量业务进行优化改造，提升传统产品的规模化生产与交易水平（Broekhuizen et al.，2021a）。最后，从效率改善角度来看，一方面，数字化转型促使企业将数据要素融入价值链，打破各环节信息传递阻碍，提高协同传输效率，推动企业实现供需精准匹配和客户实时响应。同时，数字化转型推进机器设备替代低端劳动力，大数据替代常规劳动力，从而提高企业生产效率（Björkdahl，2020）。另一方面，数字化转型加速信息高效、准确地交换，优化组织管理流程，推进企业数字化赋能研发、生产和销售环节，从而促进企业运营效率和研发效率的提高（Nambisan et al.，2019；Marcon et al.，2022）。

现有文献为本章的研究提供了宝贵的经验，但关于数字化转型与 TFP 的研究仍有需要完善的地方。第一，已有文献较多从技术创新层面研究数字化转型对企业 TFP 的影响机制（Du et al.，2022），而关于要素配置效应和成本效应的中介机制研究较少。事实上，数字化转型不仅可以通过技术效应影响企业 TFP，还可以通过要素配置效应和成本效应对企业 TFP 产生影响（Zhang et al.，2022）。第二，一些文献采用信息技术、机器人以及相关数字化技术无形资产等单一指标衡量数字化转型，难以刻画企业实际数字化水平（Usai et al.，2021）。还有文献以企业当年是否实施数字化转型，设置 0、1 虚拟变量（Peng et al.，2022）；另有文献使用双重差分法，以 2012 年公司披露报告中提出的数字化转型发展的建议或以智慧城市试点政策为准自然实验，作为企业数字化的代理变量（Zhang et al.，2023；Wen et al.，2022）。但是虚拟变量难以对企业数字化转型程度实现客观量化。而本章采用文本挖掘和词频统计方法筛选年报中相关数字化转型的特征词，用连续指标刻画企业数字化转型程度，相比单一指标和虚拟变量，该指标衡量方法更准确。

7.3　数字化转型与制造业全要素生产率的理论分析

本节从技术效应、要素配置效应和成本效应三方面来分析数字化转型影响企业 TFP 的作用机制。

第一，数字化转型通过技术效应对企业 TFP 产生影响。首先，数字化转型可以增加企业信息透明度，增强信号的可靠性，提高信用等级并改善企业投资者的评价（Ozili，2018；Niu et al.，2023）。此外，企业依靠数字化信息共享和线上融资交易平台优势，可以获得更多的融资信息，从而降低融资壁垒，缓解企业融资约束。其次，随着数字化转型颠覆传统行业，领导者认知思维发生改变，促使企业重视吸收和培养高质量人力资本和数字化人才（Porfírio et al.，2021）。同时，数字化转型也可以为企业吸引和招揽高端技术和数字人才提供政策保障。最后，数字化转型促进企业增加数字研发投入，推动企业通过自主创新能力和知识吸收对原有技术进行改造升级，加速知识与技术的融合、创造和扩散（Zheng et al.，2021；Borowski，2021；Di Vaio et al.，2021）。同时，数字化转型促进企业间知识溢出，推进研发合作和模仿学习，加快企业间数字技术的学习和吸收，从而提高企业技术水平（Briel et al.，2018；Ode et al.，2020）。

H_1：数字化转型通过技术效应提高企业技术水平，进而促进企业 TFP 提升。

第二，数字化转型通过要素配置效应对企业 TFP 产生影响。一方面，数字化转型使得企业可以利用数据要素替代传统要素，进而提高要素配置效率。企业不仅可以利用数字技术或数字平台对劳动力要素和土地要素进行替代，还可以通过数字化改造或升级提高设备的自动化和标准化程度，进而对资本要素和技术要素产生替代（Ban et al.，2019）。另一方面，企业可以利用数据要素对原有生产要素组合重新进行优化配置。在劳动力要素方面，企业可以借助生产数据平台对劳动完成情况进行精确量化和场景分析，提升决策准确性并促进人机协作（Scuotto et al.，2021），进而优化劳动力配置（Giusti et al.，2020）。在资本要素方面，企业可以借助数据平台提供原材料实时库存和生产设备实时使用状况等资本要素数据，提高生产计划制订的效率和准确性，进而减少资本要素间的使用摩擦。在技术要素方面，企业可以借助工业互联网将消费需求信息赋能技术迭代过程，明确研发方向与真实需求偏差，修正技术筛选方向并摆脱技术惯性影响，进而提高企业研发效率（Borowski，2021）。

H_2：数字化转型通过要素配置效应优化企业要素配置，进而促进企业 TFP 提升。

第三，数字化转型通过成本效应对企业 TFP 产生影响。从企业生产成本来看，一方面，数字技术应用对劳动力产生一定的替代作用，减少相关从事重复性工作的劳动力，可能减少企业用工成本（Acemoglu et al.，2018）。另一方面，数字化能够提高采购流程透明度，整合多家供应商信息进行实时比价，从而降低原材料采购成本。从企业费用来看，首先，在财务费用方面，数字化转型提高企业信息透明度和信用等级，减少因信用溢价产生的融资成本（Adamides et al.，2020）。其次，在管理费用方面，数字化转型提高企业信息获取速度、范围和准确性，减少企业信息不对称问题，提高市场信息披露效率和质量，削弱管理者和控股股东的信息优势，从而减少代理成本和沟通成本（Park et al.，2017）。此外，企业借助数字技术平台跨越因地理空间导致的交易障碍，减少协调和交易成本（Broekhuizen et al.，2021b）。最后，在销售费用方面，数字化转型可以对客户行为模式进行数据分析，优化销售流程，完善数据驱动的销售方式，从而降低销售费用（Goldfarb et al.，2019; Marcon et al.，2022）。然而，数字化转型也可能增加企业成本。一方面，数字化转型前期需要投入大量软件、硬件及网络成本。另一方面，数字化转型过程需要对软件功能需求调研、标准化软件程序二次开发，以适合企业个性化需求以及各系统互通集成，而这些都需要大量数字化人力成本。

H_3：数字化转型通过成本效应降低企业成本，进而促进企业 TFP 提升。

7.4　基于微观企业数据的数字化转型与制造业全要素生产率

7.4.1　模型设计

本章构建如下计量模型检验数字化转型能否提升企业 TFP：

$$\text{tfp}_{it} = \alpha_{it} + \alpha_1 \text{digi}_{it} + \beta_j \text{controls}_{it} + \text{year} + \text{industry} + \varepsilon_{it} \tag{7-1}$$

其中，tfp_{it} 表示 i 企业 t 年的企业全要素生产率；digi 表示企业数字化转型程度；controls 代表控制变量；year 为年份虚拟变量；industry 为行业虚拟变量，分别表示年份固定效应和行业固定效应；ε_{it} 为误差项。若 α_1 为正且显著，则表示数字化转型能提升企业 TFP，反之亦然。为使统计推断结果更加稳健，本节使用聚类标准误估计回归模型。

7.4.2　变量选择

1. 被解释变量

被解释变量为企业 TFP。常用的估计方法主要有 LP 法（Levinsohn et al., 2003）、OP 法（Olley et al., 1996）、GMM 法（Blundell et al., 1998）以及索洛剩余法。OP 法和 LP 法均能够解决索洛剩余法的内生性问题，但是 OP 法存在遗漏样本问题，而 LP 法使用企业的中间品投入代替投资额作为代理变量，解决了样本缺失和联立偏差的问题。因此，本章选择 LP 法测度的企业 TFP 进行基准回归，并使用索洛剩余法、OP 法、GMM 法测算的企业 TFP 进行稳健性检验（表 7-1）。

2. 核心解释变量

核心解释变量为数字化转型指数 digi，我们通过文本挖掘和词频统计方法测度上市企业数字化转型程度（表7-1）。第一，按照数字化转型功能的实现，从底层技术运用和技术实践应用两个层面确定人工智能技术、区块链技术、云计算技术、大数据技术和数字技术应用五类关键词，对关键词进行补充，确定分词词典，形成图7-1的特征词图谱，共84个数字化的词汇。第二，通过 Python 爬虫功能归集整理了沪深交易所全部A股2010～2020年上市企业的年度报告，并将其转换为 txt 纯文本格式，然后将默认的STSong-Light 字体映射到可供识别的中文字体，并通过 Java PDFbox 库提取所有文本内容，形成数据池。第三，基于形成的数据池和自建的分词词典图谱，使用 Python 的"jieba"中文分词组件对所提取的文本进行分词处理，根据图 7-1 对特征词进行搜索、匹配和词频计数。同时，本节进一步对数据进行清洗，提取出相应关键词前后30个字，

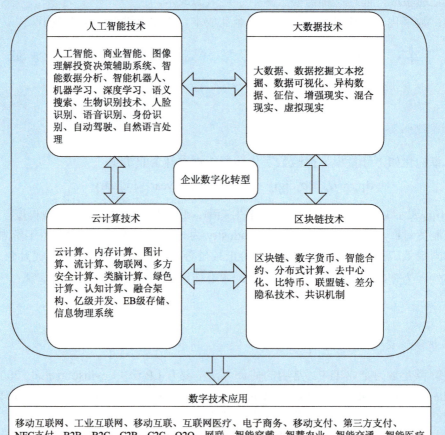

图 7-1　特征词图谱

剔除关键词前存在"没""无""不"等否定词语的表述，得到五类关键技术相关的词频并加总获得总词频。第四，为解决数据"右偏性"特征，本章对总词频进行对数化处理，从而得到刻画企业数字化转型程度的指标。

3. 控制变量

借鉴已有研究（Kallinikos et al.，2013；Peng et al.，2022），本章从三个维度选取控制变量（表 7-1）。首先，从企业基本特征维度，主要选取企业规模（size）、企业年龄（age）、总资产收益率（roa）和营业收入增长率（growth）四个变量。其次，从企业财务状况和投资机会维度，选取资产负债率（lev）、研发投入（rd）、流动比率（liquid）、企业价值（Tobin's Q）和股权集中度（largest）五个变量。最后，从高管团队和公司治理情况维度，选取独立董事比例（indep）和两职合一（dual）两个变量。

4. 中介变量

第一，技术效应。我们采用企业已授权的专利申请数量衡量技术效应。第二，要素配置效应。参考 Petrin 等（2013）的方法，本章利用总生产率增长模型构造衡量企业层面资本要素配置效率的指标（mis）。具体而言，我们采用资本边际产品价值（VMP）与资本边际成本（MC）的差值来表示两者之间的错配程度，然后取绝对值表示要素配置效率。其中，资本边际产品价值（VMP）采用收入与劳动人数的比值再取自然对数获得，资本边际成本（MC）采用财务和负债的比值表示。第三，成本效应。参考 Peng 等（2022）的方法，我们采用企业成本费用率指标衡量成本效应，具体计算公式：（主营业务成本+管理费用）/主营业务收入。中介变量说明见表 7-1。

表 7-1　变量说明

变量类型	变量名称	变量符号	变量测算
被解释变量	全要素生产率	tfp_lp	LP 法计算得出
		tfp_op	OP 法计算得出
		tfp_gmm	GMM 法计算得出
		tfp_ols	索洛剩余法计算得出
核心解释变量	数字化转型指数	digi	统计词频取自然对数
控制变量	企业规模	size	企业总资产取自然对数
	企业年龄	age	所处年份–企业成立年份+1
	总资产收益率	roa	企业净利润/企业总资产
	营业收入增长率	growth	本年营业收入增加额/上年营业收入
	资产负债率	lev	企业总负债/企业总资产
	研发投入	rd	研发投入金额取自然对数
	流动比率	liquid	流动资产/总资产
	企业价值	Tobin's Q	企业托宾 Q 值
	股权集中度	largest	企业前五位股东持股比例

续表

变量类型	变量名称	变量符号	变量测算
控制变量	独立董事比例	indep	企业独立董事人数/董事会人数
	两职合一	dual	董事长与总经理是否为一人
中介变量	技术效应	patent	专利申请数量
	要素配置效应	mis	边际产品价值（VMP）与边际成本（MC）之差
	成本效应	cost	成本费用率

7.4.3　数据和样本选择

本节选取 2010～2020 年沪深 A 股上市公司数据为初始研究样本，并对该样本进行如下筛选和处理：①剔除金融类上市企业；②剔除全部 ST 等特别处理公司；③剔除相关变量缺失严重的样本。同时，为降低变量异常值对研究结论的干扰，对模型中的连续变量进行 1%和 99%的缩尾处理，最终得到 28 365 个样本数据，共 3586 家上市企业。企业原始数据均源于 CSMAR 数据库，相关企业年报数据来自深圳证券交易所和上海证券交易所官方网站。本节主要变量的描述性统计及相关系数检验结果如表 7-2 所示。

表 7-2　主要变量的描述性统计和相关系数检验

	A: 描述性统计				
	(1)	(2)	(3)	(4)	(5)
变量	N	均值	标准差	最小值	最大值
tfp	28 365	9.314	0.815	7.685	11.948
digi	28 365	1.063	1.381	0.000	6.250
age	28 365	18.305	5.996	1.000	121.000
liquid	28 365	0.423	0.212	0.049	0.929
Tobin's Q	28 365	2.251	1.521	0.900	9.975
growth	28 365	0.175	0.420	−0.575	2.732
size	28 365	22.139	1.303	19.756	26.166
roa	28 365	0.038	0.063	−0.275	0.195
largest	28 365	59.034	15.472	1.310	101.160
dual	28 365	0.273	0.446	0.000	1.000
indep	28 365	0.381	0.072	0.250	0.600
rd	28 365	14.267	7.198	0.000	25.025
lev	28 365	0.423	0.212	0.049	0.929
	B: 相关系数检验				
	tfp			digi	
tfp	1.000				
digi	0.084***			1.000	

7.5　数字化转型对制造业全要素生产率的影响

7.5.1　基准回归

本章采用企业、年份以及行业固定效应方法对上述模型进行回归，回归结果如表 7-3 所示。列（1）为没有加入任何控制变量的回归结果，列（2）～列（4）分别为逐步加入企业基本特征维度、企业财务状况维度以及治理情况维度等控制变量的回归结果。结果显示，无论是否加入以上三个维度的控制变量，核心解释变量的回归系数均为正且至少通过 5% 的显著性检验，这说明数字化转型能显著提升企业 TFP。

表 7-3　基准回归结果

变量	（1） tfp	（2） tfp	（3） tfp	（4） tfp
digi	0.037 7***	0.014 9***	0.014 1**	0.014 1**
	(5.88)	(2.66)	(2.47)	(2.47)
age		0.002 5***	0.002 6***	0.002 6***
		(20.45)	(19.75)	(19.46)
size		0.179 3***	0.181 7***	0.181 7***
		(10.49)	(11.00)	(11.00)
roa		1.355 3***	1.409 7***	1.410 0***
		(15.33)	(15.22)	(15.23)
growth		0.197 9***	0.194 7***	0.194 6***
		(19.27)	(18.97)	(18.95)
lev			−4.093 6***	−4.048 9***
			(−3.23)	(−3.17)
rd			0.002 3**	0.002 3**
			(2.14)	(2.14)
liquid			4.169 7***	4.124 7***
			(3.26)	(3.20)
Tobin's Q			0.008 7*	0.008 6*
			(1.94)	(1.93)
largest			−0.000 1	−0.000 1
			(−0.07)	(−0.04)
indep				0.011 8
				(0.26)
dual				−0.013 3
				(−0.99)

续表

变量	(1) tfp	(2) tfp	(3) tfp	(4) tfp
_cons	10.883 9***	6.846 8***	6.760 1***	6.761 7***
	(114.81)	(17.95)	(18.45)	(18.36)
N	28 365	28 365	28 365	28 365
$R^2\_$a	0.140 2	0.271 9	0.273 3	0.273 3
企业固定效应	Yes	Yes	Yes	Yes
年份固定效应	Yes	Yes	Yes	Yes
行业固定效应	Yes	Yes	Yes	Yes

注：回归均采用聚类标准误估计，括号中为 t 检验值，***、**、*分别表示在1%、5%、10%水平上显著。

7.5.2 稳健性分析

1. 更换计量方法

为了进一步验证本章结论的稳健性，本章进行了以下稳健性检验。首先，将标准误聚类到行业层面，重新进行回归，结果见表 7-4 列（1）和列（2）。其次，考虑到企业数字化转型可能面临着融资约束和人力资本不足等困难，因此 TFP 更高的企业可能更倾向于进行数字化转型。为缓解可能存在的双向因果关系带来的内生性问题，本章将数字化指数分别滞后一期和两期重新进行回归，结果见表 7-4 列（3）和列（4）。比较发现，数字化指数的估计系数变大，说明数字化转型对 TFP 的影响具有滞后性。这意味着随着企业数字化转型的深入，其对 TFP 的正向影响程度逐渐加大。

表 7-4　稳健性检验结果

变量	(1) tfp	(2) tfp	(3) tfp	(4) tfp
digi	0.043 9***	0.019 4***		
	(5.57)	(2.87)		
L.digi			0.015 8***	
			(3.57)	
L2.digi				0.017 6***
				(3.75)
_cons	9.098 6***	4.880 2***	4.789 7***	4.778 6***
	(609.38)	(10.69)	(13.00)	(12.97)
N	28 365	28 365	28 365	28 365
$R^2\_$a	0.114 8	0.249 9	0.273 6	0.273 9
控制固定效应	No	Yes	Yes	Yes

续表

变量	（1）tfp	（2）tfp	（3）tfp	（4）tfp
企业固定效应	Yes	Yes	Yes	Yes
年份固定效应	Yes	Yes	Yes	Yes
行业固定效应	Yes	Yes	Yes	Yes

注：括号内为稳健标准误，***表示在1%水平上显著。

2. 工具变量检验

考虑到可能有来自度量误差、遗漏变量等内生性问题，本章参考 Ben-Nasr 等（2015）的做法，选取同行业同年度的企业数字化转型程度均值作为工具变量（iv），利用两阶段最小二乘法（2SLS）重新进行估计，估计结果见表 7-5。同时，关于弱工具变量的检验方法，第一阶段回归结果中的 F 值大于 10%水平上的临界值，且工具变量对数字化转型的回归系数均在 1%的水平上显著，说明选取的工具变量与内生变量满足相关性要求，较好地证明了不存在弱工具变量问题。二阶段回归结果显示，数字化转型对企业 TFP 的影响显著为正。因此，在考虑可能的内生性问题后，数字化转型对企业 TFP 的促进效应依然稳健。

表 7-5 工具变量回归结果

变量	（1）digi	（2）tfp
digi		0.122***
		(3.29)
iv	0.998***	
	(19.48)	
_cons	−2.829***	4.513***
	(−9.07)	(18.01)
Kleibergen-Paap rk LM	216.60***	
Kleibergen-Paap rk Wald F 统计量	341.44***	
	[16.38]	
Cragg-Donald Wald F 统计量	547.30***	
	[16.38]	
N	28 365	28 365
R^2_a	0.362	0.362
控制固定效应	Yes	Yes
企业固定效应	Yes	Yes
年份固定效应	Yes	Yes
行业固定效应	Yes	Yes

注：Kleibergen-Paap rk LM 检验的原假设是工具变量识别不足，若拒绝原假设说明工具变量是合理的，[ ]内为 Stock-Yogo 弱识别检验 10%水平上的临界值，括号内为稳健标准误，***表示在 1%水平上显著

3. 外生政策冲击

智慧城市政策为企业数字化转型带来资金和人才等要素的聚集，鼓励企业参与智慧城市建设并推动数字化转型。我们借助事件研究法对企业 TFP 进行共同趋势检验，结果发现通过共同趋势检验。因此，本章将智慧城市政策作为一项严格的外生政策冲击和准自然实验，构建多时点双重差分模型，考察其对企业 TFP 的干预效果。智慧城市政策在 2012、2013、2014 年分别出台第一批、第二批和第三批城市，因此，本章将处于智慧城市的企业设置为处理组，否则为对照组。同时，政策实施当年及以后年度为 1，否则为 0。回归结果见表 7-6，结果表明智慧城市的政策冲击显著提升了企业 TFP。

表 7-6　政策冲击回归结果

	（1）	（2）
	tfp	tfp
did	0.057 2***	0.032 1***
	（5.85）	（3.65）
_cons	8.773 3***	4.174 3***
	（237.47）	（43.67）
N	28 354	28 354
R^2_a	0.224 4	0.382 6
控制固定效应	No	Yes
企业固定效应	Yes	Yes
年份固定效应	Yes	Yes
行业固定效应	Yes	Yes

注：括号内为稳健标准误，***表示在 1%水平上显著。

4. 替换 TFP 测度方法

本章分别采用 OLS、OP 和 GMM 方法重新计算 TFP，然后进一步进行稳健性检验。首先，采用相关系数检验这四种 TFP 之间的可替换性，检验结果通过可替换性要求，如表 7-7 所示。稳健性检验结果如表 7-8 所示，结果与前文一致，说明本章结论具有较强的稳健性。

表 7-7　四种 TFP 相关系数表

变量	tfp_ols	tfp_op	tfp_lp	tfp_gmm
tfp_ols	1.000			
tfp_op	0.580***	1.000		
tfp_lp	0.717***	0.600***	1.000	
tfp_gmm	0.722***	0.585***	0.984***	1.000

注：***表示在 1%水平上显著。

表 7-8　稳健性检验：替换 TFP 测度方法

变量	(1) tfp_ols	(2) tfp_op	(3) tfp_gmm
digi	0.019 1***	0.005 6*	0.018 6***
	(4.41)	(1.70)	(3.25)
_cons	−2.299 1***	2.742 9***	5.501 3***
	(−7.51)	(13.46)	(14.54)
N	28 365	28 365	28 365
R^2_a	0.671 7	0.258 4	0.265 7
控制固定效应	Yes	Yes	Yes
企业固定效应	Yes	Yes	Yes
年份固定效应	Yes	Yes	Yes
行业固定效应	Yes	Yes	Yes

注：括号内为稳健标准误，***表示在 1%水平上显著。

7.5.3　传导机制检验

本章构建如下中介机制模型来考察数字化转型影响 TFP 的作用机制：

$$\text{tfp}_{it} = \alpha_{it} + \alpha_1 \text{digi}_{it} + \beta_j \text{controls}_{it} + year + industry + \varepsilon_{it} \quad (7\text{-}2)$$

$$\text{mediator}_{it} = \gamma_{it} + \gamma_1 \text{digi}_{it} + \delta_j \text{controls}_{it} + year + industry + \varepsilon_{it} \quad (7\text{-}3)$$

其中，mediator 表示中介变量，在机制分析中分别以发明专利数量（patent）、要素配置效率（mis）和成本费用率（cost）作为代理变量。中介机制检验的回归结果如表 7-9。回归结果显示，数字化转型可以通过技术效应提升企业技术水平，通过要素配置效应降低企业要素错配，通过成本效应降低企业生产成本。这些都有利于企业提升 TFP，从而验证了理论假设。

表 7-9　中介机制检验结果

变量	(1) tfp	(2) patent	(3) mis	(4) cost
digi	0.014 1**	0.229 5**	−0.034 6**	−0.003 3***
	(2.47)	(2.53)	(−2.56)	(−2.82)
_cons	4.761 7***	−15.318***	17.522***	2.487***
	(12.93)	(−3.49)	(15.65)	(11.97)
N	28 365	28 365	28 350	28 365
R^2_a	0.273	0.010	0.157	0.231
控制固定效应	Yes	Yes	Yes	Yes

续表

变量	（1） tfp	（2） patent	（3） mis	（4） cost
企业固定效应	Yes	Yes	Yes	Yes
年份固定效应	Yes	Yes	Yes	Yes
行业固定效应	Yes	Yes	Yes	Yes

注：括号内为标准误，**、***分别表示在5%、1%水平上显著。

7.5.4　异质性分析

考虑到不同产权性质、不同技术水平、不同行业污染程度以及不同规模的企业，数字化转型可能对不同类型企业 TFP 的影响不同，因此本章进行异质性分析。

1. 产权性质异质性分析

从企业产权异质性来看，国有企业和非国有企业可能在发展目标、组织结构和激励机制等方面存在差异，数字化转型对不同所有制企业 TFP 的影响效果可能有所不同。因此，本章分别对不同所有制企业子样本进行回归，回归结果如表 7-10 所示。结果显示，数字化转型对国有企业 TFP 的提升作用并不明显，对非国有企业 TFP 的提升作用显著。其中，从技术效应来看，数字化转型能显著提升非国有企业的技术水平，而对国有企业不显著。从要素配置效应来看，相对于非国有企业，数字化转型更能显著降低国有企业的要素错配程度，提高要素配置效率。从成本效应来看，数字化转型能显著降低非国有企业成本，而对国有企业不显著。从技术效应来看，国有企业数字化转型过程中绩效考

表 7-10　产权异质性分析

变量	国有企业				非国有企业			
	（1） tfp	（2） patent	（3） mis	（4） cost	（5） tfp	（6） patent	（7） mis	（8） cost
digi	0.012 0	0.204 9	−0.061 1**	−0.004 6	0.013 0**	0.203 9*	−0.015 2*	−0.003 5**
	(1.29)	(1.22)	(−2.53)	(−0.82)	(2.03)	(1.86)	(−1.95)	(−2.41)
_cons	5.540 9***	−15.984*	19.084***	1.917***	4.459 6***	−15.488***	15.599***	2.708***
	(8.76)	(−1.95)	(12.40)	(6.43)	(10.45)	(−2.76)	(13.60)	(12.44)
N	1052 9	10 529	10 527	10 529	17 836	17 836	17 823	17 836
R^2_a	0.244	0.008	0.131	0.245	0.299	0.009	0.172	0.237
控制固定效应	Yes	Yes	Yes	Yes	Yes	Yes	Yes	Yes
企业固定效应	Yes	Yes	Yes	Yes	Yes	Yes	Yes	Yes
时间固定效应	Yes	Yes	Yes	Yes	Yes	Yes	Yes	Yes
行业固定效应	Yes	Yes	Yes	Yes	Yes	Yes	Yes	Yes

注：括号内为稳健标准误，*、**、***分别表示在10%、5%、1%水平上显著。

核和激励机制不够灵活，缺乏高质量人力资本，因此，数字化对其技术创新缺乏足够的激励。从成本效应来看，数字化转型难以明显提高国有企业技术水平，不利于降低企业生产成本和销售费用。同时，国有企业从事相关工作活动的人力资本变动小，改善劳动力人员结构缓慢。因此，数字化转型降低国有企业成本效应不显著。

2. 高新技术企业异质性分析

从企业科技属性来看，高新技术企业和非高新技术企业可能在研发能力、基础资源和能力等方面存在差异，数字化转型对不同科技属性企业 TFP 的影响效果可能有所不同。因此，本章分别对子样本进行回归，回归结果如表 7-11 所示。结果显示，数字化转型对高新技术企业 TFP 的提升作用并不明显，对非高新技术企业 TFP 的提升作用明显。其中，从技术效应来看，数字化转型能显著提升非高新技术企业的技术水平，而对高新技术企业提升作用不明显。从要素配置效应来看，数字化转型提升非高新技术企业的要素配置效率更明显。从成本效应来看，数字化转型能显著降低高新技术企业成本，而对非高新技术企业不明显。

表 7-11　技术异质性分析

变量	高新技术企业				非高新技术企业			
	(1)	(2)	(3)	(4)	(5)	(6)	(7)	(8)
	tfp	patent	mis	cost	tfp	patent	mis	cost
digi	0.004 8	0.156 8	−0.031 4*	−0.007 5*	0.019 1***	0.198 9**	−0.040 4**	0.003 8
	(0.80)	(0.91)	(−1.84)	(−1.95)	(2.58)	(2.51)	(−2.38)	(0.90)
_cons	5.441 0***	−12.711	21.506***	1.756***	4.914 8***	−11.493***	16.336***	2.717***
	(13.74)	(−1.46)	(20.16)	(7.20)	(10.38)	(−3.56)	(12.00)	(10.30)
N	10 935	10 935	10 934	10 935	17 430	17 430	17 416	17 430
R^2_a	0.358	0.007	0.182	0.212	0.240	0.011	0.138	0.244
控制固定效应	Yes	Yes	Yes	Yes	Yes	Yes	Yes	Yes
企业固定效应	Yes	Yes	Yes	Yes	Yes	Yes	Yes	Yes
时间固定效应	Yes	Yes	Yes	Yes	Yes	Yes	Yes	Yes
行业固定效应	Yes	Yes	Yes	Yes	Yes	Yes	Yes	Yes

注：括号内为标准误，*、**、***分别表示在 10%、5%、1%水平上显著。

从技术效应来看，高新技术企业由于信息技术水平比较高，技术革新速度相对较快，技术创新对数字化转型的依赖程度相对较低，进而使得数字化转型对其技术创新的影响不显著。从成本效应来看，相对于高新技术企业，数字化转型提升非高新技术企业技术水平需要付出更多的成本。同时，非高新技术企业数字化转型过程中需要更多数字化人力及软件、硬件成本。

3. 污染企业异质性分析

从企业所处行业污染程度来看，清洁行业和污染行业可能在设备更换容易度、数据要素流动性等方面存在差异，数字化转型对不同污染程度行业的企业 TFP 的影响效果可能有所不同。依据中国证券监督委员会 2012 年修订的《上市公司行业分类指引》，将企业分为污染行业和清洁行业两种类型，污染行业主要包括煤炭、采矿、纺织制革、造纸、石化、制药、化工、冶金、火电等 16 个重污染行业，其他行业为清洁行业。因此，本章分别对清洁行业和污染行业的子样本企业进行回归，回归结果如表 7-12 所示。结果显示，数字化转型均能显著提升清洁行业和污染行业的 TFP，对污染行业的提升作用更明显。其中，从技术效应来看，数字化转型对清洁行业技术效应的促进作用更强。从要素配置效应来看，数字化转型能显著提高清洁行业要素配置效率，而对污染行业不显著。从成本效应来看，数字化转型能显著降低清洁行业成本效应，而对污染行业不显著。

表 7-12　污染异质性分析

变量	清洁行业				污染行业			
	(1)	(2)	(3)	(4)	(5)	(6)	(7)	(8)
	tfp	patent	mis	cost	tfp	patent	mis	cost
digi	0.013 6*	0.195 7*	−0.046***	−0.008**	0.025 4***	0.050 6*	0.010 4	0.008
	(1.88)	(1.66)	(−3.01)	(−2.32)	(2.73)	(1.73)	(0.42)	(1.40)
_cons	6.391***	−15.810***	16.415***	2.680***	6.858 2***	−3.487**	19.555***	1.806***
	(13.89)	(−2.69)	(11.95)	(11.13)	(11.68)	(−2.08)	(12.86)	(5.35)
N	19 231	19 231	19 221	19 231	9134	9134	9129	9134
R^2_a	0.261	0.011	0.155	0.214	0.297	0.006	0.156	0.260
控制固定效应	Yes	Yes	Yes	Yes	Yes	Yes	Yes	Yes
企业固定效应	Yes	Yes	Yes	Yes	Yes	Yes	Yes	Yes
时间固定效应	Yes	Yes	Yes	Yes	Yes	Yes	Yes	Yes
行业固定效应	Yes	Yes	Yes	Yes	Yes	Yes	Yes	Yes

注：括号内为标准误，*、**、***分别表示在10%、5%、1%水平上显著。

从要素配置效应来看，污染行业发展过程中存在较强的路径依赖，使得生产要素难以从污染部门转移到其他部门，这就使得数字化转型对污染行业要素配置效应不显著。从成本效应来看，相较于清洁行业而言，污染企业数字化转型更难，前期投入更高。同时，数字化转型未显著提高污染企业要素配置效率，使得数字化转型对污染企业成本降低效应不显著。

4. 企业规模异质性分析

从企业规模来看，大型企业和中小型企业可能在市场竞争能力、研发资金和创新意识等方面存在差异，数字化转型对不同规模企业 TFP 的影响效果可能有所不同。根据《中华人民共和国中小企业促进法》中按照营业收入和从业人员的分类企业规模的标准①，本章将企业分为大型企业和中小型企业两种类型。回归结果如表 7-13 所示。结果显示，数字化转型能显著提升大型企业的 TFP，而对小型企业的 TFP 提升作用不明显。其中，从技术效应来看，数字化转型能显著提高大型企业技术水平，而对中小型企业不明显。从要素配置效应来看，数字化转型能显著提升大型企业要素配置效率，而对小规模企业不显著。从成本效应来看，数字化转型能显著降低大型企业成本，而对小规模企业不显著。

表 7-13　规模异质性分析

变量	大型企业				中小型企业			
	(1)	(2)	(3)	(4)	(5)	(6)	(7)	(8)
	tfp	patent	mis	cost	tfp	patent	mis	cost
digi	0.010 4*	0.182 4*	−0.025 6*	−0.003***	0.014 2	0.152 7	−0.008	0.006 9
	(1.85)	(1.74)	(−1.72)	(−2.64)	(0.99)	(0.98)	(−0.60)	(0.84)
_cons	4.234***	−16.098***	18.760***	2.351***	3.932***	−1.607	2.184**	2.355***
	(12.12)	(−3.00)	(21.33)	(11.94)	(4.46)	(−0.26)	(2.44)	(5.08)
N	22 771	22 771	22 762	22 771	5594	5594	5588	5594
R^2_a	0.317	0.009	0.154	0.228	0.226	0.002	0.095	0.178
控制固定效应	Yes	Yes	Yes	Yes	Yes	Yes	Yes	Yes
企业固定效应	Yes	Yes	Yes	Yes	Yes	Yes	Yes	Yes
时间固定效应	Yes	Yes	Yes	Yes	Yes	Yes	Yes	Yes
行业固定效应	Yes	Yes	Yes	Yes	Yes	Yes	Yes	Yes

注：括号内为标准误，*、**、***分别表示在 10%、5%、1%水平上显著。

从技术效应来看，中小型企业数字化转型难度大，失败风险高，同时缺乏相应的数字化人才，这就使得数字化转型对中小型企业技术创新不明显。从要素配置效应来看，

---

① 根据《中华人民共和国中小企业促进法》分类，大型企业是指营业收入不低于 4 亿元，且从业人数不低于 1000 人的企业。

中小型企业本身生产要素少，数字化转型过程中企业要素需要配置的空间较小，因此数字化转型对中小型企业要素改善效应不显著。从成本效应来看，中小型企业数字化转型需要一定的前期投入，而数字化转型对其成本降低空间有限，因此数字化转型对中小型企业成本效应不明显。

7.6　结论与启示

本章理论分析并实证考察了数字化转型对企业 TFP 的影响及其作用机制，结果显示，数字化转型能够通过技术效应、要素配置效应和成本效应促进企业 TFP 提升。异质性分析显示，数字化转型对非国有企业、非高新技术企业、大型企业以及污染行业的 TFP 提升作用更为明显。

基于以上分析，本章得出以下启示：第一，从技术效应来看，企业应将数字化融入原有组织体系，对制造、产品开发以及生产等环节进行数字化改造，从而引发企业流程和组织体系的数字化变革。同时，企业还可以利用数字技术搭建创新平台，如数字化信息共享平台、线上融资交易平台、数据驱动和数字技术平台，赋能更多参与者参与创新流程。

第二，从要素配置效应来看，企业通过数字化开放数据门户，增强企业数据驱动的能力，从而使劳动工具智能化并设置系统参数自动排查，推动数据要素对传统要素替代，打破传统要素组合方式。同时，数据要素通过赋能劳动力、资本和技术传统生产要素，对劳动力要素进行精确量化和场景分析并促进人机协作，获取原材料库存和生产设备等资本要素使用状况，修正技术方向并填补技术空白，进而产生指数级激发效应并提高要素配置效率。

第三，从成本效应来看，数字化转型企业通过建立专业的采购平台和比价平台，提高采购效率，降低企业生产成本。同时，通过数字网络打破企业信息交互的时空限制，建立客户和供应商实时在线的交易连接，包括合同、订单、物流以及结算等方面协同，实现供需双方实时双向反馈，从而降低企业管理和销售费用。

参 考 文 献

Acemoglu D, Restrepo P. 2018. The race between man and machine: Implications of technology for growth, factor shares, and employment[J]. American Economic Review, 108(6): 1488-1542.

Adamides E, Karacapilidis N. 2020. Information technology for supporting the development and maintenance of open innovation capabilities[J]. Journal of Innovation & Knowledge, 5(1): 29-38.

Aghion P, Jones B F, Jones C I. 2018. Artificial Intelligence and Economic Growth: The Economics of Artificial Intelligence: An Agenda[M]. University of Chicago Press.

AlNuaimi B K, Singh S K, Ren S, et al. 2022. Mastering digital transformation: The nexus between leadership, agility, and digital strategy[J]. Journal of Business Research, 145: 636-648.

Ban G Y, Rudin C. 2019. The big data newsvendor: Practical insights from machine learning[J]. Operations Research, 67(1): 90-108.

Ben-Nasr H, Boubaker S, Rouatbi W. 2015. Ownership structure, control contestability, and corporate debt maturity[J]. Journal of Corporate Finance, 35: 265-285.

Björkdahl J. 2020. Strategies for digitalization in manufacturing firms[J]. California Management Review, 62(4): 17-36.

Blundell R, Bond S. 1998. Initial conditions and moment restrictions in dynamic panel data models[J]. Journal of Econometrics, 87(1): 115-143.

Borowski P F. 2021. Innovation strategy on the example of companies using bamboo[J]. Journal of Innovation and Entrepreneurship, 10(1): 1-17.

Briel F, Recker J, Davidsson P. 2018. Not all digital venture ideas are created equal: Implications for venture creation processes[J]. The Journal of Strategic Information Systems, 27(4): 278-295.

Broekhuizen T L, Broekhuis M, Gijsenberg M J, et al. 2021a. Introduction to the special issue–digital business models: A multi-disciplinary and multi-stakeholder perspective[J]. Journal of Business Research, 122: 847-852.

Broekhuizen T L, Emrich O, Gijsenberg M J, et al. 2021b. Digital platform openness: Drivers, dimensions and outcomes[J]. Journal of Business Research, 122: 902-914.

Brynjolfsson E, Hitt L M. 2003. Computing productivity: Firm-level evidence[J]. Review of Economics and Statistics, 85(4): 793-808.

Brynjolfsson E, Rock D, Syverson C. 2018. Artificial intelligence and the modern productivity paradox: A clash of expectations and statistics[R]. In The economics of artificial intelligence: An agenda.

Cuevas-Vargas H, Aguirre J, Parga-Montoya N. 2022. Impact of ICT adoption on absorptive capacity and open innovation for greater firm performance. The mediating role of ACAP[J]. Journal of Business Research, 140: 11-24.

Di Vaio A, Palladino R, Pezzi A, et al. 2021. The role of digital innovation in knowledge management systems: A systematic literature review[J]. Journal of Business Research, 123: 220-231.

Du X, Jiang K. 2022. Promoting Enterprise Productivity: The Role of Digital Transformation[J]. Borsa Istanbul Review, 22(6): 1165-1181.

Ferreira J J, Fernandes C I, Ferreira F A. 2019. To be or not to be digital, that is the question: Firm innovation and performance[J]. Journal of Business Research, 101: 583-590.

Giusti J D, Alberti F G, Belfanti F. 2020. Makers and clusters: Knowledge leaks in open innovation networks[J]. Journal of Innovation & Knowledge, 5(1): 20-28.

Goldfarb A, Tucker C. 2019. Digital economics[J]. Journal of Economic Literature, 57(1): 3-43.

Gölzer P, Fritzsche A. 2017. Data-driven operations management: Organisational implications of the digital transformation in industrial practice[J]. Production Planning & Control, 28(16): 1332-1343.

Ilvonen I, Thalmann S, Manhart M, et al. 2018. Reconciling digital transformation and knowledge protection: A research agenda[J]. Knowledge Management Research & Practice, 16(2): 235-244.

Jafari-Sadeghi V, Garcia-Perez A, Candelo E, et al. 2021. Exploring the impact of digital transformation on technology entrepreneurship and technological market expansion: The role of technology readiness, exploration and exploitation[J]. Journal of Business Research, 124: 100-111.

Kallinikos J, Aaltonen A, Marton A. 2013. The ambivalent ontology of digital artifacts[J]. Mis Quarterly, 37(2): 357-370.

Levinsohn J, Petrin A. 2003. Estimating production functions using inputs to control for unobservables[J]. The Review of Economic Studies, 70(2): 317-341.

Li H, Wu Y, Cao D, et al. 2021. Organizational mindfulness towards digital transformation as a prerequisite of information processing capability to achieve market agility[J]. Journal of Business Research, 122: 700-712.

Marcon É, Le Dain M A, Frank A G. 2022. Designing business models for Industry 4. 0 technologies provision: Changes in business dimensions through digital transformation[J]. Technological Forecasting and Social Change, 185: 122078.

Nambisan S, Wright M, Feldman M. 2019. The digital transformation of innovation and entrepreneurship: Progress, challenges and key themes[J]. Research Policy, 48(8): 103773.

Niu Y, Wen W, Wang S, Li S. 2023. Breaking barriers to innovation: The power of digital transformation[J]. Finance Research Letters, 51: 103457.

Ode E, Ayavoo R. 2020. The mediating role of knowledge application in the relationship between knowledge management practices and firm innovation[J]. Journal of Innovation & Knowledge, 5(3): 210-218.

Olley S, Pakes A. 1992. The dynamics of productivity in the telecommunications equipment industry[J]. Econometrica, 64: 1263-1297.

Ozili P K. 2018. Impact of digital finance on financial inclusion and stability[J]. Borsa Istanbul Review, 18(4): 329-340.

Park Y, Sawy O E, Fiss P. 2017. The role of business intelligence and communication technologies in organizational agility: A configurational approach[J]. Journal of the Association for Information Systems, 18(9): 1.

Peng Y, Tao C. 2022. Can digital transformation promote enterprise performance?—From the perspective of public policy and innovation[J]. Journal of Innovation & Knowledge, 7(3): 100198.

Petrin A, Sivadasan J. 2013. Estimating lost output from allocative inefficiency, with an application to Chile and firing costs[J]. Review of Economics and Statistics, 95(1): 286-301.

Porfírio J A, Carrilho T, Felício J A, et al. 2021. Leadership characteristics and digital transformation[J]. Journal of Business Research, 124: 610-619.

Scuotto V, Nicotra M, Del Giudice M, et al. 2021. A microfoundational perspective on SMEs′ growth in the digital transformation era[J]. Journal of Business Research, 129(10): 382-392.

Solow R. 1987. We'd better watch out[J]. New York Times Book Review, 36: 36.

Usai A, Fiano F, Petruzzelli A M, et al. 2021. Unveiling the impact of the adoption of digital technologies on firms′ innovation performance[J]. Journal of Business Research, 133(4): 327-336.

Verhoef P C, Broekhuizen T, Bart Y, et al. 2021. Digital transformation: A multidisciplinary reflection and research agenda[J]. Journal of Business Research, 122: 889-901.

Warner K S, Wäger M. 2019. Building dynamic capabilities for digital transformation: An ongoing process of strategic renewal[J]. Long Range Planning, 52(3): 326-349.

Wen H, Wen C, Lee C C. 2022. Impact of Digitalization and Environmental Regulation on Total Factor Productivity[J]. Information Economics and Policy, 61: 101007.

Zhang T, Shi Z Z, Shi Y R, et al. 2022. Enterprise digital transformation and production efficiency: Mechanism analysis and empirical research[J]. Economic Research-Ekonomska Istraživanja, 35(1): 2781-2792.

Zhang Z, Jin J, Li S, et al. 2023. Digital transformation of incumbent firms from the perspective of portfolios of innovation[J]. Technology in Society, 72: 102149.

Zheng Y, Han W, Yang R. 2021. Does government behaviour or enterprise investment improve regional innovation performance?—Evidence from China[J]. International Journal of Technology Management, 85(2-4): 274-296.

撰稿人：程中华
审稿人：李廉水

第8章 互联网平台与企业高质量发展

8.1 互联网平台与企业高质量发展的研究背景

"十四五"时期,党和国家明确提出,全力推进高质量发展是我国经济社会发展的主题,并指出互联网技术成为经济高质量发展的重要助推器,企业高质量发展则是经济高质量发展的微观基础。互联网的时代现已到来,企业高质量发展离不开智能和数字赋能,因此私营企业应积极抓住发展机遇,引入先进管理手段,适应时代发展的需要,进而促进自身和社会经济高质量(郭锦辉,2022)。在互联网时代背景和高质量发展愿景下,互联网平台是否促进私营企业高质量发展,成为值得深入探讨的问题。

现阶段,以互联网平台为媒介的互联网技术对传统行业的再造研究成为国内外学者研究热点。互联网技术对企业高质量发展的有利影响主要体现在促进企业转型升级、出口升级、商业模式创新,以及内部控制管理优化升级。对企业转型升级而言,"互联网+"技术结合新生代技术手段和各行各业跨界融合(马化腾等,2015),能提升企业服务和运作效率,促进制造型企业和传统行业转型升级,并朝智能化方向发展(Porter et al.,2016)。与此同时,互联网工具更促进生产技术与商业模式呈现协同创新(吴群,2017),生产技术创新不仅提高了企业全要素生产率,还进一步持续地促进企业出口升级(戴美虹等,2020)。商业模式创新则是带来了组织结构网络化、营销模式精准化、生产模式模块化、研发模式开放化以及用工模式弹性化等多个方面的新兴发展趋势(戚聿东等,2015)。此外,从价值创造(罗珉等,2015)和商业模式生命周期视角(Muzellec et al.,2015)来看,企业在信息和通信技术(ICT)与互联网工具支持下的商业模式的安排能力成为企业市场成功的必要战略资源。相对于商业模式创新而言,内部控制管理优化升级体现在企业各类生产成本降低,改善企业供应链绩效,如互联网通过降低调整成本等中介渠道来抑制企业成本黏性(赵璨等,2020);互联网工具能够提高业务流程效率和改善供应链绩效(Vereecke et al.,2016),还通过促进供应链整合、提升创新能力和促进市场竞争等渠道显著地降低了库存水平并提高经营绩效(何小钢等,2021)。

不过,部分学者也指出了互联网平台或技术对企业高质量发展造成一定阻碍,主要表现为互联网平台垄断势力所带来的负面影响,如对企业转型升级和合理竞争秩序产生了不利影响。虽提高了生产效率,但同时也带来了非技术、资本密集型企业的员工失业风险。出现赢者通吃和锁定效应现象,随后形成垄断势力(Bertani et al.,2021)。互联网平台成为资本追求利润的数字化和集约化形式,其潜在的危险被社会收益所掩盖(徐敬宏等,2022)。

本章拟使用 2016 年第十二次中国私营企业调查数据进行经验分析,探讨互联网平台这一新兴技术工具对中国私营企业高质量发展的影响,本章认为互联网平台所产生的影响主要体现在以下三个方面:第一,互联网平台的有效实施能够促进企业经营业绩的增长;第二,互联网平台的实际应用能够有效促进企业绿色可持续发展;第三,互联网平台的有效实施能够提升企业创新水平。本章旨在通过实证分析来检验上述三个方面,还旨在为处于高利润与低利润行业企业,东、中、西部地区企业,大中小型规模企业进行数字转型升级、互联网平台应用与搭建、数字平台与传统业态深度融合提供具有针对性的参考价值。

8.2 互联网平台与企业高质量发展的理论分析与研究假设

企业高质量发展是指企业追求高水平、高层次和高效率的经济和社会价值创造,以及塑造卓越的企业持续成长和持续创造能力的目标状态和发展范式(黄速建等,2018)。随着互联网的影响逐渐渗透到生产领域,互联网平台逐渐成为企业追求高质量发展的重要动能。基于对企业高质量发展的定义并借鉴陈锦强(2021)的研究思路,本章通过企业经营绩效、企业绿色发展、企业创新水平三个维度来分析互联网平台对企业高质量发展的促进机制。

1. 互联网平台与企业经营业绩

互联网平台与企业生产、管理、营销、招聘、服务以及业务合作的快速融合,促进企业优化管理、提升运作效率,降低运营成本,进一步刺激企业经营业绩的增长,随之更产生规模经济效应和范围经济效应。李海舰等(2014)指出,互联网工具能够缓解信息不对称这一问题,降低生产者和消费者的搜寻、匹配、信任以及交易成本,使得市场交易双方实现共赢。杨德明等(2018)、Bertschek 等(2013)学者分别使用中国上市公司数据、欧洲经济研究中心 ZEW ICT 调查中德国制造和服务业企业数据,均实证发现互联网应用能够促进企业经营业绩显著提升,并指出差异化和盈余质量是互联网促进企业业绩提升的有效中介变量。包耀东等(2020)利用统计年鉴研究发现互联网可以降低管理与销售费用、增加新产品,进一步提升企业经营绩效,并且利用研发投入进行门槛回归后,发现互联网对经营绩效的影响具有双门槛效应。Rymaszewska 等(2017)通过案例研究发现物联网技术的应用,在拓展企业产品服务链的基础上可以提高企业盈利能力。故此,作为互联网时代新兴工具的互联网平台,如网站、微博、各类 APP,对企业内部管理优化、办公跨部门跨时间跨地理协作、实现精准营销、降低售后服务成本、培养稳定客户等方面都有着一定促进作用,在提升运作效率的同时,提高企业经济效益。根据上述分析,本章提出如下研究假设:

H_1：互联网平台的有效实施能够促进企业经营业绩的增长。

2. 互联网平台与企业绿色发展

如今国家大力提倡绿色发展，随着互联网时代信息快速传播和资源环境持续恶化，绿色发展和提升环保意识成为企业和消费者的共识，环境经济价值愈显，政武经（2019）指出，以实现高质量发展为目标的民营企业，应当坚持发展绿色化，主动创新生产环境治理技术，推动清洁生产和绿色产品研发量产。廖进球等（2021）利用中国民营企业数据实证研究发现互联网应用通过技术水平提升和品牌形象改善两种机制促进企业环保投入，进而促进企业实现绿色转型。Ozcan 等（2017）通过 20 个新兴经济体的数据实证研究发现作为 ICT 代理的互联网应用能够降低 CO_2 排放，促进节能减排。张三峰等（2019）利用源于世界银行的中国制造业企业调查数据实证研究发现在生产运营过程中，ICT 应用程度越高，企业能源消耗减少越多，在降低企业能源强度的同时，促进企业向高质量发展转型。因此，在企业追求绿色发展的过程中，互联网提供了尖端技术支持，企业能够及时准确了解能源利用效率，优化配置要素，互联网更促进环保监测与污染监督技术进步，倒逼企业进行治污投资并将绿色作为发展目标。根据上述分析，本章提出如下研究假设：

H_2：互联网平台的实际应用能够有效促进企业绿色可持续发展。

3. 互联网平台与企业创新水平

互联网不仅能够丰富企业研发部门的创新投入，而且能够变革企业战略部门的创新模式，故互联网能够促进企业进一步创新发展。Wang 等（2022）从知识管理视角研究发现面向消费者和企业的数字平台能力均能通过知识共享促进企业服务创新。张伯旭等（2017）指出"互联网＋"本质是新兴信息技术对互联网及其他各经济部门的渗透和融合，其提高了创新能力和生产效率，由于互联网会产生复杂、漫长的创新过程，因此企业创新需要在技术和产品等维度循序渐进。刘杨程（2021）从阶段性和持续性发展水平两个维度出发，通过中介效应三步法研究发现"互联网＋"对企业高质量发展产生双重影响，即互联网能够提升企业创新投入强度，降低成本投入占比。王金杰等（2018）、佟家栋等（2019）、沈国兵等（2020）都通过实证研究验证了互联网对企业创新有一定促进作用，包括企业独立创新和协同创新，并且在参与互联网化的低生产率企业作用尤为显著，互联网更放大了研发投入对创新的积极效应。根据上述分析，本章提出如下研究假设：

H_3：互联网平台的有效实施能够提升企业创新水平。

8.3   基于私营企业调查数据的互联网平台与企业高质量发展研究

8.3.1   数据来源与样本选择

本章使用的数据源于中国私营企业调查[①]（CPES），其在经济学、社会学、管理学、政治学界有着广泛的影响和高质量的产出（陈光金等，2018）。本章使用 CPES 官网公布的最新的 2016 年第十二次调查数据，样本数为 8083 家中国私营企业。本次调查使用全民营企业名录作为抽样框，通过严格的目录抽样，使得在代表性上达到新的优度（黄送钦等，2021）。由于企业家填写问卷时，存在"不适用"和"拒绝回答"情形，故此对异常数据进行重新变量定义为缺失值，并为保证实证结论的可信度，避免极端值所产生的影响，本章对所有连续变量进行了上下 1%的缩尾处理。

8.3.2   模型建立与变量定义

基于理论分析与研究假设，为验证互联网平台对企业高质量发展的影响，本章建立如下计量模型：

$$Y_i = \alpha_0 + \alpha_1 \text{Inter\_plat}_i + \sum_{j=1}^{8} \beta_j Z_i + \varepsilon_i \qquad (8\text{-}1)$$

其中，Y_i 是被解释变量，包括 Perfor_i，Green_i，Innov_i，分别代表企业经营业绩、企业绿色发展以及企业创新水平；Inter_plat_i 是核心解释变量，表示互联网平台实施程度；Z_i 表示影响企业高质量发展的其他控制变量；ε_i 表示随机扰动项。

第一，被解释变量包括企业经营业绩（Perfor）、企业绿色发展（Green）、企业创新水平（Innov）。参考包耀东等（2020）、郑丹辉等（2015）的研究，本章利用净利润[②]来衡量经营业绩，为使得回归系数的经济含义易于解读，将净利润的原始数值加 1 后取自然对数。参考廖进球等（2021）、张三峰（2020）的研究，本章利用治理污染投资金额[③]来衡量企业绿色发展，并将企业所填的治理污染投资金额加 1 后取自然对数。参考佟家栋等（2020）、林志帆等（2021）的研究，本章利用是否有研发投资[④]来衡量企业创新水平进，建立二元指标。

第二，核心解释变量是互联网平台实施程度（Inter_plat）。参考赵璨等（2020）、杨

[①] 中国私营企业调查（Chinese Private Enterprise Survey, CPES）由来自中共中央统战部、全国工商联、国家市场监督管理总局、中国社会科学院、中国民营经济研究会的同志组成的私营企业研究课题组主持进行，该调查每两年一次，覆盖了 31 个省（自治区、直辖市，不含港澳台）的不同行业，在国内按约万分之五的比例进行分层抽样调查，数据质量较高且具备抽样代表性。

[②] 净利润对应问卷题："2015 年您企业的利润状况：A. 2015 年企业净利润为___万元"。

[③] 治理污染投资金额对应问卷题："您的企业 2015 年有关环境污染方面的费用有多少？（没有请填 0）：A. 治理污染投入___万元"。

[④] 是否有研发投资对应问卷题："新增投资的主要方向有：（2）新产品研发"。

德明等（2018）的研究，本章采用打分的形式来度量互联网平台实施程度①。由于 Inter_plat 对应的题器为多项选择，因此，本章对 Inter_plat 的打分方式如下所示，若九项全部应用，则 Inter_plat 为 9 分；应用其中任意八项，则 Inter_plat 为 8 分；应用其中任意七项，Inter_plat 为 7 分；应用其中任意六项，则 Inter_plat 为 6 分；应用其中任意五项，则 Inter_plat 为 5 分；应用其中任意四项，则 Inter_plat 为 4 分；应用其中任意三项，则 Inter_plat 为 3 分；应用其中任意两项，则 Inter_plat 为 2 分；应用其中任意一项，则 Inter_plat 为 1 分。结合题器和打分规则可知，在"互联网+"时代背景之下，企业互联网平台的使用数量显然是衡量互联网平台实施程度的适宜变量。

第三，控制变量包括企业规模（Size）、原材料成本（Material）、能源消耗强度（Energy）、投资额（Invest）、企业年龄（Age）、企业主年龄（Entr_age）、企业是否上市（Ipo）、企业主性别（Male）②。为提高估计效率、减少遗漏变量，本章参考杨德明等（2018）、黄送钦等（2021）、林志帆等（2021）、孙颖等（2021）的研究，分别引入企业规模、企业新增投资额、企业是否上市、企业主年龄、企业主性别以及企业年龄作为控制变量；此外，本章还引入能源消耗强度和原材料成本作为控制变量。表 8-1 总结了各变量的名称、符号以及定义。

表 8-1　主要变量定义

变量名称	变量符号	变量定义
企业经营业绩	Perfor	被解释变量 1，净利润的原始数值加 1 后取自然对数
企业绿色发展	Green	被解释变量 2，治理污染投资金额加 1 后取自然对数
企业创新水平	Innov	被解释变量 3，二元指标，有研发投资取 1，相反取 0
互联网平台实施程度	Inter_plat	核心解释变量，定义值加 1 取自然对数
企业规模	Size	企业填报的企业净资产样本值加 1 取自然对数
原材料成本	Material	企业填报的原料成本比例样本值乘营业收入所得数加 1 取自然对数
能源消耗强度	Energy	企业填报的能源成本比例样本值加 1 取自然对数
投资额	Invest	企业填报的新增投资额（万元）样本值加 1 取自然对数
企业年龄	Age	企业成立年限样本值加 1 取自然对数
企业主年龄	Entr_age	调查年份减去出生年份所得数加 1 取自然对数
企业是否上市	Ipo	根据已上市、拟上市、未上市分别赋值 2、1、0
企业主性别	Male	根据性别设置哑变量，若为男性，设置为 1，否则为 0

① 互联网平台实施程度对应问卷题："在'互联网＋'环境下：A. 目前您企业已经借助互联网：（1）建立企业网站；（2）开设网店；（3）投放广告、进行企业宣传；（4）聘用人才；（5）与互联网企业合作；（6）建立企业微博、微信公众号；（7）搜索引擎竞价排名；（8）客户沟通与服务；（9）其他（请注明）"。

② 企业规模对应问卷题："您目前经营的主要企业出资人和资本构成是：E. 净资产总额___万元"；原材料成本、能源消耗强度分别对应问卷题："2015 年您企业的经营成本构成：A.消耗能源（水电气煤油等）的成本占营业收入的比例为___%""B. 购置原材料的成本占营业收入的比例为___%"；投资额对应问卷题为："A. 2015 年期间企业新增投资___万元"；企业年龄对应问卷题："您目前经营的这家企业是在哪一年登记注册的？"；企业主年龄对应问卷题："您的出生年份：___年"；企业是否上市对应题为："A. 您的企业上市情况是"；企业主性别对应问卷题："您的性别是：（1）男（2）女"。

8.3.3　描述性统计

表 8-2 报告了变量的描述性统计分析结果。对于企业经营业绩这一被解释变量而言，其最小值为负，这说明部分企业经营业绩为负，存在亏损现象，从其最大值与最小值企业之间的差额和标准差来看，企业间经营业绩表现差距较大。对于企业绿色发展这一被解释变量而言，其均值小于中位数，且均在 0.5 至 1.5 之间，这说明变量集中于这一区间，若与最大值对比可知，绝大部分企业治污投资额度不高。对于企业创新水平这一被解释变量而言，从均值出发，可知样本中拥有研发投资的企业较少，仅有 17.2%。对于互联网平台实施程度这一核心解释变量而言，绝大部分企业都在日常经营过程中利用互联网平台，应用程度之间有一定的差距。对于其他解释变量而言，企业规模、原材料成本、能源消耗强度、投资额和被解释变量大致保持相似分布特征；企业主年龄均值和最大值都大于企业年龄，而标准差和中位数都小于企业年龄；已上市或拟上市的企业占比较小；大多数私营企业家为男性，占 79.2%。此外，本章由于对数据进行自然对数处理和上下 1%的缩尾处理，故大多数变量的最小值为 0，最大值不超过 11。

表 8-2　主要变量描述性统计

变量名称	变量符号	均值	标准差	中位数	最小值	最大值	样本量
企业经营业绩	Perfor	2.676	2.562	2.562	−0.128	9.194	8083
企业绿色发展	Green	0.705	1.455	1.455	0	6.217	8083
企业创新水平	Innov	0.172	0.377	0.377	0	1	8083
互联网平台实施程度	Inter_plat	0.919	0.593	0.593	0	2.079	8083
企业规模	Size	3.210	3.480	3.480	0	10.58	8083
原材料成本	Material	3.389	3.340	3.340	0	10.31	8083
能源消耗强度	Energy	1.297	1.153	1.153	0	3.932	8083
投资额	Invest	1.998	2.808	2.808	0	9.306	8083
企业年龄	Age	2.048	0.826	0.826	0	3.434	8083
企业主年龄	Entr_age	3.758	0.505	0.505	0	4.220	8083
企业是否上市	Ipo	0.120	0.383	0.383	0	2	8083
企业主性别	Male	0.792	0.406	0.406	0	1	8083

本章在进行基准回归之前，对模型所涉及的变量进行相关性分析，并初步发现，企业经营业绩、企业绿色发展以及企业创新水平与互联网平台实施程度间呈现显著正相关性，相关性系数分别为 0.327、0.236 以及 0.265，这初步证实了本章的研究假设。并且根据相关性检验结果，本章发现核心解释变量（Inter_plat）和其他控制变量之间，相关系数的绝对值均低于 0.5，并结合方差膨胀因子检验结果，各变量的 VIF 值都小于 10，均值小于 5，故此可知本章的模型所涉及的各变量之间，不存在严重的多重共线性问题（表 8-3）。

表 8-3　核心解释变量与控制变量的相关性检验结果

变量	Inter_plat	Size	Material	Energy	Invest	Age	Entr_age	Ipo	Male
Inter_plat	1.000								
Size	0.199***	1.000							
Material	0.290***	0.415***	1.000						
Energy	0.033***	0.160***	0.321***	1.000					
Invest	0.346***	0.336***	0.438***	0.168***	1.000				
Age	0.172***	0.221***	0.323***	0.068***	0.224***	1.000			
Entr_age	0.003	0.091***	0.124***	0.060***	0.069***	0.192***	1.000		
Ipo	0.257***	0.118***	0.169***	−0.008	0.268***	0.106***	0.019*	1.000	
Male	0.057***	0.102***	0.119***	0.028***	0.135***	0.101***	0.063***	0.060***	1.000

注：*、**、***分别表示在 10%、5%、1%的置信水平上显著。

最后，需明确指出，本章在回归分析过程中均采用 Stata17.0 进行数据处理，为有效缓解横截面数据所带来有关异方差的模型失效问题，均采用稳健标准误进行回归。

8.4　互联网平台对企业高质量发展的影响研究

8.4.1　基准回归

表 8-4 报告了基准回归结果。列（1）报告了互联网平台实施程度（Inter_plat）对企业经营业绩（Perfor）的影响，关于该被解释变量，本章采用 OLS 进行回归，并使用稳健标准误。结果显示，Inter_plat 与 Perfor 之间呈现正相关，并在 1%置信水平上通过显著性检验，此时估计系数为 0.436，即 Inter_plat 的对数值每增加 1 个单位，Perfor 的对数值平均增加 0.436，这表明互联网平台的有效实施有力地促进了企业净利润的增加，即提高了企业经营业绩。因此，本章研究假设 H_1 得到了经验证据的支撑。

列（2）报告了互联网平台实施程度（Inter_plat）对企业绿色发展（Green）的影响，关于该被解释变量，本章也采用 OLS 进行回归，并使用稳健标准误。结果显示，Inter_plat 与 Green 之间也呈现正相关，并也在 1%置信水平上通过显著性检验，此时估计系数为 0.12，即 Inter_plat 的对数值每增加 1 个单位，Green 的对数值平均增加 0.12，这也表明互联网平台的实施提高了企业治理污染投资力度，即有效促进了企业绿色发展。因此，本章研究假设 H_2 得到了经验证据的有力支持。

列（3）和列（4）报告了互联网平台实施程度（Inter_plat）对企业创新水平（Innov）的影响，关于该被解释变量，本章首先采用 Probit 回归，并使用稳健标准误，如列（3）所示；随后还采用了 Logit 回归，并使用稳健标准误，如列（4）所示。先后两次回归结果均显示，Inter_plat 与 Innov 之间均呈现正相关，并均在 1%置信水平上通过显著性检验，模型伪拟合优度分别为 0.219 和 0.215，Probit 回归估计系数为 0.391，Logit 回归估计系数为 0.725。由此可知，两次回归共同表明互联网平台实施程度越高，企业新产品研发投资力度越大，即企业创新水平越高。因此，本章的研究假设 H_3 得到了经验证据的支撑。

表 8-4　互联网平台实施程度对企业高质量发展的影响

	（1）	（2）	（3）	（4）
	OLS	OLS	Probit	Logit
Inter_plat	0.436***	0.120***	0.391***	0.725***
	(10.14)	(4.67)	(10.88)	(10.87)
Size	0.064***	0.022***	−0.003	−0.004
	(7.33)	(4.00)	(−0.56)	(−0.41)
Material	0.192***	0.065***	0.024***	0.048***
	(18.51)	(9.60)	(3.73)	(4.12)
Energy	0.058***	0.080***	0.074***	0.130***
	(2.84)	(6.24)	(4.25)	(4.07)
Invest	0.217***	0.132***	0.165***	0.279***
	(17.16)	(15.56)	(24.77)	(24.13)
Age	0.367***	0.139***	0.010	0.027
	(11.65)	(7.37)	(0.40)	(0.58)
Entr_age	−0.016	0.020	−0.006	−0.009
	(−0.35)	(0.59)	(−0.17)	(−0.12)
Ipo	0.806***	0.410***	0.301***	0.500***
	(9.33)	(6.56)	(6.94)	(6.65)
Male	0.207***	0.100***	−0.043	−0.077
	(4.18)	(3.44)	(−0.89)	(−0.85)
Constant	−0.040	−0.550***	−2.015***	−3.573***
	(−0.23)	(−4.50)	(−13.49)	(−12.64)
N	8083	8083	8083	8083
R^2	0.377	0.242	**0.219**	**0.215**
F	515.6	175.1	**1438.37**	**1325.01**

注：***表示在 1%的水平上显著；括号内为稳健 t 统计量；R^2 行中黑体和 F 行中黑体分别表示 Probit 或 Logit 回归所对应的 Pseudo R^2 值和 Wald 值。

在控制变量方面，本章发现原材料成本（Material）、能源消耗强度（Energy）、投资额（Invest）、企业是否上市（Ipo）对经营业绩、绿色发展、创新水平三个被解释变量均产生了显著的影响，且系数均在 1%的水平上显著为正，表明原材料成本越高、能源消耗强度越大、投资额越高以及已上市或拟上市的私营企业经营业绩也越高、绿色发展投入力度越大、创新水平越高。本章还发现企业规模（Size）、企业年龄（Age）、企业主性别（Male）仅对经营业绩和绿色发展产生了显著的正面影响，对创新水平影响不显著，表明企业规模越大、企业存续时间越长以及企业主为男性的私营企业经营业绩越高、绿色发展投入强度越高，而创新水平并未随之而变化。不过，本章也发现企业主年龄（Entr_age）对经营业绩、绿色发展以及创新水平三个被解释变量均不显著，这说明企业高质量发展并不会受到企业主年龄大小的影响。

8.4.2　内生性分析

本章中的模型可能存在内生性问题：其一，衡量企业高质量发展的三个被解释变量（经营业绩、绿色发展、创新水平）各自与核心解释变量（互联网平台实施程度）之间可能存在联立因果关系，即净利润较高、治污投资和研发投资较高的企业本身就是"互联网+"技术先进的企业，这些企业互联网平台实施程度往往也较高；其二，一些在调查问卷中未被提及的或者本章未选入的因素可能也在影响着三个被解释变量，即模型在设定过程中遗漏了重要的解释变量；其三，本章所采用的互联网平台实施程度（Inter_plat）测量方式存在着一定误差，或者其他控制变量测量存在误差，因此本章使用工具变量来缓解内生性问题。

本章引入 2015 年全国各省（自治区、直辖市）互联网平台发展水平[①]作为工具变量来源，并将每百家企业拥有网站数（Website）与有电子商务交易活动的企业数比例（E-commerce）作为两个工具变量。显然，省级的互联网平台发展水平会潜在影响省份内部企业的互联网平台实施程度，因此两个工具变量与核心解释变量之间存在相关性。

首先，通过 Wu-Hausman F 检验，本章发现当企业经营业绩（Perfor）作为被解释变量时，可在 1%的显著性水平上拒绝原假设，即认为此时，模型存在内生性问题，存在解释变量为内生解释变量。此外，在异方差稳健时，通过 DWH 检验，结果显示 P 值小于 0.01，即也可认为在该模型中 Inter_plat 为内生解释变量，此外再结合 Endogeneity 检验，结果依旧与上述两次检验保持一致。本章在进行不可识别检验后发现，结果在 1%水平上强烈拒绝原假设，即拒绝 Website 与 E-commerce 不可识别，Kleibergen-Paap 的 LM 统计量见表 8-5。本章同时进行弱工具变量检验后发现，Kleibergen-Paap 和 Cragg-Donald Wald F 统计量，均大于 Stock-Yogo 弱识别检验提供的 10%水平上的临界值，并结合工具变量回归第一阶段，模型的 F 值远远大于 10，因此可以强烈拒绝原假设，即拒绝 Website 与 E-commerce 是弱工具变量。故此本章继续进行过度识别检验，结果显示接受原假设，即接受 Website 与 E-commerce 都是外生的，Sargan 统计量和 Hansen J 统计量见表 8-5。并且可知 Website、E-commerce 与 Inter_plat 之间也拥有一定相关性，因此本章有把握地推断两个工具变量是合适的，且可利用 Website 与 E-commerce 进行 2SLS 回归，如表 8-5 中列（1）和列（2）所示，结果表明，在利用工具变量后，仍能在 1%置信水平上通过显著性检验，估计系数由 OLS 回归时的 0.436 上升至 1.778。这说明解决内生性问题后，研究假设 H_1 再次得到了经验证据的验证，并且互联网平台的影响效果更

[①] 全国各省（市、区）2015 年每百家企业拥有网站数（个）和有电子商务交易活动的企业数比例（%）数据源于中华人民共和国国家统计局编著的《中国统计年鉴 2016》十六、运输、邮电和软件业 16-40 分地区企业信息化及电子商务情况（2015 年）。

加明显。

表 8-5　互联网平台实施程度与企业经营绩的工具变量回归结果

	（1） 一阶段回归	（2） 二阶段回归
Inter_plat		1.778***
		(3.71)
Website	0.003***	
	(3.83)	
E-commerce	0.009***	
	(3.76)	
Size	0.007***	0.054***
	(3.83)	(5.56)
Material	0.026***	0.155***
	(11.55)	(8.88)
Energy	−0.026***	0.100***
	(−4.69)	(3.79)
Invest	0.047***	0.154***
	(18.87)	(5.98)
Age	0.036***	0.310***
	(4.57)	(8.05)
Entr_age	−0.052***	0.057
	(−4.30)	(1.02)
Ipo	0.245***	0.472***
	(15.05)	(3.22)
Male	−0.012	0.220***
	(−0.79)	(4.09)
_cons	0.605***	−1.173***
	(10.61)	(−2.64)
N	8083	8083
Adj-R^2	0.185	0.297
F	185.0	438.715
不可识别检验　Kleibergen-Paap rk LM 统计量		69.542***
弱工具变量检验　Kleibergen-Paap rk Wald F 统计量		35.140*
Cragg-Donald Wald F 统计量		35.400* [19.93]
过度识别检验　Sargan 统计量对应 P 值		0.832 0
Hansen J 统计量对应 P 值		0.831 6

注：***和*表示在 1%和 10%的水平上显著；括号内为稳健 t 统计量。

其次，通过 Wu-Hausman F 检验，本章发现当企业绿色发展（Green）作为被解释变量时，P 值为 0.285，接受了原假设，接受"所有解释变量均为外生"。并结合 DWH 检验、Endogeneity 检验，其结果都与 Hausman 检验保持一致。这表明在 Green 为被解释变量时，Inter_plat 并不是内生解释变量，此外进行 2SLS 回归后，Inter_plat 也不显著，这也说明模型不存在内生性问题。

最后，我们来检验企业创新水平（Innov）作为被解释变量时模型是否存在内生性问题。由于 Innov 作为被解释变量时，模型为二值选择模型，因此在进行工具变量回归时，本章不再同时进行 Probit 和 Logit 回归，仅通过上述两个工具变量（Website 与 E-commerce）进行 IV Probit 估计。根据 Wald 检验结果，如表 8-6 所示，可在 1% 的置信水平上认为 Inter_plat 为内生变量。并且结合第一阶段回归结果，如表 8-6 列（1）所示，Website 与 E-commerce 对于 Inter_plat 具有较强的解释力，可以推断 Website 与 E-commerce 是合适的。在利用工具变量回归后，如表 8-6 列（2）所示，结果表明，Inter_plat 与 Innov 之间依然为正相关，且仍在 1% 置信水平上通过显著性检验，估计系数由 Probit 回归时的 0.391 上升至 1.221，这说明解决内生性问题后，互联网平台实施程度对企业创新水平的影响效果更加明显，研究假设 H_3 再次获得了经验证据。

表 8-6　互联网平台实施程度与企业创新水平的工具变量回归结果

	（1） 一阶段回归	（6） 二阶段回归
Inter_plat		1.221***
		(5.01)
Website	0.003***	
	(4.23)	
E-commerce	0.008***	
	(3.63)	
Size	0.007***	−0.009
	(3.83)	(−1.64)
Material	0.026***	−0.003
	(11.57)	(−0.25)
Energy	−0.026***	0.093***
	(−4.71)	(5.66)
Invest	0.047***	0.104***
	(18.89)	(3.93)
Age	0.036***	−0.028
	(4.57)	(−1.08)
Entr_age	−0.052***	0.041
	(−4.30)	(1.05)

续表

	（1）一阶段回归	（6）二阶段回归
Ipo	0.245***	0.047
	(15.07)	(0.48)
Male	−0.012	−0.030
	(−0.80)	(−0.65)
_cons	0.601***	−2.515***
	(10.63)	(−15.72)
N	8083	8083
Adj-R^2	0.186	
Wald 统计量	6.79***	

注：***表示在 1%的水平上显著；括号内为稳健 t 统计量。

8.4.3　稳健性检验

为进一步验证基准回归结果，本章通过替换变量定义的方式，来进行稳健性检验。其一，本章尝试替换被解释变量，即替换经营业绩（Perfor）、绿色发展（Green）、创新水平（Innov）的定义，其他变量定义不变，结果如表 8-7 所示。本章在基准回归时通过企业净利润来衡量企业经营业绩，而在稳健性检验时本章尝试分别使用企业营业收入和纳税额[①]来衡量企业业绩，进行 OLS 回归，并使用稳健标准误，如表 8-7 列（1）和列（2）所示，结果显示互联网平台实施程度与企业营业收入和纳税额之间呈现正相关，并在 1%水平上具有显著性，可见对于研究假设 H_1 的结论依然稳健。

表 8-7　替换被解释变量定义的稳健性检验

	（1）营业收入	（2）纳税额	（3）环保研发和环保设备更新	（4）企业创新行动或意识
Inter_plat	0.416***	0.511***	0.171***	0.331***
	(9.02)	(13.06)	(13.45)	(17.97)
Size	0.063***	0.064***	0.003	0.005
	(8.05)	(8.57)	(1.17)	(1.56)
Material	0.656***	0.278***	0.029***	0.033***
	(63.84)	(28.87)	(10.28)	(8.64)
Energy	−0.167***	−0.104***	0.023***	0.020**
	(−8.21)	(−5.76)	(3.77)	(2.22)

① 营业收入对应问卷题："2015 年您企业全年 A.营业收入为___万元"；纳税额对应题："2015 年您企业全年 B.纳税___万元"。

续表

	（1） 营业收入	（2） 纳税额	（3） 环保研发和环保设备更新	（4） 企业创新行动或意识
Invest	0.079***	0.174***	0.047***	0.080***
	(7.00)	(15.66)	(13.71)	(18.00)
Age	0.474***	0.611***	0.031***	0.039***
	(13.79)	(20.07)	(3.45)	(2.99)
Entr_age	0.114**	0.130***	0.007	0.029
	(2.24)	(2.86)	(0.52)	(1.32)
Ipo	0.050	0.816***	0.200***	0.174***
	(0.65)	(10.43)	(8.00)	(5.85)
Male	0.096*	0.193***	0.041***	−0.001
	(1.73)	(4.28)	(2.59)	(−0.04)
_cons	0.834***	−1.216***	−0.139***	0.361***
	(4.33)	(−7.17)	(−2.63)	(4.34)
N	8083	8083	8083	8083
R^2	0.629	0.512	0.202	0.211

注：*、**、***分别表示在10%、5%、1%的水平上显著；括号内为稳健 t 统计量。

　　本章在基准回归时通过治污投资来衡量企业绿色发展（Green），而在稳健性检验时尝试通过打分方式来衡量 Green，若企业同时拥有环保研发和环保设备更新[1]，则为 2；若企业仅有一项，则为 1；均没有，则为 0。随后对新变量进行 OLS 回归并使用稳健标准误，如表 8-7 列（3）所示，结果显示估计系数由治污投资作为被解释变量时基准回归所得的 0.120 上升至 0.171，并且仍然呈现正相关，在 1%水平上具有显著性，即互联网平台的有效实施会对企业环保研发或增加新的环保设备产生一定促进作用，这也说明对假设 H_2 的结论依旧稳健。

　　本章在基准回归时通过是否有新产品研发投资来衡量创新水平（Innov），进而建立二元回归模型，分别进行了 Probit 和 Logit 回归，而在稳健性检验时本章尝试根据企业创新行动或意识[2]并通过打分方式来衡量 Innov，结合题器，被调查企业若回答 5 个"是"则积 5 分，4 个则积 4 分，3 个则积 3 分，2 个则积 2 分，1 个则积 1 分，0 个则积 0 分。对于新的被解释变量企业创新行动或意识，本章选择进行 OLS 回归，并使用稳健标准误，如表 8-7 列（4）所示，结果显示，结果显示互联网平台实施程度与企业创新行动或意识

---

　　[1] 环保研发和环保设备更新对应问卷题："您的企业 2015 年环保设备方面情况：A.有没有研发的环保技术设备或环保产品；B.本企业有没有增加新的环保技术设备或改进产品环保质量"。

　　[2] 企业创新行动或意识对应问卷题："Q24.新增投资的主要方向有：（5）技术创新、工艺改造"；"Q26.2015 年企业开展国际经济合作的情况：B.这些投资时用于（6）在境外设立研发机构"；"Q39.2015 年为了适应环境变化，企业所作的重要转型方向：A.维持现在行业，提升技术（转产高端产品、减轻污染等）"；"Q42_B. 转进其他行业，试制新品（转换主要行业，退二进三等）"；"Q47. 您认为，企业家精神应该包括哪些基本要素？F. 创新"。

衡量指标之间保持正相关，系数为 0.331，并在 1% 的置信水平上通过显著性检验，这再次证明互联网平台的应用有效地促进企业创新行动，对假设 H_3 的结论依旧稳健。

其二，本章尝试通过替换核心解释变量，即替换互联网平台实施程度（Inter_plat），其他变量定义不变，结果如表 8-8 所示。本章在基准回归时通过定义企业 2015 年已经借助互联网平台的数量来定义 Inter_plat；而在稳健性检验时，本章将核心解释变量替换为企业在 2015 年以后可能借助互联网平台的数量①来定义 Inter_plat。新互联网平台实施程度的定义规则与本章核心解释变量定义规则保持一致，均采用打分方式进行定义，得到积分后加 1 取自然对数。随后，利用新的核心解释变量再次进行回归分析，即对企业经营业绩和企业绿色发展两个被解释变量进行 OLS 回归，并使用稳健标准误，结果如表 8-8 列（1）和列（2）所示；对企业创新水平这一被解释变量，分别使用 Probit 和 Logit 回归，并使用稳健标准误，结果如表 8-8 列（3）和列（4）所示。根据表 8-8 可知在替换核心解释变量后，结果仍旧显示新的互联网平台实施程度与三个被解释变量保持正相关，并在 1% 的置信水平上通过显著性检验，这再次验证三个假设。虽然与基准回归对比而言，估计系数和拟合优度均有所降低，可能是由于互联网平台促进企业高质量发展的影响存在一定时间滞后效应。

表 8-8　替换核心解释变量定义的稳健性检验

	（1）OLS	（2）OLS	（3）Probit	（4）Logit
Inter_plat	0.229***	0.078***	0.146***	0.259***
	(5.15)	(2.74)	(3.98)	(3.82)
Size	0.065***	0.041***	−0.001	−0.001
	(7.48)	(7.12)	(−0.22)	(−0.06)
Material	0.200***	0.101***	0.031***	0.062***
	(19.33)	(15.44)	(4.81)	(5.30)
Energy	0.045**	0.090***	0.056***	0.099***
	(2.21)	(6.80)	(3.25)	(3.13)
Invest	0.232***		0.177***	0.301***
	(18.48)		(26.72)	(25.99)
Age	0.385***	0.173***	0.022	0.049
	(12.10)	(8.68)	(0.86)	(1.03)
Entr_age	−0.035	0.011	−0.022	−0.031
	(−0.75)	(0.33)	(−0.58)	(−0.44)

① 在 2015 年以后可能借助互联网平台的数量对应问卷题："在'互联网＋'环境下：B. 将来您企业可能借助互联网：（1）建立企业网站；（2）开设网店；（3）投放广告、进行企业宣传；（4）聘用人才；（5）与互联网企业合作；（6）建立企业微博、微信公众号；（7）搜索引擎竞价排名；（8）客户沟通与服务；（9）其他（请注明）"。

续表

	（1） OLS	（2） OLS	（3） Probit	（4） Logit
Ipo	0.907***	0.625***	0.380***	0.640***
	(10.41)	(9.91)	(8.75)	(8.41)
Male	0.204***	0.159***	−0.048	−0.085
	(4.10)	(5.34)	(−1.01)	(−0.96)
_cons	0.114	−0.557***	−1.776***	−3.138***
	(0.63)	(−4.38)	(−11.86)	(−11.28)
N	8083	8083	8083	8083
R^2	0.370	0.189	0.215	0.200

注：**、***分别表示在 5%、1%的水平上显著；括号内为稳健 t 统计量。

8.4.4　异质性分析

对于中国私营企业而言，由于所处行业、地区以及企业规模的不同，不同企业之间的互联网平台实施程度和企业高质量发展都存在一定的差异。因此，互联网平台对企业高质量发展可能存在着行业、地区以及规模的异质性。

首先，本章将探索不同行业之间的影响差异，区分依据为企业第一主业，最终得到高利润行业样本 1503 家企业，低利润行业 5641 家企业，结果如表 8-9 所示。表 8-9 列（1）～列（4）报告了高利润行业互联网平台对企业高质量发展三个衡量指标的影响，列（5）～列（8）则报告了低利润行业。结果显示，互联网平台对企业经营业绩的影响高利润行业更为显著，而对企业绿色发展的影响低利润行业更为显著，对企业创新水平的影响两类样本大致相当。出现这一原因的可能在于：高利润行业本身生态环保压力较小，更加注重企业经济效益；低利润行业较多需要关注生态环境保护进而实现自身的高质量发展；并且在当今"创新驱动发展"的时代，无论是高利润行业还是低利润行业都需要通过创新投资来实现获得核心技术，形成自身的竞争优势，在面临国内激烈竞争环境和国外技术封锁时都能够实现持续经营，因此两类样本显示互联网平台对创新水平影响均显著。

表 8-9　互联网平台实施程度影响企业高质量发展的行业异质性检验

	高利润行业				低利润行业			
	（1） Perfor	（2） Green	（3） Innov	（4） Innov	（5） Perfor	（6） Green	（7） Innov	（8） Innov
Inter_plat	0.464***	0.161***	0.370***	0.749***	0.418***	0.397***	0.402***	0.724***
	(4.52)	(3.20)	(4.01)	(4.06)	(8.07)	(12.44)	(9.74)	(9.61)
Size	0.092***	0.044***	0.009	0.019	0.059***	0.068***	−0.002	−0.003
	(4.20)	(3.79)	(0.62)	(0.69)	(5.80)	(9.97)	(−0.32)	(−0.25)

续表

	高利润行业				低利润行业			
	(1)	(2)	(3)	(4)	(5)	(6)	(7)	(8)
	Perfor	Green	Innov	Innov	Perfor	Green	Innov	Innov
Material	0.175***		−0.007	−0.005	0.186***		0.014*	0.029**
	(6.27)		(−0.42)	(−0.15)	(15.04)		(1.81)	(2.11)
Energy	0.093**	0.114***	0.090**	0.150*	0.049*	0.185***	0.073***	0.128***
	(2.06)	(4.80)	(2.15)	(1.84)	(1.90)	(11.14)	(3.49)	(3.37)
Invest	0.192***		0.096***	0.168***	0.224***		0.183***	0.310***
	(6.13)		(6.53)	(6.55)	(15.58)		(23.01)	(22.23)
Age	0.400***	0.214***	−0.069	−0.113	0.397***	0.232***	0.033	0.069
	(5.15)	(5.52)	(−1.12)	(−0.94)	(10.26)	(9.42)	(1.10)	(1.22)
Entr_age	−0.138	0.033	−0.057	−0.119	−0.004	0.069	0.042	0.087
	(−1.24)	(0.51)	(−0.65)	(−0.72)	(−0.08)	(1.57)	(0.88)	(0.98)
Ipo	0.647***	0.213	0.413***	0.722***	0.869***	0.674***	0.261***	0.434***
	(2.79)	(1.64)	(3.63)	(3.63)	(9.00)	(9.35)	(5.23)	(4.95)
Male	0.102	0.146**	−0.044	−0.070	0.240***	0.235***	−0.040	−0.063
	(0.84)	(2.43)	(−0.35)	(−0.27)	(3.95)	(6.12)	(−0.71)	(−0.60)
_cons	0.349	−0.687***	−1.751***	−3.155***	−0.117	−1.053***	−2.201***	−3.914***
	(0.81)	(−2.92)	(−4.86)	(−4.62)	(−0.53)	(−6.59)	(−11.63)	(−11.14)
N	1503	1503	1503	1503	5641	5641	5641	5641
R^2	0.296	0.090	0.120	0.118	0.389	0.187	0.236	0.232

注：*、**、***分别表示在10%、5%、1%的水平上显著。

其次，本章探索不同区域之间的影响差异，借鉴佟家栋等（2019）的研究，将样本划分为东部、中部、西部三个地区，区分依据来自企业所在省份，最终得到 4028 家东部企业，1976 家中部企业，2079 家西部企业。表 8-10 列（1）～列（3）报告了东部，列（4）～列（6）报告了中部，列（7）～列（9）报告了西部。结果显示，互联网平台对企业经营业绩的影响系数呈现东、中、西依次递减，对企业绿色发展的影响系数呈现东、西、中依次递减，对企业创新水平的影响系数呈现中、东、西依次递减。出现这一结果的原因可能在于：东部企业市场环境和企业规模基础优于中部西企业，这与我国经济区域格局基本保持一致，而且在绿色发展理念方面东部企业也领先于中西部企业。对于创新水平影响效果而言，目前东部地区创新转型升级已经实现了一批，创新发展使用的互联网工具已从基础的互联网平台升级至对发展促进效果更好的互联网工具上，而中部企业正处于东部企业的基础阶段，即利用互联网平台这一互联网工具来实现创新发展，尚未或较少进入促进效果更好的互联网工具上，西部企业则是较少或速度慢于中部企业，因此互联网平台对创新水平影响效果最好的为中部企业，东部企业次之，西部企业更次之。

表 8-10　互联网平台实施程度影响企业高质量发展的区域异质性检验

	东部			中部			西部		
	（1）	（2）	（3）	（4）	（5）	（6）	（7）	（8）	（9）
	Perfor	Green	Innov	Perfor	Green	Innov	Perfor	Green	Innov
Inter_plat	0.483***	0.360***	0.347***	0.419***	0.232***	0.502***	0.338***	0.314***	0.343***
	(7.58)	(9.42)	(7.18)	(5.23)	(4.71)	(6.05)	(4.03)	(6.60)	(4.79)
Size	0.064***	0.063***	−0.003	0.074***	0.074***	−0.002	0.056***	0.052***	0.004
	(5.29)	(8.01)	(−0.46)	(4.27)	(6.40)	(−0.18)	(3.19)	(4.99)	(0.34)
Material	0.181***		0.021**	0.189***		0.019	0.218***		0.023*
	(12.48)		(2.40)	(8.90)		(1.26)	(10.18)		(1.67)
Energy	0.034	0.218***	0.060**	0.097***	0.115***	0.072*	0.062	0.137***	0.133***
	(1.04)	(10.66)	(2.43)	(2.73)	(5.24)	(1.92)	(1.63)	(5.88)	(3.76)
Invest	0.218***		0.188***	0.204***		0.180***	0.228***		0.112***
	(12.19)		(20.50)	(8.26)		(11.77)	(8.92)		(8.22)
Age	0.391***	0.213***	−0.002	0.271***	0.192***	−0.018	0.396***	0.267***	−0.013
	(8.25)	(7.21)	(−0.06)	(4.50)	(5.16)	(−0.33)	(6.62)	(7.81)	(−0.25)
Entr_age	0.001	0.045	−0.006	0.063	0.020	−0.017	−0.120	0.084	−0.009
	(0.01)	(0.89)	(−0.11)	(0.64)	(0.31)	(−0.24)	(−1.42)	(1.43)	(−0.13)
Ipo	0.860***	0.503***	0.214***	0.727***	0.868***	0.377***	0.707***	0.669***	0.407***
	(7.55)	(6.36)	(3.77)	(3.66)	(5.77)	(3.51)	(3.97)	(5.22)	(4.58)
Male	0.230***	0.217***	−0.080	0.125	0.199***	0.021	0.236***	0.140***	−0.003
	(3.07)	(4.52)	(−1.20)	(1.32)	(3.95)	(0.19)	(2.61)	(2.61)	(−0.03)
_cons	−0.138	−0.898***	−1.821***	−0.126	−0.721***	−2.259***	0.234	−0.977***	−2.022***
	(−0.56)	(−4.94)	(−8.85)	(−0.33)	(−3.01)	(−7.75)	(0.72)	(−4.53)	(−7.27)
N	4028	4028	4028	1976	1976	1976	2079	2079	2079
R²	0.366	0.158	0.230	0.376	0.180	0.260	0.383	0.169	0.156

注：*、**、***分别表示在 10%、5%、1%的水平上显著。

　　最后，本章探索不同员工规模企业之间的影响差异，区分依据企业员工人数，最终得到样本 1992 家大型企业，2857 家中型企业，2830 家小型企业。表 8-11 列（1）～列（3）为大型企业样本回归，列（4）～列（6）中型企业，列（7）～列（9）为小型企业。结果显示，互联网平台对企业经营业绩的影响系数呈现大、中、小递减，且大型与小型之间差距较大。对企业绿色发展的影响系数，大型也远大于中型，小型企业则不显著。对企业创新水平的影响系数，大型与中型大致相当，而小型次之，这说明互联网平台对大型企业高质量发展的影响最为突出。出现这一结果的原因可能在于：规模较大的企业在互联网平台迅速发展的时代，有能力将更多人力、物力、业务线投入自身高质量发展与互联网平台融合之中，并且随后更容易产生规模经济效应和范围经济效应。而中型企业和小型企业受到规模和自身所处发展阶段的影响，面对互联网平台所带来的红利，无法做到大量投入，因而受互联网平台所产生的影响效果低于大型企业。

表 8-11　互联网平台实施程度影响企业高质量发展的员工规模异质性检验

	大型规模企业			中型规模企业			小型规模企业		
	(1)	(2)	(3)	(4)	(5)	(6)	(7)	(8)	(9)
	Perfor	Green	Innov	Perfor	Green	Innov	Perfor	Green	Innov
Inter_plat	0.339***	0.300***	0.371***	0.225***	0.097**	0.386***	0.134***	0.017	0.261***
	(2.65)	(3.38)	(5.65)	(3.08)	(2.44)	(6.61)	(2.67)	(1.19)	(3.57)
Size	0.054***	0.041***	−0.003	0.068***	0.041***	−0.008	0.021	0.003	−0.008
	(3.38)	(3.58)	(−0.33)	(5.32)	(5.74)	(−0.88)	(1.59)	(0.73)	(−0.49)
Material	0.102***		0.024**	0.170***		0.031***	0.183***		0.002
	(4.82)		(2.46)	(11.24)		(2.80)	(11.61)		(0.09)
Energy	−0.050	0.414***	0.030	0.057	0.149***	0.049*	0.116***	0.030***	0.160***
	(−0.78)	(9.31)	(0.92)	(1.59)	(7.67)	(1.73)	(5.33)	(4.76)	(4.89)
Invest	0.195***		0.139***	0.128***		0.183***	0.181***		0.201***
	(9.12)		(14.18)	(7.27)		(16.61)	(7.04)		(8.91)
Age	0.302***	0.126*	0.084*	0.225***	0.106***	−0.053	0.121***	0.027**	0.030
	(3.05)	(1.75)	(1.71)	(4.56)	(4.10)	(−1.32)	(3.23)	(2.65)	(0.57)
Entr_age	−0.128	0.056	0.015	0.023	0.097**	−0.012	−0.059	−0.008	−0.067
	(−0.94)	(0.49)	(0.22)	(0.27)	(2.57)	(−0.17)	(−1.18)	(−0.54)	(−1.12)
Ipo	0.804***	0.453***	0.304***	0.355**	0.221**	0.331***	−0.144	0.041	0.479*
	(6.84)	(5.10)	(5.63)	(2.09)	(2.14)	(3.22)	(−0.62)	(0.50)	(1.82)
Male	0.261	0.498***	−0.138	0.074	0.086	−0.006	0.184***	0.016	−0.057
	(1.53)	(3.94)	(−1.41)	(0.81)	(1.64)	(−0.08)	(3.37)	(1.11)	(−0.67)
_cons	1.996***	−0.476	−1.971***	0.783**	−0.480***	−1.889***	0.500***	0.007	−1.864***
	(3.40)	(−1.03)	(−6.63)	(2.41)	(−3.27)	(−6.87)	(2.58)	(0.12)	(−7.77)
N	1922	1922	1922	2857	2857	2857	2830	2830	2830
R²	0.164	0.089	0.148	0.172	0.054	0.172	0.160	0.014	0.103

注：*、**、***分别表示在10%、5%、1%的水平上显著。

8.5　结论与启示

本章聚焦于"互联网+"影响企业高质量发展的研究热点，结合国家大力推进企业在高质量发展过程中管理、生产、服务智能化与互联网化的时代大背景，具体定位于互联网平台实施程度和有效应用对企业高质量发展效果的实际问题。基于民营企业高质量发展要求和 ESG 投资理念与企业评价标准，利用 2016 年第十二次中国私营企业调查数据，从企业经营业绩、企业绿色发展、企业创新水平三个维度，对互联网平台是否促进企业高质量发展进行经验分析和实证研究，包括对企业经营业绩和绿色发展建立线性模型并进行 OLS 回归，对企业创新水平建立二元选择模型并进行 Probit 回归和 Logit 回归，并继续利用工具变量解决模型可能存在的联立因果、遗漏变量或测量误差等问题，进一步通过替换变量的衡量依据进行稳健性检验，最后从不同行业、地区、员工规模角度分析不同样本之间的异质性。主要结论和启示如下：

第一，互联网平台的有效实施能够促进企业高质量发展，并且对企业经营业绩和创新水平的影响效果优于对绿色发展的影响。

根据本章先前所提及的基准回归、工具变量回归以及稳健性检验可知，双重依据的互联网平台实施程度对净利润、营业收入、纳税额等企业经营业绩指标，对治理污染投资金额、环保研发和环保设备更新等企业绿色发展指标，对研发投资、企业创新行动或意识等企业创新水平指标均显示正相关，并在 1%的置信水平上高度显著，互联网平台能够促进企业高质量发展得到了充足的经验证据。与此同时，本章还发现互联网平台对经营业绩和创新水平的影响明显远高于对绿色发展的影响，并且在加入工具变量后，前两者系数在依然显著的情形下均大幅提高，但对绿色发展而言若加入该工具变量则不显著，此外，在稳健性检验和异质性分析时绿色发展方面的控制变量个数需要不断调整进行才能模型设定问题。因此，我国私营企业应当继续利用互联网平台等工具来促进自身数字化转型升级，提升管理效率和标准，进而提高经济效益，完善绿色发展体系，形成与时俱进的创新模式和投资战略。此外，可能由于互联网平台在绿色发展方面的应用不够深入，私营企业需强化互联网平台在环保和治污领域的应用，努力实现绿色可持续发展。

第二，互联网平台是企业高质量发展的有效促进因素，但并非最核心因素，且互联网平台对企业高质量发展的影响有一定时间滞后效应。

本章在回归过程中发现，在不加入控制变量时，模型拟合优度相对较低，系数相对较高，而加入控制变量后，拟合优度大幅提高的同时系数大幅降低，这说明影响企业经营业绩、绿色发展以及创新水平的最核心因素不是互联网平台。影响经营业绩最核心的是企业规模和原材料成本，影响绿色发展最核心是企业规模和能源消耗强度，影响创新水平最核心的是企业规模和投资额，且企业是否上市也对三个维度有着较强影响。与此同时，本章在稳健性检验时采取替换核心解释变量定义方式，将"2015 年已经借助互联网平台的程度"替换为"2015 年以后可能借助互联网平台的程度"，回归结果虽在 1%水平上显著，但影响系数和拟合优度均有所下降。因此，私营企业切忌本末倒置，需深刻认识到影响自身高质量发展的最核心要素，抓住主要矛盾。而互联网平台仅是企业高质量发展的有效促进工具之一，来自不同行业的企业都有较强的专业性和发展基础，这是互联网平台无法替代的。同时，私营企业可能需要认识到，互联网平台对企业经营业绩、绿色发展、创新水平的影响都需要在互联网平台实际融入企业日常经营生产过程中后，才能发挥出最大的促进作用。

第三，互联网平台对企业高质量发展的影响，员工规模间差异大于行业间和地区间差异。

在异质性分析中，本章发现互联网平台对企业经营业绩、绿色发展、创新水平的影响效果在规模间差异最为显著，大型规模企业由于管理模式和体系较为完善，能够高效地利用互联网时代平台带给自身的机遇。而中小型企业由于受到员工规模、资产规模、管理理念的影响，未能高效利用互联网平台所带来的红利，与大型规模企业形成较大巨差。尤其是小型企业，互联网平台对绿色发展的影响不显著，说明小型企业环保意识或行动较为欠缺。而对于行业间和地区间差异而言，高利润行业和低利润行业影响效果整体呈现大致相当，互联网平台对高利润行业经营业绩更显著，对低利润行业绿色发展更显著；东部地区影响效果优于中部、中部优于西部的特征，说明互联网平台对企业高质量发展很大程度上受到经济发展水平的影响。因此，互联网时代时空距离缩短，信息不对称现象有效缓解，所处行业和地区背后的营商环境对互联网平台发挥的促进作用并不会产生太大差别，所以企业应当更多关注自身的竞争要素、发展水平和未来前景，自身竞争力突出能够强化互联网所带来的红利，进而实现商业模式与组织管理高质量发展、自身高质量发展，促进民营经济和国家经济高质量发展。

第四，需要明确指出的是，本章也存在着一定的不足和缺陷。本章仅关注影响企业高质量发展的绩效、绿色发展和创新方面，未能将更加全面的衡量指标加入研究之中。而且由于篇幅有限，本章未能提及影响互联网平台与企业高质量发展的中介机制和调节变量。因此，在本章研究的基础上，未来可以进行相应的扩展研究，如加入社会责任、文化党建等指标，或加入中介机制与调节变量检验。

参 考 文 献

包耀东，李晏墅. 2020. 互联网对中国制造业经营绩效的影响及门槛效应检验[J]. 统计与决策, 36(18): 99-103.

陈光金，吕鹏，林泽炎，等. 2018. 中国私营企业调查 25 周年: 现状与展望[J]. 南开管理评论, 21(6): 17-27.

陈锦强. 2021. 互联网促进工业企业高质量发展研究[D]. 西安: 西北大学.

戴美虹，李丽娟. 2020. 民营经济破局"出口低端锁定": 互联网的作用[J]. 世界经济研究, (3): 16-32, 135.

郭锦辉. 2022. 中小企业高质量发展须加速数字赋能[N]. 中国经济时报, 2022-01-07(1).

何小钢，朱国悦. 2021. 互联网使用与企业库存决策行为: 理论机制与中国证据[J]. 中央财经大学学报, 412(12): 119-132.

黄送钦，何晓斌，高皓. 2021. "企业家+官员"合作建策与企业投资: 来自中国私营企业调查证据(CPES)[J]. 经济学报, 8(4): 116-152.

黄速建，肖红军，王欣. 2018. 论国有企业高质量发展[J]. 中国工业经济, (10): 19-41.

李海舰，田跃新，李文杰. 2014. 互联网思维与传统企业再造[J]. 中国工业经济, (10): 135-146.

廖进球，邱信丰. 2021. 互联网应用促进了企业环保投入吗？[J]. 经济经纬, 38(3): 95-104.

林志帆，龙小宁. 2021. 社会资本能否支撑中国民营企业高质量发展？[J]. 管理世界, 37(10): 56-73.

刘杨程. 2021. "互联网+"如何影响工业企业高质量发展？[D]. 南昌: 江西财经大学.

罗珉，李亮宇. 2015. 互联网时代的商业模式创新: 价值创造视角[J]. 中国工业经济, (1): 95-107.

马化腾，张晓峰，杜军. 2015. 互联网+: 国家战略行动路线图[M]. 北京: 中信出版社: 22-25.

戚聿东，肖旭. 2020. 数字经济时代的企业管理变革[J]. 管理世界, 36(6): 135-152, 250.

沈国兵，袁征宇. 2020. 企业互联网化对中国企业创新及出口的影响[J]. 经济研究, 55(1): 33-48.

孙颖，陈思霞. 2021. 数据资产与科技服务企业高质量发展: 基于"宽带中国"准自然实验的研究[J].

武汉大学学报(哲学社会科学版), 74(5): 132-147.

佟家栋, 杨俊. 2019. 互联网对中国制造业进口企业创新的影响[J]. 国际贸易问题, (11): 1-15.

王金杰, 郭树龙, 张龙鹏. 2018. 互联网对企业创新绩效的影响及其机制研究: 基于开放式创新的解释[J]. 南开经济研究, 204(6): 170-190.

吴群. 2017. 传统企业互联网化发展的基本思路与路径[J]. 经济纵横, (1): 57-61.

徐敬宏, 胡世明. 2022. 5G 时代互联网平台治理的现状、热点与体系构建[J]. 西南民族大学学报(人文社会科学版), 43(3): 144-150.

杨德明, 刘泳文. 2018. "互联网+"为什么加出了业绩[J]. 中国工业经济, (5): 80-98.

张伯旭, 李辉. 2017. 推动互联网与制造业深度融合: 基于"互联网+"创新的机制和路径[J]. 经济与管理研究, 38(2): 87-96.

张三峰, 魏下海. 2019. 信息与通信技术是否降低了企业能源消耗: 来自中国制造业企业调查数据的证据[J]. 中国工业经济, (2): 155-173.

张三峰. 2020. 中国私营企业治污投资与生产性投资研究[J]. 数量经济技术经济研究, 37(9): 141-159.

赵璨, 曹伟, 姚振晔, 等. 2020. "互联网+"有利于降低企业成本粘性吗? [J]. 财经研究, 46(4): 33-47.

郑丹辉, 李孔岳. 2015. 合法性视角下的民营企业绩效、政治关联与社会责任[J]. 商业研究, 462(10): 110-117.

政武经. 2019. 新时代民营企业高质量发展的五大路径与机遇[J]. 广西民族大学学报(哲学社会科学版), 41(1): 38-43.

Bertani F, Ponta L, Raberto M, et al. 2021. The complexity of the intangible digital economy: An agent-based model[J]. Journal of Business Research, 129: 527-540.

Bertschek I, Cerquera D, Klein J G. 2013. More bits - more bucks? Measuring the impact of broadband internet on firm performance[J]. Information Economics and Policy, 25(3): 190-203.

Muzellec L, Ronteau S, Lambkin M. 2015. Two-sided Internet platforms: A business model lifecycle perspective[J]. Industrial marketing management, (45): 139-150.

Ozcan B, Apergis N. 2017. The impact of internet use on air pollution: Evidence from emerging countries[J]. Environmental Science & Pollution Research, 25(5): 4174-4189.

Porter M E, Heppelmann J E. 2016. How smart, connected products are transforming companies[J]. Harvard Business Review, 94(1-2): 24.

Rymaszewska A, Helo P, Gunasekaran A. 2017. IoT powered servitization of manufacturing —An exploratory case study[J]. International Journal of Production Economics, 192: 92-105.

Vereecke A, Kalchschmidt M. 2016. E-business Strategy: How Companies Are Shaping Their Manufacturing and Supply Chain Through the Internet. A Review and Outlook[M]. Berlin: Springer International Publishing: 139-168.

Wang Y, Tian Q, Li X, et al. 2022. Different roles, different strokes: How to leverage two types of digital platform capabilities to fuel service innovation[J]. Journal of Business Research, 144(C): 1121-1128.

撰稿人：张三峰

审稿人：刘　军

第9章 数字经济视域下制造业企业数字化转型机理及路径研究

9.1 数字经济视域下制造业企业数字化转型的研究背景

近些年来，以美国为代表的西方国家推行贸易保护主义，世贸组织正在面临创立以来的最大挑战，加之新冠疫情暴发并在全球范围内肆意蔓延，多重不利因素叠加导致我国面对的外部形势日趋复杂多变。在此大背景下，习近平总书记提出，要构建以国内大循环为主体、国内国际双循环相互促进的新发展格局。作为国民经济的重要支柱，制造业的数字化转型可以有效支撑经济社会的健康发展，稳定就业与民生，缓解来自外部环境的冲击，并有力畅通国内国际双循环。当前，数字经济已经成为全球经济发展的新动力，世界各国均筹划依托数字化技术实现新一轮产业变革，占据全球产业链高端。而随着数字经济规模的不断扩张，我国数字化技术在国民经济中的渗透也在逐渐改变制造业的发展理念，以物联网、人工智能、区块链、5G 技术等为代表的数字经济具备强大的重塑效应，可以助力我国科技创新实现"弯道超车"，带动制造业突破"低端锁定"。然而，制造业的数字化与智能化转型并非一日之功，如何才能有效利用数字经济为制造业转型升级赋能，数字经济对制造业数字化转型究竟具有多大的促进效应，这些问题亟待进一步探究。

9.2 数字经济视域下制造业企业数字化转型的研究进展

9.2.1 数字经济的影响效应

数字经济发展产生的影响主要集中在经济和社会两个领域。从经济领域来看，数字技术的快速发展和广泛应用正在重塑社会的生产模式，对企业生产，提供商品、服务的机会和效率均产生了积极影响（王梦菲等，2020；Cardona et al.，2013）。何小钢等（2019）进一步拓展研究视角，发现高技能员工和长期雇员可以与企业的 ICT 应用形成互补效应，从而显著加强 ICT 的生产率。Gruber 等（2014）发现欧洲宽带基础设施部署在未来的收益将大于投资成本，这有助于为整个欧盟或单个欧盟成员国提供高新技术支持。此外，也有研究成果表明数字经济可以通过优化匹配机制、实现创新激励、激发大众创业等方式促进经济发展（荆文君等，2019；赵涛等，2020）。

从社会领域来看，数字经济在社会各个领域的普及度在逐渐提高，并令个体和社会都广泛受益。对老年人而言，"数字包容性"的提升有利于他们在健康和能力受限的情况下保持个体的独立性、社会联系和价值感，进而提升老年时期的生活质量（Olphert et al.，2013)。张勋等(2019)发现数字金融通过改善低物质资本或低社会资本群体的创业行为、助力农村群体的创业机会均等化等方式促进了中国的包容性增长。阎世平等(2020)实证研究发现，数字经济发展水平的提升在减少了对高中和初中学历劳动力需求的同时，增加了对小学及以下、高中以上学历劳动力的需求。

9.2.2 制造业数字化转型的影响因素

李春梅(2019)指出，技术进步、市场竞争、产业升级和外商直接投资是推动制造业数字化转型的积极因素。孙文浩等(2020)从微观视角出发研究发现，对外技术引进的减少有利于处于自主创新阶段的中小型制造业企业集聚高科技人才，但会抑制处于引进创新阶段的大型制造业企业集聚高科技人才。郭然等(2020)发现生产性服务业集聚与制造业数字化转型之间存在着 U 形对应关系，生产性服务业通过提升技术创新能力、优化产业结构等方式提升制造业发展质量，环境规制则会在生产性服务业促进制造业数字化转型的过程中起到积极作用。陈昭等(2019)从政府支持的视角切入，发现政府补贴对制造业企业发展质量的作用体现为两个方面：一方面，政府补贴直接抑制了制造业企业数字化转型；另一方面，政府补贴通过促进创新间接地促进了制造业企业数字化转型，总体表现为"遮掩效应"。

9.2.3 数字经济与制造业发展

数字经济发展对制造业的积极作用体现在诸多方面，尤其对于优化全要素生产率、释放经济活力而言至关重要(续继等，2019)。纵观现有研究，Li(2018)通过与德国"工业 4.0"进行对比的方法来评估《中国制造 2025》的发展轨迹，指出当前中国在高科技领域并非强者，而成熟的工业化国家如美国、德国、日本等已经全面部署了数字科技，有效实现了工业环境创新，促进了新产品的生产和本国品牌知名度的提升。焦勇(2020)提出，数字经济对制造业的影响逐步由价值重塑转向价值创造，表现为由要素驱动转向创新驱动，由产品导向转型为用户体验导向，由产业关联发展转向企业群落发展，由竞争合作的模式转型为互利共生模式。余东华等(2017)研究指出，信息技术的发展可以重塑全球价值链，为中国制造业提供了转型升级机遇。何文彬(2020)在此基础上进一步从全球价值链的角度出发，研究了数字经济对我国制造业的重塑效应，发现数字化投入与中低、中高知识密集型制造业的全球高端化程度显著正相关，其中研发强度更高的部门受益更多。李春发等(2020)从产业链的视角切入，发现数字经济与实体经济的深度融合将构成制造业转型升级的新动力。李捷等(2017)引入两部门模型研究了技术、资本密集型和劳动密集型制造业企业产出和信息技术应用程度之间的关系，发现在技术、资本密集型和劳动密集型制造业企业提升全要素生产率的过程中，对信息技术的应用程度差距可以有效推动制造业实现转型升级。

9.3 数字经济视域下制造业企业数字化转型的机理分析

数字经济对于释放制造业数字化转型的潜力具有至关重要的作用，其主要通过优化资源配置效率、调整生产方式、重塑就业结构、调节供需平衡和促进技术创新这五个途径促进制造业数字化转型。

第一，数字经济可以联结各类资源，优化要素市场与制造业企业内部的资源配置效率。信息数字化促使传统物质生产要素的固有形态发生转变，部分有形生产要素转化为附带数字化符号的无形生产要素，互联网+、云计算、人工智能和大数据等新兴数字技术拓宽了要素市场和劳动力市场的信息交流渠道，信息的有效性、时效性和透明度得到大幅度提升（荆文君等，2019；黎晓春等，2020），资本要素和劳动力要素在各个制造业生产单元之间的流动性显著增强，该地区要素市场和制造业企业的资源配置效率也会相应提升。

第二，数字经济调整了制造业企业的生产方式，倒逼中低端制造业企业转型升级。随着数字经济的发展，信息技术、互联网技术和工业智能化会逐渐渗透到传统行业，数字型制造企业尽管在前期需要投入较高的研发成本，但当客户规模达到临界点后，则会形成正向反馈，形成强者恒强的马太效应（荆文君等，2019），而传统的中低端制造业大多由密集劳动和密集资本驱动生产，企业数字化水平明显偏低，在市场竞争机制的作用下，高数字化水平的制造业企业将会倒逼此类低附加值、低效率的企业转型升级，进而优化制造业行业全要素生产率。

第三，数字经济重塑了制造业行业内部的就业结构，促使制造业企业的人力资本结构朝高级化方向转变。数字经济全面优化了制造业行业的信息化和自动化水平，重复性的简单工作任务被机器和计算机替代，繁杂且具备更强技术性的工作任务则被创造出来，认知、学习和社交等能力对于制造业企业的重要性被进一步提升，具备低人力资本结构特征的中、低技能劳动力将被逐渐挤出，接受高等教育或具备特定技能的高技能劳动力可以获取更强的比较优势（Acemoglu et al.，2018a，2018b；蔡跃洲等，2019；Deming et al.，2018；阎世平等，2020），制造业企业人力资本结构向高级化的转型将为制造业数字化转型注入新鲜活力。

第四，数字经济的包容性有力拉动了供需两端的高速增长和动态匹配。一方面，随着数字化终端的广泛普及，针对企业客户和个人消费者的电商平台的影响力受益于网络外部性而日益扩大，消费端的多样化需求被激发出来。另一方面，制造业企业依靠数字经济的发展，可以利用内外部的数字化技术如数字化平台交易、大数据定位客户群体等方式激发范围经济效应和规模经济效应，使用更低的成本开展更为多样化的业务。此外，互联网、云计算和大数据等高新技术提高了市场中供需双方获取信息的有效性，平台经济、共享经济的出现优化了供需双方的动态匹配（荆文君等，2019）。

第五，数字经济发展具备一定的技术创新效应和扩散效应，通过创新来驱动制造业的数字化转型。首先，在数字经济发展的背景之下，双边网络可以充分整合资源，在供需两端为企业的创新活动赋能，企业撬动创新资源的能力将大幅提升（黎晓春等，2020）。其次，信息技术可能通过前向关联溢出、后向关联溢出、研发生产部门和应用部门间互动溢出这三种方式带动工业部门的创新效率提升（韩先锋等，2014），制造业作为工业部门主要的创新载体也相应受益。数字经济将在技术创新中发挥关键作用，助力制造业的全要素生产率实现强劲增长。基于上述分析，本章提出假设 1。

假设 1：数字经济可以促进制造业的数字化转型。

不同地区在要素市场活跃度、制造业发展层次、技术创新基础等方面可能存在较大差异，这些差异可能会影响数字经济发展在制造业内的生产率效应。譬如东部地区往往是高新技术产业的始发地，半导体制造、汽车工业、航空航天产业等大量先进制造业企业在东部地区集聚。此外，相比于中西部地区，东部地区要素市场制度建设完备，基础设施完善，科技创新所需的资金和人才供给充足（李政等，2019），制造业的数字化水平较高。根据边际效应递减规律，数字经济对制造业数字化转型的影响可能体现为边际优化作用较小，甚至不会产生显著影响。但从另一个角度出发，数字经济作为一种新型经济形态，可以释放强烈的范围经济效应和规模经济效应（罗贞礼，2020；丁志帆，2020），东部地区优越的市场条件可以更好地与数字经济互促互补，进而表现为数字经济的规模递增效应。而中西部地区由于市场调节机制不全面、制度不完善，基础设施、人才和资金缺口较大，可能无法与数字经济形成有效匹配，导致无法大幅带动制造业数字化转型水平的提升。中国北部地区囊括了传统制造业的基地，具备扎实的制造业基础，而南部的长三角沿海地区则集聚了大量的高新制造企业。因此，上述数字经济对制造业数字化转型影响的"边际效应递减"假说以及"规模报酬递增"假说可能同样适用于以秦岭—淮河为边界划分的北部地区和南部地区。基于上述分析，本章提出假设 2。

假设 2：数字经济对制造业数字化转型的影响具有区位异质性。

9.4　制造业企业数字化转型的研究设计

9.4.1　指标设计

1. 核心解释变量：数字经济发展水平（digital）

当前，衡量数字经济的发展水平一般采用指标体系法，但难点在于构建指标体系的方法以及分项指标的选取。此外，北京大学、上海社科院、腾讯研究院等权威机构发布的数字经济综合指数也存在覆盖年份过短的问题。结合研究需要和数据获取的便利性，本章借鉴阎世平等（2020）、丛屹等（2020）的做法，从数字化基础设施的发展水平、数字经济的发展规模和移动数字化终端的应用程度这三个维度分析研究各省份在 2009～2020 年的数字经济发展水平（表 9-1）。首先，由于长途光缆的建设情况可以较好地表征该地区的电信通信发展水平，进而有效反映数字经济基础设施的建设情况，因此本章利用长途光缆线路长度表示数字化基础设施的发展水平。其次，利用快递业务量、软件产业收入和电信业务总量等分项指标，从电商物流、软件产业和电信业务规模这三个方面衡量数字经济的发展规模。最后，由于互联网和通信技术指标在省级层面的相关数据难以获取，本章利用各地区移动电话年末用户数与移动电话交换机容量表示该地区的移动数字化终端的应用程度。本章首先对各三级指标的原始数据进行标准化处理，消除量纲，然后采用熵权法对各级指标进行逐步合成，最终获得数字经济发展水平指标。

表 9-1　数字经济发展水平的指标体系

一级指标	二级指标	三级指标
数字经济发展水平	数字化基础设施的发展水平	长途光缆线路长度
	数字经济的发展规模	快递业务量
		软件产业收入
		电信业务总量
	移动数字化终端的应用程度	各地区移动电话年末用户数
		移动电话交换机容量

2. 被解释变量：制造业数字化转型水平（tfp_dea）

一方面，学界对于制造业数字化转型的实证研究较为匮乏。王桂军等（2020）指出，全要素生产率被定义为剔除了投入要素的贡献以后，由于技术进步和能力攀升所引致的总产出增量，这一定义可以更好地体现经济层面的高质量发展。另一方面，全要素生产率同时也契合了《中国制造 2025》中提升制造业竞争力、创新力与质量优先的发展理念。此外，尽管使用指标体系可以多角度地测度制造业的数字化转型，但分项指标的选取可能会存在较强的主观性和随意性。综合以上考量，本章采用制造业的全要素生产率来刻画制造业的数字化转型。基准回归中采用 DEA-Malmquist 生产率指数法对制造业的全要素生产率变化率进行测算。随后利用程惠芳等（2014）提及的处理方法，将制造业全要素生产率变化率转换为以 2009 年为基期的制造业全要素生产率。在具体的测算中，本章选择投入导向型且规模报酬不变的生产函数，借鉴张诚等（2018）选取投入产出指标的方法：①将省级制造业的工业销售产值作为产出指标，并使用工业生产者出厂价格指数将工业销售产值调整为以 2005 年为基期的不变价格；②将制造业的流动资产合计和固定资产净值相加用于近似替代资本投入，分别使用居民消费价格指数和固定资产投资价格指数将两项指标调整为以 2005 年为基期的不变价格；③将制造业的全年平均用工人数作为劳动投入指标。在稳健性测试部分，使用传统索洛剩余法（tfp_ols）测算的全要素生产率度量制造业的数字化转型水平。

3. 控制变量

为减弱计量模型中可能存在的遗漏变量偏误，本章控制了一系列可能对制造业数字化转型产生实质影响的因素：

（1）政府职能（gov）。地方政府的财政支出对地方市场往往起到强烈的干预作用，可以弥补市场自发调节的滞后性，进而对地方的制造业数字化转型产生积极影响。本章采用一般预算支出占地区名义生产总值的比例来衡量政府职能。

（2）技术进步（pat）。技术创新是技术进步的前提条件，创新产出的增加可以促进技术水平提升（王桂军等，2020），从而促进制造业的转型升级。本章使用省级专利授权数衡量技术进步。

（3）产业结构（is）。经济结构由工业化转向服务业化可能对制造业企业的转型升级产生显著影响。因此，本章参照干春晖等（2011）的做法，使用第三产业产值和第二产业产值之比度量产业结构。

（4）城镇化水平（urban）。非农人口的增加会优化该地区的人力资本结构，并通过这一渠道影响制造业企业的数字化转型。本章利用各地区非农人口占总人口的比例作为代理变量。

（5）人力资本水平（hum）。高水平的人力资本可以促进制造业企业提升创新能力和在行业内的竞争力，本章使用平均受教育年限指数来测度各地区的人力资本水平，具体的测算公式为

$$hum = \frac{(6 \times hum_1 + 9 \times hum_2 + 12 \times hum_3 + 16 \times hum_4)}{hum_5} \tag{9-1}$$

其中，hum_1 表示小学文化程度人口数，受教育年份计为 6 年；hum_2 表示初中文化程度人口数，受教育年份计为 9 年；hum_3 表示高中文化程度人口数，受教育年份计为 12 年；hum_4 表示专科及以上的文化程度人口数，受教育年份计为 16 年；hum_5 表示 6 岁以上样本人口数。

（6）基础设施建设（infra）。完备的基础设施可以降低地区间制造业企业的交易成本和生产要素的流动成本（黄庆华等，2020），有利于提升制造业企业的竞争力，形成规模经济效益。本章采用人均公路建设里程数来衡量地区的基础设施建设水平。

（7）固定资产投资（inv）。改革开放以来，固定资产投资的增加对中国制造业全要素生产率的增长起到了极大的促进作用（于斌斌，2017）。本章采用地方的固定资产投资总额作为该指标的代理变量。

（8）对外开放程度（fdi）。地方的外商直接投资可以通过产业间关联和技术溢出等渠道影响该地区的制造业生产率（于斌斌，2017）。本章采用各地区的实际使用外资来衡量当地对外开放程度，并利用历年的人民币与美元间的汇率进行换算。

9.4.2　经验模型设定

依照前文的理论分析和研究假设，本章设定如下经验模型以检验数字经济发展水平对制造业数字化转型的影响：

$$tfp\_dea_{it} = \alpha \ln digital_{it} + \sum_j \beta_j X_{ijt} + u_i + \gamma_t + \varepsilon_{it} \tag{9-2}$$

其中，tfp_dea_{it} 表示地区 i 在 t 年度的制造业数字化转型水平；$digital_{it}$ 表示地区 i 在 t 年度的数字经济发展水平；X_{ijt} 表示第 j 个控制变量在年份 t 省份 i 的数值；β_j 表示待估计系数；u_i 表示模型的个体效应；γ_t 表示模型的时间效应；ε_{it} 表示模型的随机扰动项。

9.4.3　数据说明与变量的描述性统计

为减少数据波动过大可能对回归结果造成的影响，本章对数字经济发展水平、技术进步、固定资产投资、对外开放程度等指标做自然对数化处理。指标的原始数据源于《中国工业统计年鉴》《中国经济普查年鉴》、中经网数据库和各省份的统计年鉴。时间跨度

为 2009~2020 年，变量的描述性统计见表 9-2。

表 9-2　变量的描述性统计

变量	样本量	平均值	标准误	最小值	最大值
tfp_dea	360	2.318	0.794	1.171	6.439
ln digital	360	2.823	2.109	−2.717	7.024
gov	360	0.214	0.0941	0.0798	0.627
ln pat	360	9.098	1.607	4.369	12.51
is	360	0.962	0.520	0.500	4.165
urban	360	0.524	0.140	0.269	0.896
hum	360	8.716	1.028	6.378	13.23
infra	360	3.318	2.070	0.429	13.25
ln inv	360	26.97	1.299	22.28	29.29
ln fdi	360	23.38	2.019	15.54	26.14

9.5　数字经济视域下制造业企业数字化转型的机理分析

9.5.1　基准回归结果

为检验数字经济对地区制造业数字化转型的影响并且保证基准回归结果的稳健性，本章分别使用控制了时间效应的最小二乘法、固定效应估计法、控制了时间效应的随机效应法和双向固定效应法对公式（9-1）进行估计，具体结果如表 9-3 所示。

表 9-3　基准回归结果

	（1）OLS tfp_dea	（2）FE tfp_dea	（3）RE tfp_dea	（4）FE tfp_dea
ln digital	0.112*** (0.036 7)	0.142*** (0.035 9)	0.080 2** (0.036 6)	0.119*** (0.038 5)
gov	0.876 (0.815)	2.821*** (0.726)	3.157*** (0.818)	3.041*** (0.837)
ln pat	−0.575*** (0.054 7)	0.237*** (0.068 9)	−0.099 2 (0.064 5)	0.191** (0.081 7)
is	0.327*** (0.088 2)	0.213** (0.102)	0.078 2 (0.113)	−0.188 (0.132)
urban	1.921*** (0.477)	−4.523*** (1.149)	−1.856** (0.770)	−7.475*** (1.285)

续表

	（1）	（2）	（3）	（4）
	OLS	FE	RE	FE
	tfp_dea	tfp_dea	tfp_dea	tfp_dea
Hum	−0.120	0.257***	0.277***	0.191*
	（0.073 3）	（0.077 9）	（0.094 8）	（0.101）
infra	−0.070 9***	（0.050 7）	−0.036 2	−0.006 27
	（0.026 2）	0.037 9	（0.040 9）	（0.046 8）
ln inv	0.260***	0.102***	0.126**	0.158***
	（0.058 3）	（0.030 3）	（0.051 1）	（0.052 1）
ln fdi	0.062 6***	−0.002 92	−0.003 28	−0.012 6
	（0.019 8）	（0.022 0）	（0.021 4）	（0.021 7）
_cons	−2.543	−3.771***	−2.841**	−2.310
	（1.554）	（0.821）	（1.417）	（1.631）
个体固定效应	No	Yes	Yes	Yes
时间固定效应	Yes	No	Yes	Yes
N	360	360	360	360
R^2	0.587	0.721	0.727	0.749

注：*、**、***分别表示在 10%、5%、1%的水平上显著，括号内为标准误。

从表 9-3 的列（1）～列（4）回归结果可以看出，回归模型的拟合优度保持在一个较高的水准，说明控制变量的选取具有较强的合理性和科学性。从各模型回归结果可以发现，核心解释变量 ln digital 均通过了显著性水平检验，且回归系数始终为正。由于数字经济对制造业数字化转型的发展更有可能同时存在不随个体层面变化的遗漏变量和时间趋势效应，双向固定效应的检验结果可能会更加地贴近现实，故以列（4）为例进行分析。当地区数字经济发展水平每提升 1%，可以提升该地区制造业数字化转型水平 0.119个百分点，且在 1%的水平上显著，表明发达的数字经济有利于该地区制造业行业的数字化转型，与预期相符。这可能是数字经济发展带动的市场资源配置效率优化、调节制造业生产方式、调整就业结构以及稳定供需匹配等多方面共同作用的结果。本章假设 1得到验证。

控制变量回归结果显示：政府职能的回归系数在 1%的置信水平上显著为正，说明当前我国政府对于市场的宏观调控可以有效稳定市场，为制造业的数字化转型提供了良好的宏观经济环境。技术进步的回归系数在 5%的置信水平上显著为正，说明地区层面的技术进步可以促进制造业数字化转型。产业结构的回归系数在统计上不显著，说明产业结构升级对制造业数字化转型并未产生实质性影响。人力资本水平的回归系数在 10%的置信水平上显著为正，说明地区平均受教育年限的提高也带动了制造业行业内人力资本水平的提升，对制造业的数字化转型起到了显著促进作用。城镇化率的回归系数在 1%的置信水平上显著为负，即城镇化的推进对于制造业数字化转型起到了一定的抑制作用。

这似乎与客观认识相悖，但这其实也是合理的，因为在新型城镇化步入正轨之前，我国的城镇化发展仍然存在着一定的盲目性和不合理性，一味地强调城镇化率的提升反而引发了产城脱节、职住分离、产业空心化等"产城不融合"的典型现象（丛海彬等，2017），制造业的数字化转型发展也因此受到负面影响。基础设施建设的回归系数在统计上不显著，说明当前地区基础设施建设已经对我国制造业的数字化转型难以产生实质性的推动作用。固定资产投资的回归系数在 1%的置信水平上显著为正，说明我国制造业的数字化转型仍然依赖于固定资产投资的增加，这与于斌斌（2017）的研究结论一致。对外开放程度的回归系数在统计上不显著，说明地方的外商直接投资并未对制造业的数字化转型产生实质性影响。

9.5.2　稳健性测试 I：对内生性问题的控制

通常来说，数字经济发展水平越高，越有利于该地区制造业的数字化转型，但制造业质量发展水平越高的地区，同样有更强的倾向去优化本地的生产效率，也更可能吸引数字经济龙头企业入驻，进而对本地数字经济水平产生了促进作用。可见，数字经济和制造业数字化转型之间可能存在逆向因果关系导致的内生性问题。此外，可能存在未被观测到却对制造业数字化转型产生影响的遗漏变量，导致回归的结果出现遗漏变量偏误。为控制逆向因果和遗漏变量导致的内生性问题，需要选择合适的工具变量纳入回归方程。但考虑到数据获取的局限性，本章延续刘瑞明（2012）、杨思莹等（2019）的做法，采用数字经济发展水平的滞后两期作为工具变量，这是因为数字经济发展往往具有一定的动态延续趋势。

依照以往文献的做法，在工具变量数目与内生变量数目相同的前提下验证工具变量有效性。具体方法是将内生变量与工具变量同时放入回归方程中。若控制了内生变量后，工具变量与被解释变量未表现出相关性，则表明工具变量仅通过内生变量这一渠道来影响被解释变量（方颖等，2011；何小钢等，2019）。工具变量的外生条件检验如表 9-4 所示。当制造业数字化转型分别对解释变量和工具变量进行回归时，两者的回归系数都显著为正；但如果将解释变量和工具变量同时放入回归方程中时，工具变量则不再显著。这说明滞后两期的数字经济发展水平仅通过影响当期的数字经济发展水平这一间接渠道来影响当期的制造业数字化转型，并未与被解释变量直接相关。

表 9-4　验证工具变量的外生条件

	tfp_dea	tfp_dea	tfp_dea
ln digital	0.119***		0.090 5*
	(0.038 5)		(0.049 0)
L2.ln digital		0.067 2*	−0.017 0
		(0.037 2)	(0.048 0)
gov	3.041***	0.439	0.795
	(0.837)	(0.893)	(0.920)

ln pat	0.191**	0.374***	0.314***
	(0.081 7)	(0.080 5)	(0.082 2)
is	−0.188	0.356***	0.096 2
	(0.132)	(0.113)	(0.138)
urban	−7.475***	−5.592***	−7.138***
	(1.285)	(1.242)	(1.336)
hum	0.191*	0.202**	0.175*
	(0.101)	(0.095 7)	(0.094 2)
infra	−0.006 27	0.410***	0.350***
	(0.046 8)	(0.073 9)	(0.075 4)
ln inv	0.158***	(0.065 1)	0.059 4
	(0.052 1)	0.046 8	(0.046 0)
ln fdi	−0.012 6	(0.012 6)	0.003 04
	(0.021 7)	0.019 9	(0.019 8)
_cons	−2.310	−3.936***	−1.777
	(1.631)	(1.496)	(1.553)
个体固定效应	Yes	Yes	Yes
时间固定效应	Yes	Yes	Yes
N	360	300	300
R^2	0.749	0.733	0.746

注：*、**、***分别表示在 10%、5%、1%的水平上显著，括号内为标准误。

　　表 9-5 汇报了 2SLS 的回归结果。第一阶段的回归结果表明，解释变量和工具变量显著正相关。R^2 为 0.8550，F 统计量为 87.75，说明工具变量具备对解释变量的较强解释力。针对弱工具变量检验结果，Cragg-Donald Wald F 统计量为 166.428，远远高于 Stock 等（2002）提供的弱识别检验在 10%水平上的评判值 16.38，表明不存在弱工具变量问题。对于过度识别检验，Anderson canon. corr. LM 统计量为 107.135，在 1%的置信水平上拒绝了"无法识别工具变量"的原假设。第二阶段的回归结果显示数字经济发展与制造业数字化转型显著正相关，初步表明基准回归结果具有稳健性。

表 9-5　两阶段最小二乘法的回归结果

	（1）第一阶段回归 ln digital	（2）第二阶段回归 tfp_dea
ln digital		0.111*
		(1.88)
L2.ln digital	0.604***	
	（12.90）	

续表

	（1）第一阶段回归 ln digital	（2）第二阶段回归 tfp_dea
gov	−5.589*** (−4.98)	1.061 (1.08)
ln pat	−0.059 1 (−0.58)	0.381*** (4.89)
is	0.236 (1.66)	0.330*** (2.93)
urban	−0.431 (−0.28)	−5.544*** (−4.67)
hum	0.020 5 (0.17)	0.200** (2.17)
infra	0.394*** (4.24)	0.367*** (4.80)
ln inv	0.030 7 (0.52)	0.0617 (1.37)
ln fdi	0.037 3 (1.49)	0.00845 (0.43)
个体固定效应	Yes	Yes
时间固定效应	Yes	Yes
N	300	300
R^2	0.855 0	
（F 统计量）	(87.75)	
弱工具变量检验	166.428 <16.38>	
过度识别检验	107.135 [0.0000]	

注：*、**、***分别表示在 10%、5%、1%的水平上显著，（　）括号内为 t 统计量；弱工具变量检验汇报了 Cragg-Donald Wald F 统计量，<>括号内汇报了 Stock 等（2002）提供的弱识别检验在 10%水平上的评判值；过度识别检验汇报了 Anderson canon. corr. LM 统计量，[　]括号内为对应 P 值。

9.5.3　稳健性测试 Ⅱ：替换被解释变量的度量方法

借鉴王桂军等（2020）的研究方法，本章利用索洛剩余法来计算各地区制造业行业的全要素生产率，以此作为制造业数字化转型的代理变量。在测算过程中采用传统的最小二乘法对全要素生产率进行估计。投入产出变量与前文设定保持一致，将测算结果计为 tfp_ols，进一步地将其作为被解释变量进行回归分析。结果如表 9-6 的列（1）所示，数字经济发展水平变量的回归系数在 5%的置信水平上保持显著正相关，说明数字经济显著促进了制造业的数字化转型。前述研究结论具备稳健性。

表 9-6 稳健性测试Ⅱ和区位异质性检验结果

	（1） 稳健性测试Ⅱ tfp_ols	（2） 东部地区 tfp_dea	（3） 中部地区 tfp_dea	（4） 西部地区 tfp_dea	（5） 北部地区 tfp_dea	（6） 南部地区 tfp_dea
ln digital	0.027 2**	0.251*	−0.026 6	0.132**	0.129	0.162***
	(0.013 5)	(0.134)	(0.069 8)	(0.050 4)	(0.083 1)	(0.041 2)
gov	−0.143	6.187**	6.833**	3.025**	−0.226	11.12***
	(0.293)	(2.511)	(2.709)	(1.412)	(0.873)	(1.460)
ln pat	0.033 8	0.138	−0.047 2	0.424**	0.141	0.041 6
	(0.028 6)	(0.107)	(0.149)	(0.184)	(0.087 9)	(0.133)
is	−0.155***	−0.341**	−0.368	0.447	−0.382***	0.399*
	(0.046 3)	(0.150)	(0.269)	(0.283)	(0.146)	(0.205)
urban	−1.218***	−11.03***	6.358**	−3.030	−13.96***	2.698
	(0.450)	(1.663)	(3.035)	(4.436)	(1.468)	(2.228)
hum	(0.039 8)	0.237*	(0.169)	−0.043 4	0.279**	−0.249
	0.035 5	(0.133)	0.140	(0.199)	(0.114)	(0.156)
infra	−0.055 6***	−0.257**	0.692***	−0.191***	0.071 6	−0.092 8
	(0.016 4)	(0.114)	(0.106)	(0.071 5)	(0.061 0)	(0.079 9)
ln inv	0.053 9***	0.316***	0.761***	0.120	0.534***	0.007 44
	(0.018 3)	(0.085 5)	(0.197)	(0.081 7)	(0.098 2)	(0.069 7)
ln fdi	(0.005 17)	−0.010 7	−0.038 2	−0.093 9	−0.015 4	−0.001 48
	0.007 60	(0.022 6)	(0.091 3)	(0.063 3)	(0.047 2)	(0.027 3)
_cons	−1.309**	−4.441*	−22.85***	−1.500	−8.631***	−0.451
	(0.571)	(2.390)	(6.223)	(3.092)	(2.669)	(2.348)
个体固定效应	Yes	Yes	Yes	Yes	Yes	Yes
时间固定效应	Yes	Yes	Yes	Yes	Yes	Yes
N	360	156	72	132	192	168
R^2	0.173	0.818	0.930	0.819	0.827	0.811

注：*、**、***分别表示在 10%、5%、1%的水平上显著，括号内为标准误。

9.5.4 区位异质性分析

为考察数字经济对制造业数字化转型的影响是否存在区位异质性，本章将全样本按照区域划分为东部、中部、西部、北部和南部 5 个地区，并进行回归分析。结果如表 9-6 的列（2）～列（6）所示。除列（3）和列（5），其他列中数字经济对制造业数字化转型的回归系数显著为正，说明在东部、西部和南部地区，数字经济对制造业的数字化转型都起到了显著的推动作用，而在中部和北部地区，数字经济对制造业的数字化转型并未产生显著影响。且东部地区回归系数大于西部地区，数字经济对东部制造业数字化转型的推动作用强于西部。由此，假设 2 得到验证。

9.6　研究结论与政策建议

1. 研究结论

在数字经济蓬勃发展的背景之下，制造业的数字化变革已进入攻坚期。如何提升制造业全要素生产率，实现制造业数字化转型，成为我国当前亟待解决的问题。本章基于 2009～2020 年省际面板数据，考察了数字经济对制造业数字化转型的影响，并分析了可能存在的区位异质性，研究发现：第一，数字经济显著促进了制造业数字化转型，并已成为当下推动制造业数字化转型的重要力量，在运用多种方法进行稳健性测试后该结论依然成立；第二，分地区检验结果表明，数字经济对制造业数字化转型的促进作用具有区位异质性。

2. 政策建议

本章立足于研究结论，提出相应的政策建议，以期更好地发挥数字经济对制造业数字化转型的优化促进作用。

第一，在数字经济可以有效推动制造业数字化转型的现实依据之下，应加强针对数字经济发展的新型基础设施建设，重点建设工业互联网、大数据中心、5G 通信基站，拓展新一代信息网络，引导数字技术在实体经济中的规模化应用，以数字经济与实体经济的融合发展助推制造业转型升级。

第二，顺应数字经济促进制造业数字化转型的区位异质性规律。由于制造业发展水平较高的东部地区、南部地区可以更好地发挥数字经济的生产率效应，因此在推动产业数字化过程中应避免同质化、一元化的发展战略。应在因地制宜的原则下对中部、西部、北部地区有所倾斜，力争以数字经济发展为契机引导各地区协调发展。

第三，强化新兴数字化技术的人才培养。一方面，在各级院校设置数字经济相关专业，注重对数字经济发展相关的师资力量的培养，扩大数字技术领域的学术型和技能型人才储备；另一方面，由地方政府和数字型领先企业牵头，组织开展实体企业的员工在职培训，逐步提升实体经济尤其是制造业企业员工的数字化、工业智能化素质。

参 考 文 献

蔡跃洲，陈楠. 2019. 新技术革命下人工智能与高质量增长、高质量就业[J]. 数量经济技术经济研究，36(5): 3-22.

陈昭, 刘映曼. 2019. 政府补贴、企业创新与制造业企业高质量发展[J]. 改革, (8): 140-151.

程惠芳, 陆嘉俊. 2014. 知识资本对工业企业全要素生产率影响的实证分析[J]. 经济研究, 49(5): 174-187.

丛海彬, 邹德玲, 刘程军. 2017. 新型城镇化背景下产城融合的时空格局分析: 来自中国 285 个地级市的实际考察[J]. 经济地理, 37(7): 46-55.

丛屹, 俞伯阳. 2020. 数字经济对中国劳动力资源配置效率的影响[J]. 财经理论与实践, 41(2): 108-114.

丁志帆. 2020. 数字经济驱动经济高质量发展的机制研究: 一个理论分析框架[J]. 现代经济探讨, (1): 85-92.

方颖, 赵扬. 2011. 寻找制度的工具变量: 估计产权保护对中国经济增长的贡献[J]. 经济研究, 46(5): 138-148.

干春晖, 郑若谷, 余典范. 2011. 中国产业结构变迁对经济增长和波动的影响[J]. 经济研究, 46(5): 4-16, 31.

郭然, 原毅军. 2020. 生产性服务业集聚能够提高制造业发展质量吗? 兼论环境规制的调节效应[J]. 当代经济科学, 42(2): 120-132.

韩先锋, 惠宁, 宋文飞. 2014. 信息化能提高中国工业部门技术创新效率吗[J]. 中国工业经济, (12): 70-82.

何文彬. 2020. 全球价值链视域下数字经济对我国制造业升级重构效应分析[J]. 亚太经济, (3): 115-130, 152.

何小钢, 梁权熙, 王善骝. 2019. 信息技术、劳动力结构与企业生产率: 破解"信息技术生产率悖论"之谜[J]. 管理世界, 35(9): 65-80.

黄庆华, 时培豪, 胡江峰. 2020. 产业集聚与经济高质量发展: 长江经济带 107 个地级市例证[J]. 改革, (1): 87-99.

焦勇. 2020. 数字经济赋能制造业转型: 从价值重塑到价值创造[J]. 经济学家, (6): 87-94.

荆文君, 孙宝文. 2019. 数字经济促进经济高质量发展: 一个理论分析框架[J]. 经济学家, (2): 66-73.

黎晓春, 常敏. 2020. 数字经济时代创新型城市发展的动力变革和路径优化研究[J]. 治理研究, 36(1): 93-99.

李春发, 李冬冬, 周驰. 2020. 数字经济驱动制造业转型升级的作用机理: 基于产业链视角的分析[J]. 商业研究, (2): 73-82.

李春梅. 2019. 中国制造业发展质量的评价及其影响因素分析: 来自制造业行业面板数据的实证[J]. 经济问题, (8): 44-53.

李捷, 余东华, 张明志. 2017. 信息技术、全要素生产率与制造业转型升级的动力机制: 基于"两部门"论的研究[J]. 中央财经大学学报, (9): 67-78.

李政, 杨思莹. 2019. 国家高新区能否提升城市创新水平? [J]. 南方经济, (12): 49-67.

刘瑞明. 2012. 国有企业、隐性补贴与市场分割: 理论与经验证据[J]. 管理世界, (4): 21-32.

罗贞礼. 2020. 我国数字经济发展的三个基本属性[J]. 人民论坛·学术前沿, (17): 6-12.

孙文浩, 张杰. 2020. 中美贸易战何以影响制造业高质量发展[J]. 科学学研究, 38(9): 1559-1569, 1596.

王桂军, 张辉, 金田林. 2020. 中国经济质量发展的推动力: 结构调整还是技术进步[J]. 经济学家, (6): 59-67.

王梦菲, 张昕蔚. 2020. 数字经济时代技术变革对生产过程的影响机制研究[J]. 经济学家, (1): 52-58.

续继, 唐琦. 2019. 数字经济与国民经济核算文献评述[J]. 经济学动态, (10): 117-131.

阎世平, 武可栋, 韦庄禹. 2020. 数字经济发展与中国劳动力结构演化[J]. 经济纵横, (10): 96-105.

杨思莹, 李政, 孙广召. 2019. 产业发展、城市扩张与创新型城市建设: 基于产城融合的视角[J]. 江西财经大学学报, (1): 21-33.

于斌斌. 2017. 生产性服务业集聚能提高制造业生产率吗? 基于行业、地区和城市异质性视角的分析

[J]. 南开经济研究, (2): 112-132.

余东华, 水冰. 2017. 信息技术驱动下的价值链嵌入与制造业转型升级研究[J]. 财贸研究, 28(8): 53-62.

张诚, 赵刚. 2018. 对外直接投资与中国制造业升级[J]. 经济与管理研究, 39(6): 52-65.

张勋, 万广华, 张佳佳, 等. 2019. 数字经济、普惠金融与包容性增长[J]. 经济研究, 54(8): 71-86.

赵涛, 张智, 梁上坤. 2020. 数字经济、创业活跃度与高质量发展: 来自中国城市的经验证据[J]. 管理世界, 36(10): 65-76.

Acemoglu D, Restrepo P. 2018a. Artificial Intelligence, Automation and Work[R]. NBER Working Papers.

Acemoglu D, Restrepo P. 2018b. The race between man and machine: Implications of technology for growth, factor shares and employment[J]. American Economic Review, 108(6): 1488-1542.

Cardona M, Kretschmer T, Strobel T. 2013. ICT and productivity: Conclusions from the empirical literature[J]. Information Economics and Policy, 25(3): 109-125.

Deming D, Kahn L B. 2018. Skill requirements across firms and labor markets: Evidence from job postings for professionals[J]. Journal of Labor Economics, 36(S1): S337-S369.

Gruber H, Hatonen J, Koutroumpis P. 2014. Broadband access in the EU: An assessment of future economic benefits[J]. Telecommunications Policy, 38(11): 1046-1058.

Li L. 2018. China's manufacturing locus in 2025: With a comparison of "Made-in-China 2025" and "Industry 4. 0" [J]. Technological Forecasting and Social Change, 135: 66-74.

Olphert W, Damodaran L. 2013. Older people and digital disengagement: A fourth digital divide? [J]. Gerontology, 59(6): 564-570.

Stock J H, Yogo M. 2002. Testing for Weak Instruments in Linear Ⅳ Regression[R]. NBER Working Paper.

撰稿人: 葛和平

审稿人: 程中华

第 10 章　智能化与城市绿色发展

国家"十四五"规划明确提出要改善环境质量、推动绿色发展，而智能化是城市绿色发展的重要路径。本章基于我国城市数据，研究了智能化对城市绿色发展的影响，结果表明，智能化具有显著的"绿色效应"，智能化减少了城市二氧化硫、PM$_{2.5}$ 等核心污染物的排放，促进了城市绿色发展。在影响机制上，智能化主要通过提升城市效率、激发城市创新活力从而助推城市绿色发展。

10.1　智能化与城市绿色发展的研究背景及进展

近年来，绿色发展成为我国经济与社会的重要发展目标，《中华人民共和国国民经济和社会发展第十四个五年规划和 2035 年远景目标纲要》明确提出"加快发展方式绿色转型""坚持生态优先、绿色发展"。然而同时，我国绿色发展面临着重大挑战。改革开放以来，在经济快速增长的同时，环境污染问题日益突出。据《2018 中国生态环境状况公报》，全国空气质量达标的城市仅占 35.8%。日益加剧的环境污染严重危害了居民健康，并产生高昂的医疗负担，空气污染导致的疾病会让低收入群体陷入"环境健康贫困"陷阱，并恶化地区内和城乡间的经济不平等（祁毓等，2015）。根据生态环境部的测算数据，中国每年因环境问题引起的经济损失占 GDP 的 10%。因此，解决我国的绿色发展问题意义十分重大。

当前智能化发展方兴未艾，深刻改变了经济社会发展的方式，为城市绿色发展提供了机会。结合我国的绿色发展目标，我们不禁要问，当前我国智能化发展有无带来环境质量的改善？如果能带来改善的话，其背后的影响机制与影响程度又如何。相关问题的探讨具有重要的现实意义。

从相关研究来看，传统文献研究了环境规制、国际贸易、政企关系、财税制度、城市化等因素对能源消耗、环境污染等涉及绿色发展问题的影响（Lutsey et al.，2008；Ang，2009；Liddle et al.，2010；梁平汉等，2014；贺俊等，2016），近年来，随着智能化发展，越来越多的学者从多维度研究了智能化的广泛影响，认为智能化促进了全要素生产率、提高了知识溢出效应，优化了产业结构，从而推动了技术创新，促进了经济增长，有利于一国在全球价值链上的攀升，但同时加剧了城乡收入差距，加大了智能化发达地区与落后地区之间的发展差距（Takase et al.，2004；Williams，2011；Danish et al.，2018；Khuntia et al.，2018；刘军等，2019；李廉水等，2020；侯世英等，2021；刘军等，2021；Kovacikova et al.，2021；陈冲等，2022；郑丽琳等，2022；张龙鹏等，2023）。在对环境质量的影响上，研究发现智能化发展减少了能耗，促进了产业转型，减少了 SO$_2$ 等污染物排放，从而对区域绿色发展起到促进作用，同时存在阶段性的倒 U 形影响关系（Nagao et al.，2017；刘洪涛等，2018；柏亮等，2020；Zhou et al.，2021）。智能化促进了企业绿色创新,对一国或区域的绿色发展起到促进作用,但在短期内加重环境负担(占华等,2022)。

通过梳理现有文献,我们发现随着当前智能化的快速发展和我国确立绿色发展的战略目标,对二者关系的研究日益成为学术热点,但整体缺少基于城市层面上智能化发展对绿色发展的影响研究。基于此,本章以我国 2014 年"宽带中国"试点政策事件作为我国城市层面上智能化发展的一次准自然实验,评估智能化发展对我国城市绿色发展的影响,从而拓展这一方面的相关研究。

10.2　智能化与城市绿色发展的政策背景及研究假设

10.2.1　"宽带中国"的政策背景

智能化发展的基础是数字基础设施的建设,为了在国家战略层次上加强引导、推动我国数字经济发展,国务院于 2013 年 8 月印发《国务院关于印发"宽带中国"战略及实施方案的通知》,政策重点在于加强以宽带建设为核心的数字基础设施投资。次年,工信部和国家发改委印发《创建"宽带中国"示范城市(城市群)工作管理办法》,并于 2014、2015 和 2016 年分三批次选择 120 个城市作为"宽带中国"示范城市,明确要求示范城市要实现本地区宽带发展水平的大幅度提升。国家和地方政府采取了相应的政策配套措施,通过加大投资、设立示范项目等大力推动示范城市的数字基础设施建设。智能化发展依赖于数字基础设施的建设,"宽带中国"试点政策提供了一个较好的准自然实验,可以通过双重差分法(DID)的方法,评估智能化对城市绿色发展的影响。

10.2.2　影响机制分析与研究假设

我们认为智能化对城市绿色发展存在以下影响机制:

一是技术效率提升效应。智能化通过缩短城市间的时空距离,降低生产要素流动的障碍,实现劳动力、信息、资本等要素围绕网络进行优化重构,从而提升城市的技术效率,减少生产过程中的污染排放。根据国际能源署报告中的案例,智能化应用于卡车可使公路货运能源消耗降低 20%~25%,智能恒温器和智能照明的应用可使住宅和商业建筑用电量降低 10%。以上典型数据说明智能化通过提升技术效率,对降低城市的能源消耗、促进城市的绿色发展有着十分明显的作用。

二是创新活动激发效应。智能化在各经济领域的渗透过程中,创新活动被极大地激发,推动城市经济活动的绿色转型。智能化的投资活动驱使更高的产业投资,在这一过程中,产业投资需要与智能化技术进行匹配和耦合,没有大量的创新活动显然无法进行。智能化同时还创新了城市治理方式,提高了监管水平,从而推动了城市绿色发展。

根据上述机理分析,我们提出以下两个假设。

假设 1:智能化发展有利于降低城市环境污染,从而提升城市绿色发展。

假设 2:智能化发展通过提升技术效率、激发创新活动的影响机制降低城市环境污染,从而促进城市绿色发展。

10.3　智能化与城市绿色发展的研究设计

10.3.1　模型设定

"宽带中国"属于典型的数字基础设施建设，对城市智能化发展起到了重要的影响作用，示范城市由于接受了国家大量的数字基础设施投资，智能化水平得到迅速提升，与非示范城市形成了较为明显的对比。这无疑提供了一次难得的政策评估的准自然实验。将"宽带中国"政策作为城市智能化水平的代理变量，通过双重差分法（DID）的方法，观察示范城市与非示范城市在政策冲击前后的差异，从而可以评估智能化对城市绿色发展的影响。与传统计量回归方法相比，DID 方法较好地解决了遗漏变量等因素对模型内生性的影响，能够得到更为"干净"的政策效应，因此在近些年的研究中被越来越多地得到使用。在具体方法应用上，考虑到"宽带中国"的政策是分批次执行，本章构建了渐进 DID 模型。

在模型构建上，首先设置两个虚拟变量。一是实验组和控制组虚拟变量（Group），将"宽带中国"示范城市定义为实验组，赋值为 1；非示范城市定义为控制组，赋值为 0；二是政策实施的时间虚拟变量（Time），将政策实施之后的年份赋值为 1，之前年份赋值为 0。构建渐进 DID 的双向固定效应模型如下：

$$\text{Green}_{i,t} = \alpha_0 + \alpha_1 \text{Time}_{i,t} \times \text{Group}_{i,t} + \sum \gamma_j X_{i,t} + \mu_i + \upsilon_t + \lambda_{i,t} \tag{10-1}$$

其中，被解释变量 $\text{Green}_{i,t}$ 表示第 i 个城市第 t 年的绿色发展情况；$\text{Time}_{i,t} \times \text{Group}_{i,t}$ 代表"宽带中国"政策，在后续处理中以 Policy 代表这个交互项；对于其他变量，X 代表一组控制变量；μ_i 代表个体的固定效应；$\lambda_{i,t}$ 代表残差项；υ_t 代表时间趋势；α_0 是常数项；α_1 和 γ_j 是变量系数。本章重点关注 Time 和 Group 的交互项系数 α_1，通过观察 α_1 的显著性和大小，可以评估"宽带中国"政策对城市绿色发展的影响效应。

10.3.2　变量设定

对于被解释变量 Green，考虑到环境质量是绿色发展的重要内容，本章将影响城市环境质量较为关键的污染排放指标作为城市绿色发展的代理变量，具体选择工业二氧化硫（SO_2）、$PM_{2.5}$、工业废水（Wastewater）、工业烟尘（Smoke）等核心污染物的排放。

对于控制变量，选择以下变量：

（1）经济发展水平（ln pgdp）。以人均生产总值的对数来衡量，越发达的城市，消费水平会相应增加，可能会导致更多的污染排放。但城市发展水平上升也可能意味着城市财政收入的增加，会对绿色生产与绿色出行等方面有更多的投入，从而有利于污染减排的控制，因此该变量回归结果不确定。

（2）城市化水平（Urban）。用人口密度的对数来衡量，随着城市化水平上升，一方面更多的城市工业活动会增加污染排放，产生"大城市病"问题；但是，另一方面聚集效应意味着更大的规模经济和技术溢出效应，从而降低污染排放，因此该变量的回归结果还需具体观察。

（3）外商投资（FDI）。用当年城市实际使用外资占生产总值的比例表示，作为城市对外开放性的控制变量。FDI 与环境污染之间的关系有两个相互不同的假设，即"污染光环"和"污染天堂"（Shao et al.，2009），前者认为 FDI 可以通过绿色技术的外溢效应减少当地的污染，后者则认为 FDI 可能通过污染工业转移而恶化当地的环境治理，至于具体的影响效果需要后面的实证检验。

（4）科学与教育投入（SE）。该变量以城市在科学和教育上的支出占财政总支出的比例来衡量，一般来讲，科学与教育投入越高的城市，城市技术创新活动与人力资本水平也会越高，从而有利于城市的绿色发展。

（5）环境监管（ER）。大多数研究通常通过环境控制支出、排污成本和环境税来评估环境规制，考虑到城市层面的相关数据较难获得，通过工业固体废物综合利用率来衡量环境监管。

10.3.3 数据来源

本章研究中的"宽带中国"示范城市名单来自中国工业和信息化部网站。PM$_{2.5}$浓度年度平均值源自达尔豪斯大学大气成分分析组，该数据综合了地面监测数据和卫星数据，被国内较多研究使用。其他数据主要来自 2008～2018 年《中国城市统计年鉴》，对于部分指标的缺失数据根据时间趋势将其补齐。最终得到 2008～2018 年中国 281 个地级市 11 年的面板数据，数据描述性统计如表 10-1。

表 10-1 数据描述性统计

变量	观测值	中值	标准差	最小值	最大值
SO$_2$	3091	4.847	5.202	0.009 20	62.72
PM$_{2.5}$	3091	43.103	19.212	3.596	110.121
Wastwater	3091	8.297	1.081	4.094	11.4
Smoke	3091	9.704	1.108	4.025	15.458
Policy	3091	0.138	0.345	0	1
ln pgdp	3091	10.21	1.835	1.753	19.28
FDI	3091	0.020 3	0.037 6	0	0.977
Urban	3091	5.740	0.917	1.597	7.882
SE	3091	0.198	0.052 1	0.015 8	1.219
ER	3091	80.224	22.154	0.240	143.24

10.4 智能化对城市绿色发展的影响研究

10.4.1 平行趋势检验

平行趋势假设是应用 DID 方法进行政策评估的重要前提，即"宽带中国"政策实施之前，各城市的污染物排放保持相对稳定的变动趋势。利用事件分析法，构建以下动态模型：

$$\text{Pollution}_{i,t} = \theta_0 + \sum_{\tau=-1}^{\tau=-6} \theta_\tau \text{pre} + \theta_0 \text{dummy} + \sum_{\eta=1}^{\eta=5} \theta_\eta \text{post} + \sum_{N=1}^{N} \theta_N \text{control} + \mu + \gamma + \upsilon \quad (10\text{-}2)$$

其中，$\text{Pollution}_{i,t}$ 代表城市的环境污染水平；pre 是一组反事实虚拟变量，假定"宽带中国"政策在实际实施之前的年份（τ）实施，通过赋值 pre = 1 来表示；假设"宽带中国"政策在实际实施之后的年份（η）实施，通过赋值 post = 1 来表示；dummy 为"宽带中国"政策的虚拟变量，实施当年赋值为 1；以上 3 个虚拟变量在其他情况下赋值为 0。图 10-1 显示了"宽带中国"试点政策实施前后城市 SO_2 污染排放的变动趋势，可以看到在政策实施之前，示范城市和非示范城市的污染排放没有显著差异；而在政策实施之后，示范城市和非示范城市的污染排放差异呈扩大趋势。因而通过平行趋势检验，可以通过 DID 工具方法来评估"宽带中国"政策对我国城市环境质量的影响。

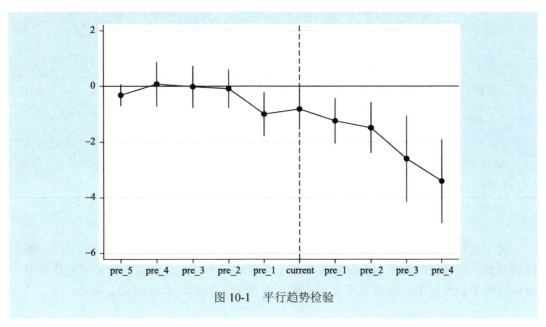

图 10-1　平行趋势检验

10.4.2　基准回归结果

利用渐进 DID 方法评估"宽带中国"政策对城市环境的影响，回归结果如表 10-2。回归结果表明，在加入控制变量的情况下，"宽带中国"政策对 SO_2 和 $PM_{2.5}$ 排放指标均有显著的负向影响，但对工业废水排放的影响为正且呈显著性，而对工业烟尘排放的影响不显著。可能的原因是，工业废水的处理涉及更多城市设施和行政管理效率，智能化发展并不容易对工业废水发挥减排效应，甚至可能由于大规模建设产生了更多的工业废水。智能化发展对工业烟尘的减排影响可能需要更长的时间。考虑到 SO_2 和 $PM_{2.5}$ 是最为关键的污染气体排放，我们认为整体来讲，"宽带中国"政策对城市污染排放还是起到了显著的减少作用，从而提升了城市绿色发展水平。

表 10-2　基准回归结果

变量	SO₂ （1）	PM₂.₅ （2）	Wastwater （3）	Smoke （4）
Policy	−1.304***	−0.805**	0.148***	0.113
	(0.407)	(0.398)	(0.045)	(0.071)
ln pgdp	−0.104	−2.740***	−0.028	0.000 2
	(0.160)	(0.550)	(0.032)	(0.010)
FDI	3.239***	1.095	0.817	−0.398
	(1.127)	(2.972)	(0.813)	(0.306)
Urban	−0.881	−5.162**	0.040	−0.198
	(1.493)	(2.489)	(0.325)	(0.462)
SE	−0.513	−10.306***	−0.326	1.220***
	(1.235)	(2.782)	(0.269)	(0.377)
ER	−0.006	0.014*	−0.001	0.001
	(0.005)	(0.007)	(0.001)	(0.001)
常数项	12.547	92.026***	8.362***	10.245***
	(8.474)	(14.415)	(1.858)	(2.601)
观测值	3901	3901	3901	3901
R^2	0.361	0.573	0.319	0.305
城市固定效应	是	是	是	是
年份固定效应	是	是	是	是

注：括号中为 P 值，*、**、***分别表示在 10%、5%、1%水平上显著。

对于其他控制变量的回归，经济发展水平、城市化水平、科学与教育投入对 $PM_{2.5}$ 排放起到了显著的降低作用。而 FDI 带来了更多的 SO_2 排放，说明 FDI 的"污染天堂"效应发挥了更大作用，促进了所在城市的污染排放。因此，本章假设 1 成立。

10.4.3　稳健性检验

考虑到样本选择偏差可能使得回归结果有偏，而 PSM 能够较好解决样本选择偏差问题，进一步采用 PSM-DID 方法进行检验。首先对实验组和控制组的城市样本进行匹配，然后进行回归检验。限于篇幅关系，选择城市关键污染物 SO_2 的排放进行 PSM-DID 检验，表 10-3 的结果显示"宽带中国"政策对城市污染排放确实起到了显著的降低作用。

影响变量之间关系的内生性的另一个因素是遗漏变量问题。为了减少遗漏变量对回归结果的影响，通过随机分配示范城市的方法进行安慰剂检验。先提取 $Time_{i,t} \times Group_{i,t}$ 进行 500 次随机排序，得到 500 个假变量 $Time_{i,t} \times Group_{i,t}$ false。再用 $Time_{i,t} \times Group_{i,t}$ false 代替原来的变量 $Time_{i,t} \times Group_{i,t}$，形成 500 个新的样本，同时保持其他变量的顺序。最后，使用 500 个新样本，基于模型（10-1）的渐进 DID 模型来估计 $Time_{i,t} \times Group_{i,t}$ false

表 10-3　PSM-DID 回归结果

变量	(1)	(2)
Policy	−1.331***	−1.278***
	(0.421)	(0.413)
ln pgdp		−0.015
		(0.160)
FDI		5.617*
		(3.077)
Urban		−1.064
		(1.718)
SE		0.049
		(2.380)
ER		−0.005
		(0.005)
常数项	6.643***	13.031
	(0.178)	(9.882)
观测值	2728	2728
R^2	0.372	0.374
城市固定效应	是	是
年份固定效应	是	是

注：括号中为 P 值，*、***分别表示在 10%、1%水平上显著。

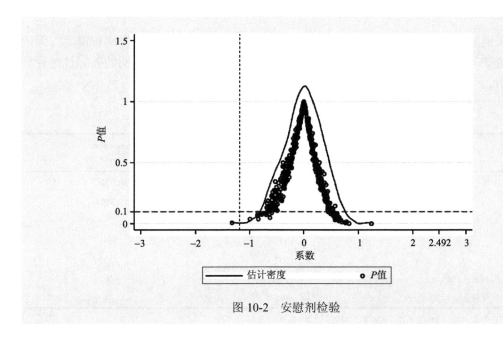

图 10-2　安慰剂检验

的影响。这样就可以判断基准回归的结果是不是由于缺失变量的影响而产生的"偶然发现"。结果表明，随机分配的估计值在 0 附近基本服从正态分布（图 10-2），进一步表明回归结果的稳健性。

10.5　机制检验与异质性分析

10.5.1　机制检验

根据前面的分析，智能化发展可以通过提升城市技术效率、促进技术创新活动等渠道减少城市污染排放。为了验证这些机制，我们根据以下公式检验"宽带中国"政策对潜在机制变量的影响：

$$M_{i,t} = \alpha_0 + \alpha_1 \text{Time}_{i,t} \times \text{Group}_{i,t} + \sum \gamma_j X_{i,t} + \mu_i + \upsilon_t + \lambda_{i,t} \qquad (10\text{-}3)$$

其中，中介变量为潜在机制变量，包括的两个变量为

（1）全要素生产率（TFP）。技术效应利用城市的全要素生产率指标来代表，采用 DEA-Malmquist 方法计算。智能化发展使劳动、资本和技术等生产要素能够得到更为合理配置，从而减少城市污染排放，因此我们选取城市的全要素生产率来验证技术效应。

（2）技术创新（Innovation）。现有研究通常使用注册专利数量作为技术创新的衡量标准，但该指标并没有真正反映不同类型专利价值的差异。本章参考一些研究做法，采用复旦大学产业发展研究中心公布的中国城市创新指数作为城市创新活动的代理变量。

表 10-4 报告了"宽带中国"政策对中介变量的影响，结果验证了"宽带中国"政策提升了城市的技术效率，激发了城市的创新活动，从而降低城市的污染排放，促进了城市绿色发展水平。因此，本章假设 2 成立。

10.5.2　异质性分析

中国地域辽阔，城市之间存在着地理环境、要素禀赋水平、经济发达程度等方面的差异，这些差异可能导致政策效应因城而异，因此有必要考虑城市之间的差异性进行异质性分析。

表 10-4　机制检验

变量	TFP（1）	Innovation（2）
Policy	0.367***	30.022***
	(0.038)	(9.340)
控制变量	是	是
观测值	3091	3091
R^2	0.052	0.158
城市固定效应	是	是
年份固定效应	是	是

注：括号中为 P 值，***表示在 1%水平上显著。

1. 区域异质性

近几年来，我国经济的区域差异出现了一个明显现象，即从东西差异转向南北差异。这引起了一些学者的兴趣，他们对此进行了相关研究。结合本章研究，我们希望知道，智能化对我国城市绿色发展的影响是否也存在着南北差异？基于我国南北气候差异以及历史政策等，我国在北方提供集中供暖服务，这自然会引起因烧煤而产生的环境污染问题。因此北方对城市的污染减排有更高的渴望。对此我们增加城市是否属于北方的虚拟变量（North），根据我国常用的南北方划分方法，如果城市在秦岭—淮河线以北，则 North 赋值为 1；否则归为南方城市，North 赋值为 0。设置 North 与"宽带中国"政策效应变量的交互项，加入回归模型中进行回归。回归结果如表 10-5 的列（1）所示，效应显著为负，说明"宽带中国"政策在北方城市的政策效应更明显。回归结果具有十分积极的政策含义，对于污染程度更高、发展水平欠缺的北方城市来说，在绿色发展上能够享受更高的"数字红利"。

2. 城市规模异质性

城市规模越大，对其自身的绿色发展是越有利还是越有害。规模较大的城市有着更明显的经济集聚效应，有利于城市绿色发展，但与此同时，"大城市病"意味着规模越大的城市面临更棘手的环境治理问题。智能化发展对不同规模的城市在绿色发展上带来的影响有何不同。对此我们增加城市规模变量（Size），以城市人口的对数来代表，设置 Size 与"宽带中国"政策效应变量的交互项，加入回归模型中进行回归。结果如表 10-5 的列（2），交互项在 5% 水平上显著为负，但 Policy 的回归结果变成正，说明城市规模超过一定水平时，"宽带中国"政策对城市的环境效应会更显著。这意味着智能化对解决我国"大城市病"有着积极意义。

3. 发展水平异质性

由于各城市发展水平存在显著差异，我们关注智能化对不同发展水平城市的绿色发展是否有不同的影响。对此我们以城市的人均生产总值来衡量城市的发展水平，设置人均生产总值与"宽带中国"政策效应变量的交互项，加入回归模型中进行回归。结果如表 10-5 的列（3），交互项在 1% 水平上显著为负，这说明城市发展到达一定水平时，"宽带中国"政策会显著减少城市的污染排放，从而促进城市绿色发展。

4. 去除一线城市

我国存在着一线城市。这些城市作为我国行政与经济中心，往往能够享受到更多的政策倾斜和资源投入，因而与其他城市存在着较强的异质性。为了减少一线城市的特殊性对回归结果的影响，参照孙传旺等（2019）的方法，我们在样本中剔除北、上、广、深这四座城市，进行重新回归。回归结果如表 10-5 的列（4），在剔除一线城市的样本后，"宽带中国"政策的环境效应仍然在 1% 水平上显著为负，表明"宽带中国"政策效应稳健。

表 10-5　异质性分析结果

变量	区域异质性 （1）	城市规模异质性 （2）	发展水平异质性 （3）	去除一线城市 （4）
Policy	−0.690*	10.614*	0.519	−1.146***
	(1.581)	(5.474)	(0.472)	(0.377)
Policy × North	−1.413*			
	(0.782)			
Policy × Size		−1.989**		
		(0.941)		
Policy × ln pgdp			−0.171***	
			(0.057)	
控制变量	是	是	是	是
常数项	13.502	5.220	12.177	8.723
	(8.367)	(9.162)	(8.508)	(9.506)
观测值	3091	3091	3091	3047
R^2	0.365	0.382	0.367	0.366
城市固定效应	是	是	是	是
年份固定效应	是	是	是	是

注：括号中为 P 值，*、**、***分别表示在 10%、5%、1%水平上显著。

10.6　主要结论与政策启示

近年来，我国智能化发展正在重塑着城市的发展模式，对于城市绿色发展具有重要意义。本章利用"宽带中国"政策作为一项准自然实验，采用渐进 DID 模型，评估了我国智能化发展对中国城市绿色发展的影响及其机制，并进行了相关检验和异质性分析。研究发现，智能化发展显著减少了我国城市 SO_2、$PM_{2.5}$ 等关键污染物排放，促进了城市绿色发展。在影响机制上，智能化通过提升城市技术效率、激发城市技术创新活动而促进了城市绿色发展。相关的异质性检验表明，智能化对我国北方城市、大城市、经济发展水平高地区的绿色发展起到更大的作用。

研究结论对于我国通过智能化来推动城市绿色发展具有积极的政策启示意义。第一，我国应该继续加大智能化建设，加强政策的前瞻性和规划性引导，促进社会投资。第二，本章研究为我国缓解"大城市病"提供了新思路。改革开放以来，大城市在经济快速发展的同时产生了环境恶化等问题，对这些城市更需要加强财政支持和政策引导，通过智能化发展来创新城市发展模式，推动我国城市绿色发展的整体水平。第三，要统筹解决城市绿色发展过程中的阶段性问题。本章研究表明，智能化发展对 SO_2、$PM_{2.5}$ 等关键污染物排放具有显著的降低作用，有利于城市绿色发展。但实证研究也表明，智能化发展对烟尘排放作用不明显，对降低污水排放甚至起到负面作用。这可能与我国的发展阶段有关系, 相关的积极效应还未显现, 这说明我国城市的绿色发展是一项系统性工程, 要综合利用各种手段来推进。

参 考 文 献

柏亮, 陈小辉. 2020. 数字经济如何影响工业 SO_2 排放?——理论解读与实证检验[J]. 东北财经大学学报, 5: 73-81.

陈冲, 孙永驰. 2022. 工业智能化如何影响城乡收入差距: 基于技能偏向性视角[J]. 广东财经大学学报, 37(3): 21-33.

贺俊, 刘亮亮, 张玉娟. 2016. 税收竞争、收入分权与中国环境污染[J]. 中国人口·资源与环境, 26(4): 1-7.

侯世英, 宋良荣. 2021. 智能化对区域经济增长质量发展的影响及内在机理: 基于 2012~2018 年中国省级面板数据[J]. 广东财经大学学报, 36(4): 4-16.

李廉水, 鲍怡发, 刘军. 2020. 智能化对中国制造业全要素生产率的影响研究[J]. 科学学研究, 38(4): 609-618, 722.

梁平汉, 高楠. 2014. 人事变更、法制环境和地方环境污染[J]. 管理世界, 6: 65-78.

刘洪涛, 杨洋. 2018. 信息化与中国碳强度: 基于中国省级面板数据的经验分析[J]. 科技管理研究, 38(19): 226-233.

刘军, 曹雅茹, 鲍怡发, 等. 2021. 制造业智能化对收入差距的影响研究[J]. 中国软科学, 363(3): 43-52.

刘军, 常慧红, 张三峰. 2019. 智能化对中国制造业结构优化的影响[J]. 河海大学学报(哲学社会科学版), 21(4): 35-41, 106.

祁毓, 卢洪友. 2015. 污染、健康与不平等: 跨越"环境健康贫困"陷阱[J]. 管理世界, (9): 32-51.

孙传旺, 罗源, 姚昕. 2019. 交通基础设施与城市空气污染: 来自中国的经验证据[J]. 经济研究, 54(8): 136-151.

占华, 后梦婷, 檀菲菲. 2022. 智能化发展对中国企业绿色创新的影响: 基于新能源产业上市公司的证据[J]. 资源科学, 44(5): 984-993.

张龙鹏, 张双志, 胡燕娟. 2023. 产业智能化对出口复杂度的影响: 兼论人口老龄化的调节作用[J]. 产业经济评论, (2): 41-54.

郑丽琳, 刘东升. 2022. 工业智能化如何影响制造业参与国际分工: 基于全球价值链视角[J]. 广东财经大学学报, 37(4): 18-29.

Ang J B. 2009. CO_2 emissions, research and technology transfer in China[J]. Ecological Economics, 68(10): 2658-2665.

Danish, Khan N, Baloch M A, et al. 2018. The effect of ICT on CO_2 emissions in emerging economies: Does the level of income matters?[J]. Environmental Science and Pollution Research, 25(23): 22850-22860.

Khuntia J, Saldanha T, Mithas S, et al. 2018. Information technology and sustainability: Evidence from an emerging economy[J]. Production and Operations Management, 26(4): 756-773.

Kovacikova M, Janoskova P, Kovacikova K. 2021. The impact of emissions on the environment within the digital economy [J]. Transportation Research Procedia, 55(1): 1090-1097.

Liddle B, Lung S. 2010. Age-structure, urbanization, and climate change in developed countries: Revisiting STIRPAT for disaggregated population and consumption-related environmental impacts[J]. Population and Environment, 31(5): 317-343.

Lutsey N, Sperling D. 2008. America's bottom-up climate change mitigation policy[J]. Energy Policy, 36(2): 673-685.

Nagao T, Haram, Hannoe S, et al. 2017. Estimation of Reduction in CO_2 Emissions by Using ICT throughout

Japan[M]. Singapore: Springer Singapore.

Shao S, Qi Z. 2009. Energy exploitation and economic growth in Western China : An empirical analysis based on the resource curse hypothesis[J]. Frontiers of Economics in China, 4(1). 125-152.

Takase K, Murota Y. 2004. The impact of IT investment on energy: Japan and US comparison in 2010[J]. Energy Policy, 32(11): 1291-1301.

Williams E. 2011. Environmental effects of information and communications technologies[J]. Nature, 479(7373): 354-358.

Zhou J, Lan H, Zhao C, et al. 2021. Haze pollution levels, spatial spillover influence, and impacts of the digital economy: Empirical evidence from China[J]. Sustainability, 13(16): 9076.

撰稿人：韩会朝　海晨茜

审稿人：程中华

第11章 人工智能、技术创新与创新模式选择

11.1 人工智能、技术创新与创新模式的研究背景

党的十九届五中全会指出，要坚持创新在现代化建设全局中的核心地位，把科技自立自强作为国家发展的战略支撑，深入实施创新驱动发展战略，提升企业技术创新能力，加快建设科技强国。当今，人工智能作为新一代信息技术，正逐步与各种产业整合，加快经济结构的优化与升级，对经济乃至整个社会产生深远的影响。更为重要的，人工智能在经济中的扩散将改变创新过程，刺激创新的能力，并且随着时间的推移，可能会成为主导因素（Cockburn et al.，2018）。为此，习近平总书记在中共中央政治局第九次集体学习中强调，要"以人工智能技术推动各产业变革，在中高端消费、创新引领、绿色低碳、共享经济、现代供应链、人力资本服务等领域培育新增长点、形成新动能。"[①]因而，如何通过人工智能赋能技术创新，成为当前面向科技自立自强以及创新驱动国家战略需求的重要议题。

随着人工智能成为目前开发和部署的最具前景的技术之一（Acemoglu et al.，2020），有关其对经济、收入不平等、就业等方面影响的文献与日俱增（曹静等，2018）。近年来，一些学者从理论与实证上研究了人工智能对技术创新的有益影响（Cockburn et al.，2018；Liu et al.，2020；杨祎等，2021），但也存在一定不足：

一是缺乏对影响机制的深入探讨。现有研究多从理论上论证人工智能应用对技术创新的促进作用（Cockburn et al.，2018；杨祎等，2021），未进行深入的经验分析。Liu 等（2020）对中国 16 个行业的面板数据分析后发现，以工业机器人应用数据衡量的人工智能水平对技术创新有显著的正向影响，但囿于研究数据，并未对其影响机制进行深入的实证检验。

二是将技术创新视为同质性活动进行探讨。根据双元创新理论，技术创新可以分为渐进式创新（incremental innovation）与突破式创新（radical innovation）两种模式（Christensen，1997）。其中，渐进式创新指的是对主流市场产品性能提升做出贡献的创新，突破式创新指的是对主流市场进行颠覆并对在位企业竞争力产生破坏作用的创新。创新模式的倾向决定了企业的未来市场预期与战略定位。企业创新能力的提升是沿着技术轨道发展的渐进式创新能力与跃迁到新的技术轨迹的突破式创新能力二元交互的动态演进过程，渐进式创新与突破式创新对企业而言均不可或缺（徐蕾等，2013）。事实上，随着新一轮信息革命的到来，单一创新模式也已经无法满足国际化市场竞争需求，柯达、诺基亚等巨头的陨落已经佐证了单一创新模式的不可持续性。

三是忽略了人工智能创新效应的异质性。首先，技术的消化吸收受到技术基础能力

---

① 《习近平主持中共中央政治局第九次集体学习并讲话》（http://www.gov.cn/xinwen/2018-10/31/content_5336251.htm）

与投入强度的影响（唐未兵等，2014），人工智能技术潜力的发挥也可能因消化吸收能力不同而存在差异（Purdy et al.，2017）。其次，人工智能作为应用于特定任务的技术合集，对不同行业的影响不是均质的，任务更容易自动化的行业，将受到更大的影响效应（Intelligence，2016）。最后，由于发展目标与制度环境等方面差异，人工智能在不同产权性质企业中的溢出条件也可能发生变化（王永钦等，2020）。这些均是值得关注的问题，但目前尚未得到充分的研究。

基于此，本章通过将国际机器人联合会（IRF）提供的工业机器人数据与中国制造业上市公司微观数据匹配，实证检验人工智能应用对企业技术创新能力与模式的影响，探讨其影响机制与异质性。研究发现，人工智能应用对企业技术创新能力、渐进式创新与突破式创新均具有显著的促进作用，这一结论在考虑内生性问题和指标度量问题后依然稳健。人工智能应用对数字经济发达地区、高科技行业与非国有企业技术的创新规模、渐进式创新与突破式创新的影响更为显著。本章进一步识别了人工智能创新效应的中介机制，即人工智能应用主要通过提高企业的 R&D 资本和 R&D 人员投入来提高技术创新规模、渐进式创新与突破式创新。此外，研究发现人工智能可以实现渐进式创新与突破式创新在并序延伸中协同互补，即双元创新平衡发展，但这一影响在高科技行业与非国有企业更为显著。

现有关于人工智能的研究多从宏观视角出发，缺乏企业层面的微观证据（曹静等，2018）。本章首先采用企业层面的微观数据，系统研究了人工智能对企业技术创新及其模式的影响，从国际范围来看，也是较早使用微观数据研究人工智能对技术创新的文献。其次，本章研究了人工智能对企业不同创新模式——渐进式创新与突破式创新的影响，验证了人工智能促进二元交互实现创新能力的提升，深入人工智能创新效应的数字技术基础能力、行业性质与企业所有权性质异质性，剖析了人工智能创新效应的作用机制以及人工智能对双元创新平衡的影响，为以人工智能实现科技自立自强与创新驱动发展提供了可能的路径支持。

11.2　人工智能、技术创新与创新模式的理论分析

11.2.1　人工智能对技术创新的影响

1. 人工智能对技术创新的直接影响

组织学习理论认为，创新是创造新知识并将其转移和使用的动态过程（Kane et al.，2007）。机器学习、深度学习、计算机视觉等人工智能技术的引进与运用改造了知识创造、溢出以及学习与吸收过程，推动了企业创新生态的系统建设与创新能力提升（Liu et al.，2020）。

首先，人工智能加快了创新生产过程。创新生产过程涉及理念和概念开发（新技术、需求分析）、产品开发（设计）、工程（原型制作）和制造等环节（Kleis et al.，2012），人工智能在多个阶段促进了创新生产。信息获取是创新过程的起点，新技术的创造是通过新知识与现有知识的整合来体现的，如理解现有知识的新方法、不同知识领域的创造

性整合或原始知识的生产等（谢卫红等，2014）。一方面，人工智能领域的数据挖掘、机器学习、自然语言处理等技术提升了大数据分析能力，使企业能够以更大规模、更高效和更低成本识别、检索和利用外部知识并促进外部知识的整合（Antonelli，2017）。另一方面，新形式的人机交互增加了企业可用信息的数量和种类，提高了后续理解及知识的准确性和可靠性，通过对信息的分析实践使企业能够从这些信息中产生新的知识（Niebel et al.，2019）。在产品开发阶段，深度学习、计算机视觉等人工智能技术能够提供大量信息源，更高效地创建新知识和新计算方案，从而加速知识重组的过程（Agrawal et al.，2018）。在工程与制造环节，人工智能被应用于集成设计和生产系统，提高产品的整体精度和引进效率，有效促进了产品创新（Yang et al.，2020）。

其次，人工智能促进了技术溢出。人工智能技术的发展使得企业间的空间与时间边界被进一步打破，不仅打破了知识分享的情景限制（顾丽敏等，2020），也加速了企业间的互动集成，使企业不受地理距离的限制，实现了企业资源在生产过程中的远程控制与生产（Liu et al.，2020）。同时，人工智能技术的外部性也将不可避免地在各企业、各部门之间传播，引致了技术的跨企业、跨部门应用和发展，有助于企业整合现有知识、提高产品创新能力（Holmström et al.，2016）。

最后，人工智能提高了知识的消化吸收能力。企业能否充分吸收与转化知识直接影响了知识进入企业的效率与创新能力（禹献云等，2018）。人工智能依托大数据算法、机器学习等技术，在替代人类劳动的同时，也打破了人类劳动力的认知局限性，极大地提升了知识的吸收与利用效率（顾丽敏等，2020）。基于机器学习与神经网络等技术的发展，人工智能可以在分类与预测任务等领域中实现"自动发现"，并从根本上改变科技界的概念方法和问题框架，有潜力成为"发明方法的发明"（Cockburn et al.，2018）。例如，Leung 等（2015）认为大规模数据集和机器学习等技术的普及，帮助企业建立了学习阅读基因组的机会，这是以往以人类认知和感知无法做到的。

2. 人工智能对技术创新的间接影响

人工智能可以通过促进知识创造、技术溢出以及学习与吸收能力对企业技术创新产生直接影响。此外，人工智能的应用将通过提升 R&D 资本和 R&D 人员投入等间接影响技术创新。一方面，人工智能通过中低技能人类劳动的替代等方面节约了生产成本，一定程度上减少了对创新活动的挤出效应，使得企业能够将更多的资源投入研发活动中，研发部门将致力于提升技术水平从而促进技术创新（Liu et al.，2020）。另一方面，人工智能在替代中低技能劳动力的同时，也创造了人类劳动更具比较优势的高技能岗位，提升了企业对 R&D 资本与 R&D 人员需求（王永钦等，2020）。基于以上分析，提出假设 1。

假设 1：人工智能的应用对企业技术创新能力提升具有促进作用。

11.2.2　人工智能对技术创新模式的影响

创新的二元特征导致渐进式创新与突破式创新对知识具有不同的诉求。渐进式创新是建立在企业现有知识体系上，对现有知识、技术与流程重新组合或挖掘的一种完善型创新，有助于降低新产品研发和推广风险，在创新扩散与市场化中发挥着重要作用。突破式创新代表了一种以往未被发现的新功能或新技术，是对企业现有知识、技术与流程的全面突破，是产品类别中新颖、独特或最先进的技术进步，其显著改变了市场中的消费模式（Sen et al.，2011）。

尽管诉求不同，信息获取是二者的共同起点（谢卫红等，2014）。一般而言，渐进式创新依赖于企业信息获取的广度，而突破式创新则更依赖企业信息获取的深度（Laursen et al.，2006）。人工智能在信息管理方面的巨大优势，增加了企业信息获取深度的同时也扩大了广度，有潜力同时促进渐进式创新与突破式创新（Cui et al.，2015）。一方面，人工智能通过对企业已有知识、技术和市场全面经验和专门知识进行挖掘，扩大了企业信息获取的广度，强化了对现有知识的理解，从而促进了企业渐进式创新能力的积累与提升（谢卫红等，2014）。另一方面，人工智能的灵活性使企业能够快速地在不同知识源之间转换，获得了多样化的知识，提高了知识重组效率（Cui et al.，2015）。在此过程中，企业受益于不同来源知识的深度连接和整合，积累了对彼此资源、技术诀窍、设计能力、组织惯例、综合信息技术和长期目标的全面互惠知识，进而提升突破式创新能力（Kang et al.，2007）。基于以上分析，提出假设 2。

假设 2：人工智能的应用对企业渐进式创新和突破式创新均具有正向影响。

11.2.3 人工智能对创新活动影响的差异分析

技术吸收消化能力是制约生产技术形成的重要因素，对渐进式创新与突破式创新能力提升也至关重要（Khan et al.，2019）。消化吸收能力本身包含技术基础能力与投入强度两部分，其内生于经济系统中，需要长期的积累，具有经验性、累积性与连续性的特点（唐未兵等，2014）。如果地区技术基础能力较弱或不匹配，可能导致技术应用的空心化，难以完全发挥技术潜力。人工智能作为通用性技术，其技术潜力的全面发挥不仅取决于自身技术成熟度，也有赖于与其相关的互补性技术的发展（Brynjolfsson et al.，2018），这就包括大量先进的信息与通信技术基础设施以及数字经济的大量投入（Purdy et al.，2017）。一方面，云计算、大数据、物联网等数字技术投入提升了对人工智能技术的吸收消化能力。另一方面，投入的互补性数字技术也通过优化产业结构、降低生产成本、提高创新效率以及改善创新环境等方面有效促进了企业创新能力（韩璐等，2021）。根据以上分析，提出假设 3。

假设 3：较之数字经济欠发达地区，数字经济发达地区人工智能的应用对企业技术创新活动具有更强的促进作用。

人工智能的行业渗透不是均质的，多集中于高技术行业。据 IFR 统计，中国 70%以上工业机器人应用在了汽车、电子等高科技行业。人工智能在高科技行业的效率收益随着人工智能水平的提高，也将获得更大的收益（Acemoglu et al.，2020）。例如，Liu 等（2021）通过研究发现由于技术基础与人才等方面的优势，人工智能对技术密集型行业能源强度的影响远大于其他行业。人工智能创新效应同样存在这种行业差异，一是由于基础设施和投入强度方面的绝对优势，高科技行业往往具有更强的技术吸收能力，这一属性可以减少人工智能技术潜力与其实际效应之间的差距。此外，技术投资需要克服关键技术门槛，才能产生显著的前沿外迁。二是相较于非高科技行业，高科技行业具有技术和知识高度密集的特点，也具有开放思想与创造力。这更利于对创新活动的尝试（Adhikari et al.，2016），因而在人工智能引起的前沿运动中更具竞争优势。因此，提出假设 4。

假设 4：较之非高科技行业，高科技行业人工智能的应用对企业技术创新具有更强的促进作用。

由于发展目标与制度环境等方面的差异，不同产权企业的技术吸收能力也存在差异性。较之以股东财富最大化为目标的非国有企业，产权不明晰与制度僵化的国有企业研发效率相对较低，一定程度上限制了技术吸收能力（毛日昇等，2009；肖文等，2014）。尽管国有企业在规模、研发能力、人力资本等方面总体上高于非国有企业，但由于缺乏足够的市场竞争约束，创新的积极性与激励性远低于非国有企业（肖文等，2014）。这些因素限制了国有企业的技术吸收与外溢（王永钦等，2020）。因此，提出假设 5。

假设 5：较之国有企业，非国有企业人工智能的应用对企业技术创新能力具有更强的促进作用。

11.3　基于微观企业数据的人工智能、技术创新与创新模式

11.3.1　模型设定

为检验人工智能应用对企业创新活动的影响，本章构建如下基准回归模型：

$$\ln \text{inno}_{it} = \alpha_1 + \beta_1 \ln \text{AI}_{it} + \gamma_1 X_{it} + \varepsilon_{it} \tag{11-1}$$

$$\ln \text{incremental}_{it} = \alpha_2 + \beta_2 \ln \text{AI}_{it} + \gamma_2 X_{it} + \varepsilon_{it} \tag{11-2}$$

$$\ln \text{radical}_{it} = \alpha_3 + \beta_3 \ln \text{AI}_{it} + \gamma_3 X_{it} + \varepsilon_{it} \tag{11-3}$$

其中，$\ln \text{inno}_{it}$、$\ln \text{incremental}_{it}$ 和 $\ln \text{radical}_{it}$ 分别表示第 t 年 i 企业技术创新能力、渐进式创新和突破式创新的对数；$\ln \text{AI}_{it}$ 表示第 t 年 i 企业人工智能应用水平的对数；X 为影响创新活动的其他因素，参考徐宁等（2019）的研究，选择企业规模（ln size）、资产负债率（lev）、托宾 Q（Q）、经营绩效（roa）、公司年限（ln age）、公司成长性（gr）、管理层持股（mgr）、账面市值比（bm）等作为控制变量；α_i、β_i 和 γ_i 是估计系数，β_i 是本章关心的核心系数；ε 为随机误差项。

11.3.2　主要指标与数据说明

1. 企业创新活动

本章基于专利申请数据测度企业的技术创新能力，克服了企业创新投入、R&D 费用等代理变量无法衡量企业实践创新程度和信息隐瞒产生的估计偏误（张陈宇等，2020）。在此基础上，参考徐宁等（2019）和张陈宇等（2020）等研究思路，采用实用新型与外观设计专利申请数量之和，并取自然对数衡量企业的渐进式创新（ln incremental），采用发明专利申请数量，并取自然对数衡量企业的突破式创新（ln radical）。

2. 人工智能水平

参考 Acemoglu 等（2020）、Liu 等（2020）、吕越等（2020）和 Liu 等（2021）的研究，本章采用工业机器人装备量衡量人工智能水平。先进的机器人技术是"工业 4.0"的关键推动因素（Bibby 等，2018）。根据 IFR 的定义，工业机器人是"三个或更多轴上可编程的自动控制、可重新编程的多用途机械手，可以固定就地或移动用于工业自动化应用"。也就是说，工业机器人是可以完全自主通过编程来执行多项手动任务，而无须人工干预的机器（Acemoglu et al.，2020）。相对于机器学习、深度学习和自然语言处理等技术的非物质性，机器人的物理特性使得它们更容易进行追踪与观测，也可以更好地反映制造业 AI 应用水平（McElheran，2019），因而现有研究通常使用工业机器人作为制造业人工智能水平的代理变量（Acemoglu et al.，2020; Liu et al.，2020；吕越等，2020；Liu et al.，2020, 2021）。

由于 IFR 提供的工业机器人数据行业分类标准与中国国民行业分类标准不一致，借鉴吕越等（2020）的研究思路，将工业机器人数据与中国国民行业分类标准匹配，并与企业数据进行合并。

3. 其他控制变量

企业规模（ln size），采用期初资产总和的自然对数进行度量。资产负债率（lev），采用企业年初总负债与年初资产总额的比值表征。托宾 Q（Q），采用企业的托宾 Q 值刻画。经营绩效（roa），采用企业总资产收益率表征。公司年限（ln age），采用企业成立时间的自然对数表征。公司成长性（gr），采用企业营业收入增长率。管理层持股（mgr），采用管理层持有的股份占总发行股份的比例度量。账面市值比（bm），采用股东权益与企业市值的比例刻画。

4. 数据来源说明

本章采用的行业工业机器人数据源自 IRF，企业专利数据和相关数据来自 WIND 数据库，时间跨度为 2006～2016 年。变量的描述性统计见表 11-1。

表 11-1　变量描述性统计

变量名	变量符号	均值	标准差	最小值	最大值	观测值	VIF
创新规模	ln inno	3.037 9	1.475 3	0	6.905 8	12 637	/
渐进式创新	ln incremental	2.485 6	1.510 7	0	6.386 9	12 637	/
突破式创新	ln radical	2.209 3	1.378 4	0	6.120 3	12 637	/
人工智能	ln AI	5.963 7	2.943 7	0	10.308 3	12 637	1.13
企业规模	ln size	21.751 3	1.154 9	18.927 2	25.774 6	12 637	1.79
资产负债率	lev	0.410 9	0.202 5	0.049 0	0.998 1	12 637	1.79
托宾 Q	Q	2.370 4	1.943 0	0.191 8	12.114 9	12 637	1.66
经营绩效	roa	0.043 5	0.055 8	−0.265 2	0.212 1	12 637	1.39
公司年限	ln age	2.661 2	0.364 9	1.609 4	3.465 7	12 637	1.13

续表

变量名	变量符号	均值	标准差	最小值	最大值	观测值	VIF
公司成长性	gr	0.176 1	0.379 7	−0.461 9	2.537 5	12 637	1.09
管理层持股	mgr	0.073 9	0.143 1	0	0.593 5	12 637	1.17
账面市值比	bm	0.764 1	0.718 2	0.082 5	5.214 1	12 637	2.03

11.4　人工智能、技术创新与创新模式的影响研究

11.4.1　基准回归

表 11-2 分别报告了人工智能应用对企业创新活动影响的估计结果。其中，列（1）和列（2）为人工智能对创新能力影响的回归结果。根据结果可知，人工智能在固定效应模型[列（1）]与随机效应模型[列（2）]的估计系数均在 1%水平上显著为正。以固定效应模型为例，企业面临的行业人工智能水平每提升 1%，创新产出提升 0.0289%，说明人工智能显著促进了企业创新能力的提升，与假设 1 相符。这一结果与 Liu 等（2020）基于中国行业层面数据的结果相似。由此可见，创新驱动发展战略的实施需要推动人工智能产业的发展，加强人工智能技术与经济的融合，提升企业的智能化水平，推动创新驱动的中国高质量发展模式。本章进一步考察了人工智能对渐进性创新与突破性创新的影响，估计结果分别见列（3）、列（4）和列（5）、列（6）。由回归结果可知，渐进性创新和突破性创新的估计系数均在 1%水平上显著为正。这说明，人工智能对渐进性创新和突破性创新均有显著的正向作用，与假设 2 相符。

表 11-2　基准回归结果

	ln inno		ln incremental		ln radical	
	(1)	(2)	(3)	(4)	(5)	(6)
	FE	RE	FE	RE	FE	RE
ln AI	0.028 9***	0.103 9***	0.023 2***	0.105 4***	0.029 4***	0.078 9***
	(0.006 5)	(0.004 8)	(0.006 6)	(0.005 0)	(0.006 1)	(0.004 6)
ln size	0.466 6***	0.564 8***	0.420 4***	0.485 7***	0.462 1***	0.547 5***
	(0.022 0)	(0.016 1)	(0.022 4)	(0.016 5)	(0.020 7)	(0.015 2)
lev	−0.186 5**	−0.168 6**	−0.043 0	0.030 6	−0.092 2	−0.152 3**
	(0.085 0)	(0.075 5)	(0.086 6)	(0.077 3)	(0.079 9)	(0.070 9)
Q	0.006 9	0.003 9	0.007 6	0.001 3	−0.000 3	0.003 3
	(0.006 6)	(0.006 1)	(0.006 7)	(0.006 3)	(0.006 2)	(0.005 8)
roa	1.321 0***	1.513 6***	1.165 1***	1.301 0***	1.287 0***	1.331 0***
	(0.204 6)	(0.195 9)	(0.208 4)	(0.200 3)	(0.192 2)	(0.183 6)

续表

	ln inno		ln incremental		ln radical	
	(1)	(2)	(3)	(4)	(5)	(6)
	FE	RE	FE	RE	FE	RE
ln age	1.057 3***	0.202 3***	0.871 1***	0.061 3	0.980 3***	0.321 5***
	(0.071 2)	(0.046 7)	(0.072 6)	(0.048 0)	(0.066 9)	(0.044 2)
gr	0.036 4	0.009 5	0.024 8	0.005 3	−0.010 5	−0.029 2
	(0.022 6)	(0.022 0)	(0.023 0)	(0.022 5)	(0.021 2)	(0.020 6)
mgr	−0.197 8	0.148 2	−0.171 0	0.069 5	−0.053 5	0.175 7*
	(0.132 5)	(0.101 7)	(0.135 0)	(0.104 3)	(0.124 6)	(0.095 9)
bm	−0.019 2	−0.067 2***	−0.024 4	−0.057 7***	−0.020 4	−0.064 6***
	(0.019 5)	(0.018 8)	(0.019 8)	(0.019 2)	(0.018 3)	(0.017 6)
constant	−10.072 2***	−10.480 9***	−9.138 8***	−8.988 7***	−10.622 8***	−11.076 4***
	(0.399 6)	(0.309 6)	(0.407 2)	(0.317 5)	(0.375 6)	(0.291 7)
时间固定效应	Yes	Yes	Yes	Yes	Yes	Yes
企业固定效应	Yes	Yes	Yes	Yes	Yes	Yes
Hausman	429.92***		460.86***		269.67***	
F	406.874 7		291.458 8		427.205 4	
adj. R^2	0.112 2		0.042 3		0.123 5	
Wald chi2		4 377.98		3 264.00		4404.48
N	12 637	12 637	12 637	12 637	12 637	12 637

注：括号内为稳健标准误，*、**、***分别表示在 10%、5%、1%水平上显著。

11.4.2　稳健性检验

1. 内生性问题

基准结果表明了人工智能对企业创新能力以及渐进式创新和突破式创新均存在促进作用，但人工智能与创新活动之间可能存在联立性偏误。从理论上讲，如果有可信的证据表明人工智能可以促进创新活动，那么创新活动将反过来影响人工智能技术的应用决策，从而导致人工智能与创新活动的双向因果。为解决双向因果导致的内生性问题，借鉴 Acemoglu 等（2020）、王永钦等（2020）的研究，利用美国工业机器人装备量作为工具变量（IV），采用两阶段最小二乘法（2SLS）对模型进行重新估计。一方面，美国的人工智能水平处于国际领先地位，其在人工智能的投资和应用可能会加剧中国产业的国际竞争，从而提升中国行业的人工智能水平（Acemoglu et al., 2020；王永钦等，2020），满足了工具变量的相关性要求。另一方面，美国行业的人工智能水平没有其他渠道直接影响中国企业的创新活动，满足工具变量的排他性约束。2SLS 的估计结果见表 11-3列（1）～列（4），①其中，工具变量的不可识别检验、弱工具变量检验和稳健弱识别检

---

① 限于篇幅，控制变量的估计系数未列出，完整结果备索。

表 11-3　2SLS 和 Heckman 回归结果

	2SLS					Heckman		
	一阶段回归	二阶段回归	二阶段回归	二阶段回归	一阶段回归	二阶段回归	二阶段回归	二阶段回归
	(1)	(2)	(3)	(4)	(5)	(6)	(7)	(8)
	ln AI	ln inno	ln incremental	ln radical	ln AI_D	ln inno	ln incremental	ln radical
ln AI		0.082 3***	0.068 5***	0.048 0***		0.026 0***	0.025 9***	0.032 4***
		(0.018 1)	(0.018 5)	(0.017 0)		(0.007 0)	(0.007 1)	(0.007 2)
IV	0.378 0***				0.108 2***			
	(0.009 6)				(0.009 7)			
IMR						0.186 9***	0.504 5***	0.206 3***
						(0.065 8)	(0.098 8)	(0.067 0)
控制变量	Yes	Yes	Yes	Yes	Yes	Yes	Yes	Yes
时间固定效应	Yes	Yes	Yes	Yes	Yes	Yes	Yes	Yes
企业固定效应	Yes	Yes	Yes	Yes	Yes	Yes	Yes	Yes
不可识别检验 Anderson canon. corr. LM 统计量	1361.52***							
弱工具变量检验 Cragg-Donald Wald F 统计量	1561.28***							
稳健弱识别检验 Anderson-Rubin Wald 检验	20.70***							
F		404.381 8	290.336 0	425.138 3		367.240 5	137.764 9	263.470 9
adj. R²		0.125 1	0.058 1	0.141 0		0.112 8	0.270 8	0.043 1
N	12 637	12 637	12 637	12 637	12 637	12 637	12 637	12 637

注：标号内为稳健标准误，***表示在 1%水平上显著。

验的系数均在 1%水平上拒绝原假设，表明了工具变量的合理性。从估计结果来看，列（1）的一阶段估计结果表明工具变量与中国行业人工智能水平在 1%水平上显著为正，验证了工具变量的相关性要求。列（2）～列（4）的第二阶段回归结果表明，人工智能与创新能力、渐进式创新和突破式创新的系数均显著为正。这表明在缓解了双向因果导致的内生性问题后，本章的结论依然稳健。

同时，考虑到本章采用上市公司样本而不是随机样本，可能会导致选择性偏误的问题。本章进一步采用 Heckman 两阶段模型进行检验。一阶段的回归中，将被解释变量设置为 ln AI_D，根据 ln AI 是否大于样本中位数衡量，大于中位数取 1，表示该行业具有较高的人工智能水平，否则取 0。加入美国工业机器人装备量（Ⅳ）作为外生工具变量。利用 Probit 模型估计并得到逆米尔斯比率（IMR），将 IMR 作为控制变量加入二阶段模型进行拟合。由表 11-3 列（5）～列（8）可知，Heckman 二阶段回归中 IMR 系数显著为正，创新能力、渐进式创新和突破式创新的回归系数也均在 1%水平上显著为正，说明了本章结论的稳健性。

2. 改变因变量度量方式

为进一步验证结论的稳健性，本章分别采用企业专利授权数量表征企业创新能力，用实用新型与外观设计专利授权数量之和表征企业渐进式创新，用发明专利授权数量表征企业突破式创新水平，重新检验人工智能对企业创新能力、渐进式创新和突破式创新的影响。估计结果见表 11-4，结果与研究结论保持一致。

表 11-4   改变因变量度量方式回归结果

	ln inno（1）	ln incremental（2）	ln radical（3）
ln AI	0.018 2[**]	0.023 2[***]	0.028 3[***]
	(0.008 0)	(0.008 3)	(0.007 5)
控制变量	Yes	Yes	Yes
时间固定效应	Yes	Yes	Yes
企业固定效应	Yes	Yes	Yes
F	60.025 7	109.895 3	41.267 1
adj. R^2	0.121 0	0.196 7	0.042 1
N	12 637	12 637	12 637

注：括号内为稳健标准误，**、***分别表示在 5%、1%水平上显著。

11.4.3 异质性分析

1. 数字技术基础能力分组回归

为检验人工智能创新效应是否受到地区数字技术基础能力的影响，参考姜松等

（2020）的研究，采用数字经济指数衡量地区数字基础发展水平[①]，按照地区数字经济指数排名将样本分为数字经济发达地区（排名前 15 的省份）和数字经济欠发达地区（排名后 15 的省份）两个子样本进行分组回归，回归结果如表 11-5 中 Panel A 所示。根据估计结果，数字经济发达地区中核心解释变量的回归系数均显著为正，数字经济欠发达地区的核心解释变量回归系数为正但不显著。这说明人工智能创新效应依赖于地区的数字经济基础，数字经济基础较高的地区，人工智能对企业技术创新的促进作用更为显著，假设 3 得证。

表 11-5　异质性影响回归结果

	ln inno		ln incremental		ln radical	
	（1）	（2）	（3）	（4）	（5）	（6）
Panel A	数字经济发达地区	数字经济欠发达地区	数字经济发达地区	数字经济欠发达地区	数字经济发达地区	数字经济欠发达地区
ln AI	0.028 7***	0.026 3	0.021 3**	0.027 3	0.029 9***	0.024 8
	(0.009 0)	(0.016 5)	(0.009 6)	(0.016 7)	(0.007 9)	(0.016 2)
控制变量	Yes	Yes	Yes	Yes	Yes	Yes
时间固定效应	Yes	Yes	Yes	Yes	Yes	Yes
企业固定效应	Yes	Yes	Yes	Yes	Yes	Yes
F	132.234 9	33.098 0	92.209 5	23.961 5	127.484 5	24.380 9
adj. R^2	0.257 5	0.262 0	0.200 3	0.195 9	0.265 8	0.274 0
N	4854	7783	4854	7783	4854	7783
Panel B	（7）	（8）	（9）	（10）	（11）	（12）
	高科技行业	非高科技行业	高科技行业	非高科技行业	高科技行业	非高科技行业
ln AI	0.027 5***	0.018 4	0.021 9**	0.009 9	0.026 4***	0.028 8*
	(0.008 6)	(0.022 1)	(0.008 9)	(0.023 5)	(0.008 1)	(0.015 9)
控制变量	Yes	Yes	Yes	Yes	Yes	Yes
时间固定效应	Yes	Yes	Yes	Yes	Yes	Yes
企业固定效应	Yes	Yes	Yes	Yes	Yes	Yes
F	149.747 7	12.787 5	106.952 7	8.317 9	130.495 0	15.002 6
adj. R^2	0.279 5	0.141 4	0.221 1	0.094 1	0.282 4	0.165 5
N	10 531	2106	10 531	2106	10 531	2106
Panel C	（13）	（14）	（15）	（16）	（17）	（18）
	国有企业	非国有企业	国有企业	非国有企业	国有企业	非国有企业
ln AI	0.007 8	0.030 2***	0.010 0	0.022 5**	0.007 2	0.033 1***
	(0.012 5)	(0.010 0)	(0.012 6)	(0.010 9)	(0.012 2)	(0.008 5)
控制变量	Yes	Yes	Yes	Yes	Yes	Yes

[①] 数字经济发展指数来自腾讯研究院编制的《中国"互联网+"数字经济指数（2017）》。

续表

Panel C	ln inno		ln incremental		ln radical	
	（13）	（14）	（15）	（16）	（17）	（18）
	国有企业	非国有企业	国有企业	非国有企业	国有企业	非国有企业
时间固定效应	Yes	Yes	Yes	Yes	Yes	Yes
企业固定效应	Yes	Yes	Yes	Yes	Yes	Yes
F	80.747 6	81.853 5	58.187 0	56.706 5	65.342 5	83.616 9
adj. R^2	0.315 8	0.213 5	0.254 4	0.161 0	0.329 6	0.220 2
N	4854	7783	4854	7783	4854	7783

注：括号内为稳健标准误，*、**、***分别表示在10%、5%、1%水平上显著。

2. 行业性质分组回归

为检验人工智能对创新的促进作用是否受到行业性质的影响，将样本分为高科技行业和非高科技行业两个子样本进行分组回归。在表 11-5 的 Panel B 回归结果中，高科技行业的估计结果显著为正，非高科技行业的系数没有通过显著性检验，假设 4 得证。

3. 企业所有权性质分组回归

为验证企业所有权性质对人工智能创新效应的影响，本章根据上市公司的所有权性质将企业分为国有企业和非国有企业两个子样本进行分组回归。估计结果如表 11-5 中 Panel C 所示，人工智能的创新效应主要发生在非国有上市公司中，尽管对国有上市公司存在正向影响，但并不显著，假设 5 得证。

11.4.4　进一步研究

1. 中介机制分析

基于前述机制分析，人工智能通过促进企业的 R&D 资本、R&D 人员投入两种途径间接影响技术创新。为实证检验人工智能对技术创新的中介影响，参考温忠麟等（2014）的研究，构建中介效应模型对 R&D 资本投入（ln rdinv）和 R&D 人员投入（ln rdstaff）两种机制展开详细的实证检验。以 R&D 资本投入为中介变量的检验结果汇报在表 11-6 的 Panel A 中。由结果可知，人工智能应用对创新活动的影响存在中介效应。Panel A 列（2）、列（5）和列（7）的二步检验中，ln AI 的系数均显著为正，这意味着人工智能的应用程度对 R&D 资本投入的作用显著，与本章的猜想一致。Panel A 列（3）、列（6）和列（9）的检验中，ln AI 和 ln rdinv 的系数均显著为正，结合二步检验中 ln AI 的估计系数，说明人工智能通过促进企业 R&D 资本投入对创新活动存在部分中介效应，人工智能应用引致的 R&D 资本投入提升的中介效应占其对创新能力总效应的39.62%，对渐进式创新、突破式创新的中介效应占总效应的32.74%、31.62%。对于通过促进 R&D 人员投入的中介效应检验，估计结果汇报在表 11-6 的 Panel B 中。同理，Panel B 的检验结果表明，人工智能通过促进企业 R&D 人员投入对创新活动存在部分中介效应，分别占对创新能力、渐进式创新和突破式创新总效应的 37.44%、30.57% 和 33.88%。

表 11-6　机制检验回归结果

	ln inno			ln incremental			ln radical		
Panel A	(1)	(2)	(3)	(4)	(5)	(6)	(7)	(8)	(9)
ln AI	0.028 9***	0.098 8***	0.017 4**	0.023 2***	0.098 8***	0.015 6*	0.029 4***	0.098 8***	0.020 1***
	(0.007 9)	(0.008 7)	(0.008 0)	(0.008 3)	(0.008 7)	(0.008 4)	(0.007 2)	(0.008 7)	(0.007 1)
ln rdinv			0.115 9***			0.076 9**			0.094 1***
			(0.031 1)			(0.033 7)			(0.029 5)
控制变量	Yes	Yes	Yes	Yes	Yes	Yes	Yes	Yes	Yes
时间固定效应	Yes	Yes	Yes	Yes	Yes	Yes	Yes	Yes	Yes
企业固定效应	Yes	Yes	Yes	Yes	Yes	Yes	Yes	Yes	Yes
F	157.506 7	586.384 5	143.799 3	110.762 8	586.384 5	100.599 7	144.245 3	586.384 5	130.558 8
adj.R^2	0.256 8	0.724 6	0.258 7	0.198 2	0.724 6	0.199 1	0.266 2	0.724 6	0.267 6
N	12 637	12 637	12 637	12 637	12 637	12 637	12 637	12 637	12 637
Panel B	(10)	(11)	(12)	(13)	(14)	(15)	(16)	(17)	(18)
ln AI	0.028 9***	0.070 3***	0.018 1**	0.023 2***	0.070 3***	0.016 1*	0.029 4***	0.070 3***	0.019 4***
	(0.007 9)	(0.008 3)	(0.007 9)	(0.008 3)	(0.008 3)	(0.008 4)	(0.007 2)	(0.008 3)	(0.007 0)
ln rdstaff			0.153 9***			0.100 9***			0.141 7***
			(0.034 4)			(0.037 3)			(0.032 1)
控制变量	Yes	Yes	Yes	Yes	Yes	Yes	Yes	Yes	Yes
时间固定效应	Yes	Yes	Yes	Yes	Yes	Yes	Yes	Yes	Yes
企业固定效应	Yes	Yes	Yes	Yes	Yes	Yes	Yes	Yes	Yes
F	157.506 7	374.017 7	144.464 2	110.762 8	374.017 7	100.929 0	144.245 3	374.017 7	130.944 9
adj.R^2	0.256 8	0.615 9	0.259 6	0.198 2	0.615 9	0.199 5	0.266 2	0.615 9	0.268 9
N	12 637	12 637	12 637	12 637	12 637	12 637	12 637	12 637	12 637

注：括号内为稳健标准误，*、**、***分别表示在 10%、5%、1% 水平上显著。

2. 人工智能对企业双元创新平衡的影响

由于跨时空成本和收益分布以及生态相互作用的影响，渐进式创新和探索式创新在企业有限的创新资源下争夺组织资源时并不相容（March，1991）。如若企业过分重视某一创新活动，则可能陷入"核心能力陷阱"或者"路径依赖"困局，二者兼顾的企业则可能陷入难以平衡和协调的两难困境。不过，双元创新平衡模式可以突破资源约束，实现渐进式创新与突破式创新在并序延伸中协同互补（蒋舒阳等，2019）。因而，较之开展单一创新模式的企业，双元创新平衡发展的企业往往更能获得成功。为探究人工智能应用对企业双元平衡模式的影响，本章借鉴 Lubatkin 等（2006）的研究，构建企业双元创新平衡指数：

$$\text{balance}_{it} = 1 - \frac{|\text{incremental}_{it} - \text{radical}_{it}|}{\text{incremental}_{it} + \text{radical}_{it}} \tag{11-4}$$

其中，balance 为企业双元创新平衡指数，指数越大，说明两种创新的平衡程度越高。人工智能对双元创新平衡影响的检验结果如表 11-7 列（1）所示，人工智能的系数在 1% 水平上显著为正，说明人工智能的应用促进了企业双元创新平衡发展。为进一步考察这一影响的异质性，本章分别将样本分为数字经济发达地区和数字经济欠发达地区、高科技行业和非高科技行业、国有企业和非国有企业，估计结果见表 11-7 列（2）～列（7）。结果表明，人工智能对双元创新平衡的促进效应在高科技行业和非国有企业更为显著。

表 11-7　人工智能对企业双元创新平衡影响的回归结果

	总样本	数字经济发达地区	数字经济欠发达地区	高科技行业	非高科技行业	国有企业	非国有企业
	（1）	（2）	（3）	（4）	（5）	（6）	（7）
ln AI	0.006 3***	0.004 5*	0.011 9**	0.007 5***	−0.000 9	0.005 2	0.005 4*
	(0.002 3)	(0.002 5)	(0.005 5)	(0.002 6)	(0.006 3)	(0.003 6)	(0.003 0)
控制变量	Yes	Yes	Yes	Yes	Yes	Yes	Yes
时间固定效应	Yes	Yes	Yes	Yes	Yes	Yes	Yes
企业固定效应	Yes	Yes	Yes	Yes	Yes	Yes	Yes
F	33.932 4	26.212 5	9.069 3	29.694 2	6.135 9	13.833 0	21.464 4
adj. R^2	0.044 4	0.042 7	0.053 8	0.046 2	0.039 1	0.051 1	0.038 9
N	12 637	10 110	2527	10 531	2106	4854	7783

注：括号内为稳健标准误，*、**、***分别表示在 10%、5%、1% 水平上显著。

11.5　结论与启示

人工智能已经成为实现科技自立自强与创新驱动发展的重要突破口。本章在理论分析人工智能影响创新活动的基础上，通过匹配 IFR 提供的工业机器人数据与中国制造业上市公司微观数据，实证检验了人工智能应用对企业技术创新、渐进式创新与突破式创新的影响，探讨了其影响机制与异质性。研究表明人工智能应用有利于企业技术创新能力的提升，并且同时促进企业的渐进式创新与突破式创新，在考虑内生性问题和指标衡量偏误后，研究结论依然稳健。人工智能创新效应在数字经济发达地区、高科技行业以及非国有企业更为显著。人工智能主要通过促进企业的 R&D 资本和 R&D 人员投入给企业创新活动带来间接的促进作用。人工智能实现了双元平衡发展，但这一影响在高科技行业与非国有企业的更为显著。

为进一步强化人工智能对企业技术创新的赋能作用，实现科技自立自强、创新驱动发展，应当从以下方面着手：首先，人工智能的应用对企业技术创新能力的促进效应已然显现，要以第四次工业革命为契机，加大人工智能技术的培育与发展，以人工智能技术推动各产业变革，在创新引领等领域培育新增长点、形成新动能。鉴于 R&D 资本与 R&D 人员投入在人工智能与创新能力关系间的正向调节作用，应将加大 R&D 资本与 R&D 人员投入作为人工智能赋能企业创新的重要抓手。

其次，人工智能的创新效应主要集中在数字技术基础能力发达、技术密集度较高以及非国有性质的企业。为激发人工智能对企业创新能力的提升，地方政府需要通过加快以人工智能、云计算、大数据中心、5G 等领域为核心的新基础设施建设投入。在发展和运用人工智能技术的同时，也应通过针对性地培育和引进先进技术、加人才投入等方式提升自身技术密集度，提高人工智能技术的消化吸收能力。继续深化国有企业市场化改革，通过完善法人治理制度、提高国有企业行政管理效率、建立有效激励机制等途径，促进人工智能的创新引领作用。

参 考 文 献

曹静, 周亚林. 2018. 人工智能对经济的影响研究进展[J]. 经济学动态, (1): 103-115.

顾丽敏, 李嘉. 2020. 人工智能对企业知识管理的影响研究[J]. 学海, (6): 39-44.

韩璐, 陈松, 梁玲玲. 2021. 数字经济、创新环境与城市创新能力[J]. 科研管理, 42(4): 35-45.

姜松, 孙玉鑫. 2020. 数字经济对实体经济影响效应的实证研究[J]. 科研管理, 41(5): 32-39.

蒋舒阳, 庄亚明. 2019. 企业生命周期与创新平衡适应性成长: CAS 视角[J]. 科研管理, 40(2): 164-174.

吕越, 谷玮, 包群. 2020. 人工智能与中国企业参与全球价值链分工[J]. 中国工业经济, (5): 80-98.

毛日昇, 魏浩. 2007. 所有权特征、技术密集度与 FDI 技术效率外溢[J]. 管理世界, (10): 31-42.

唐未兵, 傅元海, 王展祥. 2014. 技术创新、技术引进与经济增长方式转变[J]. 经济研究, 49(7): 31-43.

王永钦, 董雯. 2020. 机器人的兴起如何影响中国劳动力市场?——来自制造业上市公司的证据[J]. 经济研究, 55(10): 159-175.

温忠麟, 叶宝娟. 2014. 中介效应分析: 方法和模型发展[J]. 心理科学进展, 22(5): 731-745.

肖文, 林高榜. 2014. 政府支持、研发管理与技术创新效率: 基于中国工业行业的实证分析[J]. 管理世界, (4): 71-80.

谢卫红, 王田绘, 成明慧, 等. 2014. IT 能力、二元式学习和突破式创新关系研究[J]. 管理学报, 11(7): 1038-1045.

徐蕾, 魏江. 2013. 集群企业跨边界网络整合与二元创新能力共演: 1989~2011 年的纵向案例研究[J]. 科学学研究, 31(7): 1093-1102.

徐宁, 姜楠楠, 张晋. 2019. 股权激励对中小企业双元创新战略的影响研究[J]. 科研管理, 40(7): 163-172.

杨祎, 刘嫣然, 李垣. 2021. 替代或互补: 人工智能应用管理对创新的影响[J]. 科研管理, 42(4): 46-54.

禹献云, 周青. 2018. 外部搜索策略、知识吸收能力与技术创新绩效[J]. 科研管理, 39(8): 11-18.

张陈宇, 孙浦阳, 谢娟娟. 2020. 生产链位置是否影响创新模式选择: 基于微观角度的理论与实证[J]. 管理世界, 36(1): 45-59, 233.

Acemoglu D, Restrepo P. 2020. The wrong kind of AI? Artificial intelligence and the future of labour demand[J]. Cambridge Journal of Regions, Economy and Society, 13(1): 25-35.

Adhikari B K, Agrawal A. 2016. Religion, gambling attitudes and corporate innovation[J]. Journal of Corporate Finance, 37(C): 229-248.

Agrawal A K, Gans J S, Goldfarb A. 2018. Prediction, Judgment and Complexity: A Theory of Decision Making and Artificial Intelligence[R]. NBER Working Paper.

Antonelli C. 2017. Digital knowledge generation and the appropriability trade-off[J]. Telecommunications Policy, 41(10): 991-1002.

Bibby L, Dehe B. 2018. Defining and assessing industry 4. 0 maturity levels–case of the defence sector[J]. Production Planning & Control, 29(12): 1030-1043.

Brynjolfsson E, Rock D, Syverson C. 2018. Artificial Intelligence and the Modern Productivity Paradox: A Clash of Expectations and Statistics[R]. NBER Chapters.

Christensen C M. 1997. The Innovator's Dilemma: When New Technologies Cause Great Firms to Fail[M]. Boston: Harvard Business School Press.

Cockburn I M, Henderson R, Stern S. 2018. The Impact of Artificial Intelligence on Innovation[R]. Nber Chapters.

Cui T, Ye H J, Teo H H, et al. 2015. Information technology and open innovation: A strategic alignment perspective[J]. Information & Management, 52(3): 348-358.

Holmström J, Holweg M, Khajavi S H, et al. 2016. The direct digital manufacturing(r)evolution: Definition of a research agenda[J]. Operations Management Research, 9: 1-10.

Intelligence A. 2016. Automation, and the Economy[R]. Executive Office of the President: 18-19.

Kane G C, 2007. Alavi M. Information technology and organizational learning: An investigation of exploration and exploitation processes[J]. Organization Science, 18(5): 796-812.

Kang S C, Morris S, Snell S A. 2007. Relational archetypes, organizational learning, and value creation: Extending the human resource architecture[J]. Academy of Management Review, 32(1): 236-256.

Khan Z, Lew Y K, Marinova S. 2019. Exploitative and exploratory innovations in emerging economies: The role of realized absorptive capacity and learning intent[J]. International Business Review, 28(3): 499-512.

Kleis L, Chwelos P, Ramirez R V, et al. 2012. Information technology and intangible output: The impact of IT investment on innovation productivity[J]. Information Systems Research, 23(1): 42-59.

Laursen K, Salter A. 2006. Open for innovation: the role of openness in explaining innovation performance among U. K. manufacturing firms[J]. Strategic Management Journal, 27(2): 131-150.

Leung M K K, Delong A, Alipanahi B, et al. 2015. Machine learning in genomic medicine: A review of computational problems and data sets[J]. Proceedings of the IEEE, 104(1): 176-197.

Liu J, Chang H, Forrest Y L, et al. 2020. Influence of artificial intelligence on technological innovation: Evidence from the panel data of China's manufacturing sectors[J]. Technological Forecasting and Social Change, 158(2): 120142.

Liu L, Yang K, Fujii H, et al. 2021. Artificial intelligence and energy intensity in China's industrial sector: Effect and transmission channel[J]. Economic Analysis and Policy, 70: 276-293.

Lubatkin M H, Simsek Z, Ling Y, et al. 2006. Ambidexterity and performance in small-to medium-sized firms: The pivotal role of top management team behavioral integration[J]. Journal of Management, 32(5): 646-672.

March J G. 1991. Exploration and exploitation in organizational learning[J]. Organization Science, 2(1): 71-87.

McElheran K. 2019. Economic measurement of AI[R]. NBER Working Paper.

Niebel T, Rasel F, Viete S. 2019. BIG data-big gains? Understanding the link between big data analytics and innovation[J]. Economics of Innovation and New Technology, 28(3): 296-316.

Purdy M, Daugherty P. 2017. How AI boosts industry profits and innovation[M]. Accenture Ltd, Dublin, Ireland.

Sen T K, Ghandforoush P. 2011. Radical and incremental innovation preferences in information technology: An empirical study in an emerging economy[J]. Journal of technology management & innovation, 6(4): 33-44.

Yang J, Ying L, Gao M. 2020. The influence of intelligent manufacturing on financial performance and innovation performance: The case of China[J]. Enterprise Information Systems, 14(11): 1-21.

撰稿人：刘　亮
审稿人：程中华

第 12 章 智能化与制造业绿色发展

12.1 智能化与制造业绿色发展的研究背景

新常态下中国经济发展正逐步从追求增长速度转向追求结构优化和环境效率的高质量发展模式，其中产业转型和节能减排无疑已成为中国经济绿色转型发展过程中的两大主题（邵帅等，2019）。改革开放以来，中国经济保持了 40 多年的高速增长，已成为制造业第一大国，世界第二大经济体。但不可否认的是，中国经济的快速增长也带来了巨大的能源和环境成本（Wu et al.，2019）。能源是经济发展的重要物质基础和基本驱动力。事实上，自 2009 年以来，中国的能源消费已经超过美国，成为世界上最大的能源消费国。然而，过度依赖能源消耗会引发严重的环境污染，从而严重制约中国经济的可持续发展（Chen et al.，2019）。随着中国面临节能和绿色转型的压力，降低能源强度（即单位生产总值能耗），提升能源经济效率，已成为重要任务之一（Lin et al.，2017）。战略转型期的中国经济正面临着能源消耗、CO_2 排放和经济增长效率之间的权衡与协调。节能减排目标的提出既对中国未来的经济发展提出了挑战，同时也成为中国制造业绿色化转型的重要机遇。党的二十大报告也强调推动制造业高端化、智能化、绿色化发展。

近年来，新一代人工智能已经成为引领全球科技革命和产业转型的关键性技术（Acemoglu et al.，2020b），推动了机器学习、深度学习、自然语言处理、机器人创新等，使以前由人类体力和脑力完成的任务逐步实现自动化，大大提高了生产力和生产效率（Aghion et al.，2018）。发达国家与新兴经济体相继围绕人工智能推出"再工业化"和"制造业回归"等战略规划，中国也高度重视人工智能产业的发展，并将其提升为国家战略问题。2015 年，国务院发布《中国制造 2025》，提出要以智能制造为主攻方向，促进制造业转型升级。党的十九大报告也着重强调了"推动互联网、大数据、人工智能和实体经济深度融合"。

虽然人工智能推动了技术进步与经济增长，但同时也为节能减排带来了挑战（Ren et al.，2021；Liu et al.，2021a）。具体来说，一方面，人工智能可以通过替代和补充人类的体力和脑力促进技术进步，这是人工智能促进能源强度降低的主要驱动力。尽管如此，与机器学习和工业机器人等耗能技术相比，人类的体力和脑力是高效的，其能耗要低得多，而人工智能研究和应用则需要消耗大量能源（Lu et al.，2018）。例如，训练一个通用自然语言处理模型所需的能源消耗和 CO_2 排放是生产和使用一辆汽车的 5 倍。这种环境成本在中国甚至更高，云计算供应商所消耗的能源有 65% 来自煤炭，22% 来自可再生能源，相比之下，德国的相应数值为 38% 和 40%，美国则为 27% 和 17%（Strubell et al.，2019）。另一方面，尽管基于人工智能的能源系统可能发挥其有效性，但人工智能的应用又可能通过扩大区域生产规模和要素投入数量，加速能源消耗和相应的碳排放，从而对经济绿色发展产生不利影响。

长期以来,学术界就技术的发展和应用对节能减排的影响进行了热烈的讨论,既有高度期望,也有深刻担忧(Amri et al.,2019;Liu et al.,2021a)。然而,最近的研究大多集中在信息和通信技术(ICT)与碳排放的关系上,并得出了不同的结论。尽管工业机器人在生产过程中消耗了大约 8%的总电能,并且大约其总后续成本的 60%是由能源消耗贡献的(Gadaleta et al.,2021),但是关于这种智能化技术对节能减排影响的研究很少。2018 年,工业部门占全球能源消耗总量的 37%,占全球 CO_2 排放量的 24%,几乎所有的自动化制造过程都使用工业机器人作为其主要组成部分。先进机器人、嵌入式传感器、增强型人工智能和机器学习,也是"工业 4.0"的关键推动要素(Bibby et al.,2018)。但是,工业机器人需要额外的能量来驱动其硬件设备,这也意味着工业机器人可能比其他数字技术带来更多的能源消耗和碳排放压力。因此,在中国政府谋求经济可持续发展的背景下,分析制造业智能化与节能减排的关系,对于中国未来的产业转型方向和环境治理创新具有重要的理论和现实意义。

本章以中国 16 个制造业行业为样本,利用 2006~2016 年工业机器人安装量数据,研究智能化对制造业绿色发展的影响以及这种影响的传播渠道。第一,使用普通最小二乘(OLS)、固定效应(FE)、随机效应(RE)和可行广义最小二乘(FGLS)方法讨论智能化对制造业能源强度与碳强度的影响。第二,使用分位数回归(QR)模型来分析智能化对不同分布条件下能源强度与碳强度的影响。第三,通过纳入行业的虚拟变量,评估智能化影响能源强度的行业异质性。第四,使用两阶段最小二乘(2SLS)模型和制造业智能化的替代,检验结论的稳健性。第五,通过引入技术进步作为中介变量,进一步研究智能化影响能源强度与碳强度的传输通道。

12.2 智能化与制造业绿色发展的理论分析

鉴于全球气候变暖和资源环境约束问题日益严重,提高能源效率和降低能源消耗已成为学术研究的热点问题。大量研究表明,技术进步是产业绿色转型的关键,更先进的生产技术可以解决工业发展过程中的高污染、高能耗问题。此外,不少学者认为外商直接投资(Huang et al.,2018)、研发投入(Chen et al.,2019)、所有制类型(Luan et al.,2020)、企业规模(Lin et al.,2018)、要素禀赋(Bu et al.,2019)是影响节能减排的重要因素。

理论上,智能化的规模效应、技术进步效应与结构效应将影响制造业绿色化发展。

首先,智能化的规模效应可能影响制造业节能减排。智能技术对经济增长的影响效应已被广泛的理论和实证文献证实,智能技术至少在 3 个方面促进了经济增长:一是智能技术能够通过补充和替代人类劳动帮助完成复杂性任务,从而助力企业从根本上提高生产效率(Acemoglu et al.,2019)。二是智能技术能够通过人机协作、深度学习等技术辅助人类生产活动或自主做出生产控制决策。如实时监控工业设备的运行情况,能够在异常情况下自动触发预警系统,实现生产过程的智能化监控,从而提高劳动生产率(Acemoglu et al.,2018;孙早等,2021)。三是人工智能能够通过改进工艺流程、提升技术性能，实现技术创新并影响经济发展，甚至产生乘数效应。这种经济的增长也会进一步产生集聚效应，从现有文献的结论来看，集聚经济既可能通过规模效应增加污染排放加剧环境污染（Verhoef 等，2002），也可能通过技术溢出和知识溢出效应提高能源利用效率并降低环境污染（Tveteras 等，2006）。随着制造业智能化水平的提升，制造业产出规模得到扩张，也影响能源消耗与污染排放。一般来说，在技术进步发展初期，往往只关注经济增长而忽视环境污染，并将扩大区域生产规模和要素投入数量，导致能源消耗加速和碳排放的增加（Liu et al., 2021）。而当产业规模扩张使得污染达到一定程度时，外部环境政策制定者将强制生产者采用清洁生产技术（如低碳技术）、清洁能源（新能源）、污染处理设备（可回收和可再生设备），以提高资源利用效率，从而减少环境污染、改善环境质量（Mohsin et al.，2021）。

其次，制造业智能化有利于促进技术进步，进而影响节能减排。已有研究普遍认为，智能技术对技术进步有积极影响（Graetz et al.，2018；Ballestar et al.，2020）。从理论上讲，智能技术对技术进步的影响主要体现在 3 个方面：首先，智能技术可以创造一个新的虚拟劳动力，替代执行程序化任务，从而实现"智能自动化"，机器人固有的多功能性突出了它们相对于现有固定自动化的优势（Acemoglu et al.，2020b）。其次，智能技术补充并增强了人类的体力和脑力活动（Kromann et al.，2020）。最后，智能技术促进了创新生态系统的建设，形成相应的研发创新、消化吸收和再创新能力，通过智能技术引进和智能设备改造真正促进生产力的发展（Li et al.，2020）。更重要的是，人工智能特别是机器学习，被认为有潜力成为一种"通用技术"，从而长期推动技术进步。

不过，关于技术进步对节能减排的影响，已有研究尚未有一致结论。一方面，有研究认为技术进步，特别是节能技术进步会降低生产要素的投入产出比，从而降低能源强度，有利于节能减排（Huang et al.，2018; Huang et al.，2020）。技术进步可以通过提高要素利用效率来影响部门能源强度，这不仅体现在应用先进的能源技术上，也体现在将能源作为生产要素纳入经济系统以实现经济产出的过程中。另一方面，虽然技术进步可以提高能源效率，但较低的有效价格也可能引起能源反弹效应，进而部分或全部抵消能源效率提升所导致的能源消费的减少（Lin et al.，2016）。Acemoglu 等（2012）研究发现技术进步对能源消费的影响存在"双区制"差异，即经济增长缓慢区域以"节约效应"为主，而增长快速区域以"反弹效应"为主，技术进步对能源消费的影响具有区域异质性特征。卢锐等（2019）指出技术进步和技术效率均会提升制造业能源效率，但相对来讲技术进步的贡献显著大于技术效率，且两者在不同能耗行业中的效果差异明显，节能减排效应具有行业异质性特征。不过，不同于以往的技术，智能技术可能通过提高能源效率、优化生产过程以及增加行业溢出效应等，正向改善环境污染水平。从生产角度来说，智能技术的发展为企业建立智能能源管理系统提供了技术支持（如能源系统的优化配置、互联互通及协作调度等），提高了制造企业的能源管理效率（Iqbal et al.，2018）。此外，智能技术的应用可以通过优化生产过程来降低能耗。具体来说，随着智能技术的发展，企业可以通过模拟生产过程从而减少不必要的能耗。对于一些耗能产品，人工智能可以使产品和服务的设计更加智能化，同时智能化的物流及配送可以提高供应链效率，降低实际能耗。当然，人工智能对能源消费的影响也因时间差异而不同，从短期来看，提高能源效率可以减少能源消耗，促进节能减排，从长远来看则相反，依赖智能技术进步获得的能源效率提升或许并不能降低能源消耗，而且由于"反弹效应"可能会增加对能源的需求。

最后，制造业智能化有助于优化产业结构，从而影响节能减排。总体而言，随着智能技术的快速发展，智能技术已逐渐从消费者转向生产方，与传统产业逐渐融合。在这一过程中，传统产业借助新一代技术实现数字化和智能化，从而不断提高生产效率，优化各产业的要素投入和生产流程，形成高效、智能的生产模式，有利于提高传统产业专业化水平，增强市场竞争力（Yang et al.，2021）。同时，传统产业可以降低生产和运营成本，间接增加在产品研发和服务质量保障方面的投资，进一步促进产业结构的高级化转型。智能技术与传统产业的不断融合，有利于加快资源要素的合理配置和产业间的协同分工，各种新技术、新产业将逐步取代落后的传统产业，推动产业结构更加完整、协调、合理（Njangang et al.，2020）。通过这一转变，高能耗、高排放、高污染行业将逐步被淘汰，能源结构也将逐步转型升级。产业结构和能源结构的优化也将对节能减排产生重要影响（史丹等，2017）。随着社会经济水平的显著提高，工业化发展已进入中后期阶段（Bag et al.，2021）。根据要素价格均衡理论，劳动密集型产业要素价格的比较优势将逐渐丧失，劳动力和自然资源等要素将不再具有成本效益。与物质资本相比，人力资本、知识资本等要素将更具价值，只有优化主导生产要素，经济才能实现可持续发展。此时，污染产品不再具有生产优势，清洁产品的生产将逐渐具有比较优势，产业升级将减少环境污染。从能源结构的角度来看，能源结构的优化使能源消费向清洁和可再生能源转变，这将显著减少污染排放。

综上，智能化对制造业绿色发展的影响取决于上述三者的综合效果，一些学者研究发现了三者可能存在非线性或不确定的关系。Ren 等（2021）认为智能技术的发展通过经济增长促进了能源消费规模，而与能源消费结构和能源消费强度之间存在显著的负向影响。在碳减排研究方面，黄海燕等（2021）研究发现工业智能化对碳排放的影响存在驱动效应和制约效应的双向影响关系，即工业智能化能够提升行业的经济发展水平，从而提高行业的碳排放总量；同时工业智能化能够降低能源消耗强度，提高能源利用效率，降低单位产值的能耗，从而降低碳排放总量。在目前阶段的我国工业细分行业中，工业智能化对碳排放的驱动效应起主导作用。因此，在中国政府谋求经济可持续发展的背景下，分析智能化与制造业绿色发展的关系及其影响机制，对于中国未来的产业转型方向和环境治理创新具有重要的理论和现实意义。

12.3　智能化与制造业绿色发展的研究设计

12.3.1　计量模型设定

本章研究目的在于考察智能化对制造业绿色发展的影响，关于智能化对制造业能源强度的影响，设定如下估计模型：

$$EI_{it} = \alpha_0 + \alpha_1 AI_{it} + \alpha_2 FDI_{it} + \alpha_3 State_{it} + \alpha_4 Scale_{it} + \alpha_5 Capital_{it} + \alpha_6 R\&D_{it} + \varepsilon_{it} \quad (12\text{-}1)$$

其中，EI_{it} 表示 i 行业 t 时期的绿色化水平；AI_{it} 表示 i 行业 t 时期智能化水平；X_{it} 表示控制变量，参考已有研究并考虑数据的可获得性，包括外商直接投资 FDI（Huang et al.，2017）、所有制类型 State（Luan et al.，2020）、企业规模 Scale（Lin et al.，2018）、资本密集度 Capital（Bu et al.，2019）和研发活动 R&D（Huang et al.，2017）；ε_{it} 表示随机扰动项；$\alpha_0 \sim \alpha_6$ 表示待估计系数。

关于智能化对制造业碳强度的影响，我们采用 STIRPAT 模型。由于简单，IPAT 模型被广泛用于分析影响环境变化的模型之一。它的一般形式是

$$I = PAT \quad (12\text{-}2)$$

其中，I 是环境影响；P 是劳动力数量；A 是富裕程度；T 是技术水平。不过，IPAT 模型只能研究人口、资金和技术对环境的影响，不利于对环境问题的进一步研究。为了克服这一缺陷，Dietz 等（1994）拓展了 IPAT 方程，建立了 STIRPAT 模型。它的一般形式是

$$I_t = \alpha P_t^{\beta_1} A_t^{\beta_2} T_t^{\beta_3} e \quad (12\text{-}3)$$

其中，t 代表年份；β_1，β_2 和 β_3 分别代表劳动力数量，富裕程度和技术水平的弹性系数；e 是随机误差项。本章进一步引入智能化、FDI 和能源价格来扩展 STIRPAT 模型。扩展的 STIRPAT 模型是

$$I_{it} = \alpha AI_{it}^{\gamma} P_{it}^{\beta_1} A_{it}^{\beta_2} T_{it}^{\beta_3} FDI_{it}^{\beta_4} EP_{it}^{\beta_5} e \quad (12\text{-}4)$$

其中，i 表示制造业部门；AI 是安装的工业机器人数量；FDI 是外商直接投资；EP 是能源价格；γ，β_4，β_5 分别表示各变量的弹性系数。对式（12-4）两边取自然对数：

$$\ln I_{it} = \ln\alpha + \gamma \ln AI_{it} + \beta_1 \ln P_{it} + \beta_2 \ln A_{it} + \beta_3 \ln T_{it} + \beta_4 \ln FDI_{it} + \beta_5 \ln EP_{it} + \ln e \quad (12\text{-}5)$$

一般来说，常用的面板数据估计方法是 OLS、FE 和 RE 方法。然而，本章变量可能存在自相关关系，而且面板数据涵盖了几个不同规模和特征的子部门，会导致异方差性，从而影响 OLS、FE 和 RE 方法的参数估计（Zheng et al.，2011）。因此，按照 Zheng 等（2011）和 Huang 等（2017）的研究方法，本章将 FGLS 方法用于基准回归，将 OLS、FE 和 RE 方法运用于稳健性检验。

12.3.2　变量说明

1. 被解释变量：制造业绿色发展

本章从节能与减排两个层面评价制造业绿色发展水平。其中，节能层面用能源强度（EI）表征，即单位产值的能源消耗量；减排层面用碳排放强度（CI）表征，即单位产值的 CO_2 排放量。由于《中国工业统计年鉴》自 2012 年以来一直没有提供工业产值或增加值的相关数据。考虑到数据的可得性，本章参考 Alam 等（2019）的研究，选择行业销售值来替代行业产值或增加值，并用行业平减指数将行业销售值调整为 2006 年的实际价格。

2. 解释变量：制造业智能化水平

已有研究主要从两个方面衡量智能化水平，一是以孙早等（2019）为代表的构建指标体系方法，二是采用 Acemoglu 等（2019）提出的工业机器人安装量测度。由于本章重点关注制造业领域，工业机器人是该行业目前应用较为广泛的智能化设备，是工业智能化的重要成果，因此使用 IFR 提供的中国制造业行业工业机器人数量来衡量智能化水平。相比于构建指标体系的方法，使用工业机器人衡量智能化水平能够有效缓解内生性问题。

3. 控制变量

对于能源强度的控制变量，本章选用：①外商直接投资（FDI），外商直接投资的技术溢出是改善环境绩效的重要渠道。与当地企业相比，跨国公司可以通过 FDI 的示范效应向当地企业转移先进的技术和管理经验（Huang et al.，2018），采用行业所有者权益中的外商资本来衡量 FDI。②所有制类型（State），内部产业结构特征，如所有制类型，对能源强度也有着显著影响。Luan 等（2020）研究指出，外资企业的管理经验更丰富，能源效率普遍较高，因此中国的所有制结构改革有助于降低能源强度。本章采用国有资本与实收资本的比率来代表国有企业。③企业规模（Scale），企业规模是影响能源强度的一个重要因素。一方面，由于规模经济带来的效率优势，大型企业通常表现出比中小企业更低的能源强度（Lin et al.，2018）。例如，Lin 等（2018）认为企业规模越大，能源和设备的使用效率越高，研究发现中国纺织业的能源强度随着企业规模增加 1 而下降了0.216%。此外，大型企业往往比中小企业采取更多的能源效率措施。与大型企业相比，中小企业在生产过程中对能源管理的投资较少，采用能源效率措施的比率较低。本章采用工业销售值与企业数量的比率来衡量。④资本密集度（Capital），一个行业的能源消耗可能受其资本密集度的影响。一方面，高资本密集度通常意味着更高的机械和设备需求，导致对电力的需求更大，污染排放更高（Bu et al.，2019）。另一方面，资本密集型产业也可能是能源密集型产业，对生产所需的原料和电力需求较大（Lan et al.，2012）。本章采用固定资产总额与年平均员工人数的比率来衡量资本密集度。⑤研发活动（R&D），Huang 等（2017）认为，研发活动是加速技术进步的主要途径之一，是影响能源强度的关键驱动因素。增加研发活动不仅有助于降低生产成本，还能提高能源效率。本章采用发明专利申请数来衡量研发活动。

关于碳强度的控制变量，本章选用：①劳动力数量（P），劳动力需求反映能源利用效率和产业结构，间接影响碳强度。一方面，耗能多、员工多的大型工业企业的碳排放强度相对较高，对于重工业来说尤其如此。另一方面，劳动力需求低的高科技产业的碳强度相对较低。我们以行业年终员工人数来衡量劳动力数量。②富裕程度（A），富裕程度的增加对碳排放既有正面影响，也有负面影响。一方面，富裕程度的增加意味着企业使用更多的机器设备来提高整体生产效率。富裕程度的增加将促使企业利用更多的化石能源，从而导致更多的碳排放。另一方面，富裕程度的提高和先进生产设备的使用带来的规模经济效应可能会导致碳强度的降低。我们采用人均行业销售价值来衡量富裕程度。③技术水平（T）。一方面，工艺流程可以提高能源效率，以较少的能源投入实现最大产量。另一方面，工艺流程也可能增加低碳能源的使用，对现有的高污染化石能源产生一定的"替代效应"，从而减少化石能源的使用总量，减少碳排放。我们选取行业的研发资金投入来衡量技术水平。④外商直接投资（FDI），通过对当地的投资和技术传播，外商直接投资可能带来更环保的生产标准和技术。因此，它将对当地的环境保护产生积极影响。然而，外资企业利用发展中国家普遍较为宽松的环境监管环境，将高污染产业转移到当地，这可能会增加当地的污染排放。我们以行业所有者权益中的外商资本来衡量 FDI。⑤能源价格（EP），能源价格上涨必然会改变要素市场的需求，增加对化石能源的替代，将促进能源效率的提高。能源消费结构和产业布局结构优化在降低碳排放强度的同时促进增长（He et al.，2011）。我们使用中国煤炭价格指数来衡量能源价格的变化。

12.3.3 数据来源

考虑到数据的可得性，本章选择 2006～2016 年作为样本区间，相关数据源于《中国能源统计年鉴》《中国工业统计年鉴》与 CSMAR 数据库。相关变量统计特征，包括符号、定义和单位，见表 12-1。为减少异方差，我们将对变量 EI、AI、FDI、R&D 进行对数化处理。描述性统计、变量相关性矩阵和单位根检验的结果见表 12-1。表 12-1 显示，方差

表 12-1　变量统计特征

Panel A: 能源强度相关变量						
	ln EI	ln AI	ln FDI	State	Scale	Capital	ln R&D
均值	8.467 5	4.234 7	6.744 4	0.040 8	1.478 7	14.176 6	7.416 5
标准差	0.934 7	3.025 3	1.102 0	0.065 2	1.676 7	14.953 6	2.482 4
最小值	6.561 2	0	3.341 8	0.000 3	0.347 1	2.657 6	0
最大值	10.018 8	10.163 2	8.693 7	0.359	8.957 7	87.948 3	11.492 7
ADF	135.65***	108.06***	−8.757 6***	149.55***	75.11***	131.92***	83.30***
LLC	−3.16***	−2.93***	−3.76***	−9.41***	−4.64***	−5.60***	−8.00***
观测值	176	176	176	176	176	176	176

Panel B: 碳强度相关变量						
	ln CI	ln AI	ln P	ln A	ln T	ln FDI	ln EP
均值	−6.087 9	4.234 7	6.273 9	4.323 0	13.033 6	6.744 4	0.366 9
标准差	1.852 0	3.025 3	0.649 82	0.532 0	4.300 6	1.102 0	0.221 7
最小值	−9.784 8	0	4.158 1	2.884 8	0	3.341 8	0
最大值	−1.941 6	10.163 2	7.409 3	5.345 2	17.249 2	8.693 7	0.673 1
ADF	50.384 5***	108.06***	77.968 8***	85.190 1***	181.353 0***	111.815 6***	41.838 1**
LLC	−4.175 1***	−2.93***	−40.844 1***	−4.529 3***	−14.888 2***	−8.757 6***	−5.082 7***
观测值	176	176	176	176	176	176	176

注：**、***分别表示在 5%、1%水平上显著。

膨胀因子（VIF）均小于 10，可以判断本章的变量之间不存在明显的多重共线性问题。此外，面板单位根检验表明，所有变量均在 5%显著性水平上拒绝存在单位根的原假设，表明面板数据是平稳的，可以进一步用于实证分析。

12.4　智能化与制造业绿色发展的影响研究

本章首先分析了智能化对制造业绿色发展的影响，讨论其影响行业异质性特征，探讨内生性问题，通过引入替代的人工智能测量方法重新估计了人工智能对节能减排效率的影响，以增强研究结论的可靠性。

12.4.1　基准结果分析

基准回归结果如表 12-2 所示，列（1）和列（2）分别为用于比较的 OLS 和 FE 回归结果，列（3）和列（4）为 FGLS 回归结果。如表 12-2 所示，ln AI 的估计系数均为负且显著，表明制造业智能化有助于降低能源强度。具体而言，根据包含所有控制变量以及控制了固定效应的列（4）的检验结果，表明工业机器人数量每增加 1%，能源强度会下降 0.024 4%。同时，列（1）～列（3）中的估计系数大小及其显著性水平均与列（4）的结果高度相似，表明研究结果与估计方法并无直接相关性，说明结论是较为可靠的，这与 Wang 等（2016）的研究结果相一致，他们研究发现了 ICT 的应用显著降低了能源强度，主要原因有两方面：首先，智能技术的技术进步效应能够有效提高生产力，促进经济增长。其次，尽管智能技术的开发应用需要消耗大量能源，但其可以深化整合可再生能源、提高能源效率，以支持低碳能源系统，这有利于遏制能源需求。例如，能源信息学认为机器学习和深度学习可以用来建立精准模型，用于解决包括能源分配、防止能源浪费、减少污染等问题，从而有助于动态能源管理。在提高机器人的能源效率方面，路径重设、机器人运动的重新编程以及节能设备的使用可以有效降低制造系统中工业机器人的能源消耗。

表 12-2　能源强度为被解释变量的基准回归结果（i）

	（1）OLS	（2）FE	（3）FGLS	（4）FGLS
ln AI	−0.080 0***	−0.017 7*	−0.013 3***	−0.024 4***
	(0.018 5)	(0.010 2)	(0.002 4)	(0.003 1)
ln FDI	−11.123 3***	−0.018 0	−0.414 4	−0.501 9
	(2.091 5)	(0.723 3)	(0.367 3)	(0.364 0)
State	−2.525 2**	0.643 2	1.812 2***	1.529 5***
	(1.246 4)	(0.566 2)	(0.140 6)	(0.309 2)
Scale	0.100 9***	−0.088 9**	0.015 6	0.043 1**
	(0.027 4)	(0.039 9)	(0.010 2)	(0.020 7)

续表

	（1）	（2）	（3）	（4）
	OLS	FE	FGLS	FGLS
Capital	0.026 6***	0.007 6***	0.005 5***	0.007 7***
	(0.007 1)	(0.001 6)	(0.000 5)	(0.001 1)
ln R&D	−0.105 4***	−0.324 6***	−0.077 7***	−0.135 2***
	(0.027 9)	(0.033 0)	(0.009 1)	(0.015 4)
Constant	9.489 0***	10.410 2***	8.923 8***	9.143 5***
	(0.227 8)	(0.225 8)	(0.111 2)	(0.104 2)
控制变量	No	Yes	Yes	Yes
固定效应	No	Yes	No	Yes
F	33.724 5	10.144 9		
Adjusted R^2	0.459 9	0.428 7		
Wald chi2			797.77	2541.48
样本	176	176	176	176

注：括号内为稳健标准误，*、**、***分别表示在 10%、5%、1% 水平上显著。

　　然而，能源强度的下降并不意味着能源消耗的必然减少，因为能源强度是指生产过程中单位产值的能源消耗，若智能化对产值的积极影响大于对能源消耗的影响时，制造业智能化也可能同时提升产值以及能源消耗而使能源强度降低。为了验证这一猜想，本章将能源强度分解为产值以及能源消耗，并将其分别作为被解释变量。考虑到数据的可得性，本章用销售值（SALES）来衡量产值，用生产过程中的总耗能作为能耗指标（ENERGY）。此外，为了保证结果的稳健性，我们将总能耗进一步分为煤炭消耗（COAL）、石油消耗（OIL）、天然气消耗（GAS）和电力消耗（ELC），并将它们的对数形式分别作为被解释变量，相关数据源于《中国工业统计年鉴》和《中国能源统计年鉴》。在表 12-3 中，列（1）至列（6）分别以 ln SALES、ln ENERGY、ln COAL、ln OIL、ln GAS 和 ln ELC 作为被解释变量进行估计。结果表明，制造业智能化对产值具有显著的积极影响，智能化水平每提高 1%，产值将增加 0.0056%。同时，制造业智能化对总能耗、煤炭消耗、天然气消耗和电力消耗均具有显著的消极影响。制造业智能化在工业领域的深化应用可以持续促进"轻量化"生产方式的进步，减少生产过程中的能源消耗，实证结果验证了我们的猜想，即制造业智能化的应用可以通过提高产值同时降低能耗从而显著降低能源强度。

　　表 12-4 给出了制造业智能化对碳强度影响的基准回归结果。列（1）和列（2）分别是 OLS 和 FE 模型估计结果，列（3）和列（4）是 FGLS 的估计结果。其中，列（1）和列（3）包括控制变量，列（2）和列（4）引入时间固定效应与行业固定效应。从结果来看，ln AI 的系数均为负，且通过了 1% 的显著性检验。这表明制造业智能化对碳强度具有显著的抑制作用。例如，列（4）中，ln AI 的系数为 −0.054 4，说明工业机器人使用量每增加 1%，碳强度可降低 0.0544%。表明工业机器人在中国工业中发挥着提高生态效

表 12-3　能源强度为被解释变量的基准回归结果（ii）

	(1) ln SALES	(2) ln ENERGY	(3) ln COAL	(4) ln OIL	(5) ln GAS	(6) ln ELC
ln AI	0.005 6***	−0.017 6***	−0.035 7***	−0.007 5	−0.032 4***	−0.009 6***
	(0.002 0)	(0.002 9)	(0.009 1)	(0.005 1)	(0.010 0)	(0.003 6)
ln FDI	−4.925 6***	−2.382 3***	−7.709 7***	−1.092 6	−6.556 0***	−2.885 8***
	(0.332 1)	(0.583 6)	(1.346 2)	(1.030 8)	(1.156 3)	(0.646 2)
State	−0.093 1	1.713 4***	4.664 9***	1.489 3***	2.415 8***	1.739 4***
	(0.174 4)	(0.185 7)	(0.683 2)	(0.484 6)	(0.711 4)	(0.309 9)
Size	0.075 9***	0.124 7***	0.297 6***	0.443 4***	0.216 9***	0.002 5
	(0.006 8)	(0.014 0)	(0.019 5)	(0.053 4)	(0.025 3)	(0.009 3)
Capital	0.001 6**	0.005 8***	0.018 7***	0.005 7*	0.016 3***	0.005 0***
	(0.000 7)	(0.001 1)	(0.002 4)	(0.003 2)	(0.002 7)	(0.000 7)
ln R&D	0.310 0***	0.141 4***	0.087 6***	0.158 6***	0.220 6***	0.127 3***
	(0.013 2)	(0.010 3)	(0.021 2)	(0.018 9)	(0.017 2)	(0.008 3)
常数项	7.761 7***	7.750 3***	6.931 1***	4.183 0***	−0.140 2	5.286 2***
	(0.086 3)	(0.060 5)	(0.128 5)	(0.161 3)	(0.135 5)	(0.045 3)
行业固定效应	Yes	Yes	Yes	Yes	Yes	Yes
时间固定效应	Yes	Yes	Yes	Yes	Yes	Yes
Wald chi2	13 546.54	6 110.71	3 584.19	2 176.00	16 871.74	38 451.19
样本	176	176	176	176	176	176

注：括号内为稳健标准误，*、**、***分别表示在 10%、5%、1%水平上显著。

率的作用。随着自动化程度的提高，工业机器人代替人工执行多项人工任务，促进了人工智能在产品设计、制造（如产品质量检测、预测生产优化生产过程）和供应链（如销售预测、存储优化）中的应用，提高了技术含量，进而提高了能源效率并减少了 CO_2 排放。多项研究发现，训练新的深度学习模型的过程会消耗大量能量。Strubel 等（2019）发现，人工智能的一个子领域——自然语言处理（NLP），其训练模型过程需要大量的能源消耗，并且排放的碳与五辆汽车一样多。事实上，人工智能的培训和开发成本很高，无论是硬成本还是人员成本，以及电力和燃料成本，都会导致大量的碳排放。例如，全球应用的比特币等加密货币的电力消耗相当于一些国家的电力需求（Truby，2018）。相比之下，更高效的数据中心冷却系统、更广泛的能源效率以及可再生能源使用都将在控制电力需求增长和碳排放方面发挥作用（Jones，2018）。不过，上述发现与我们的结果并不矛盾。本章研究的是工业机器人应用对碳强度的影响，经过训练的工业机器人可以深化可再生能源和能源效率的整合，以支持低碳能源系统，这有助于抑制能源需求和碳排放（Vinuesa et al.，2020）。

表 12-4   碳强度为被解释变量的基准回归结果

	(1) OLS	(2) FE	(3) FGLS	(4) FGLS	(5) FGLS	(6) FGLS
ln AI	−0.348 0***	−0.236 5***	−0.089 3***	−0.054 4***	−0.089 3***	−0.055 8***
	(0.053 6)	(0.045 3)	(0.005 0)	(0.004 1)	(0.005 0)	(0.003 9)
ln P	0.435 5**	0.844 5***	0.194 9***	0.402 3***	1.194 9***	1.402 8***
	(0.168 2)	(0.242 5)	(0.039 3)	(0.038 9)	(0.039 3)	(0.037 7)
ln A	2.457 8***	3.360 6***	0.704 3***	1.630 4***	1.704 3***	2.631 8***
	(0.259 9)	(0.307 0)	(0.059 6)	(0.055 2)	(0.059 6)	(0.054 0)
ln T	−0.093 0**	−0.333 2*	−0.023 1***	−0.028 2***	−0.023 1***	−0.028 2***
	(0.040 2)	(0.169 1)	(0.003 8)	(0.009 1)	(0.003 8)	(0.008 0)
ln FDI	−0.486 9***	−0.684 7***	−0.677 7***	−0.815 6***	−0.677 7***	−0.814 8***
	(0.108 5)	(0.093 3)	(0.024 4)	(0.028 5)	(0.024 4)	(0.028 9)
ln EP	−0.330 9	5.235 5	−0.340 0***	−6.918 3***	−0.340 0***	−6.900 3***
	(0.538 2)	(7.903 0)	(0.080 8)	(0.426 8)	(0.080 8)	(0.381 6)
常数项	−13.405 6***	−18.115 3***	−4.984 8***	−8.517 7***	−4.984 8***	−8.529 5***
	(1.671 8)	(2.455 1)	(0.320 2)	(0.252 4)	(0.320 2)	(0.242 1)
行业固定效应	No	Yes	No	Yes	No	Yes
时间固定效应	No	Yes	No	Yes	No	Yes
R^2	0.470 1	0.538 2				
F	36.344 3	29.289 5				
样本	176	176	176	176	176	176

注：括号内为稳健标准误，*、**、***分别表示在10%、5%、1%水平上显著。

为了进一步验证制造业智能化能否降低碳排放，本章将碳强度分解为产值和碳排放，并将其分别作为被解释变量。[①]在表 12-4 中，列（5）和列（6）以 $\ln CO_2$ 作为被解释变量的估计结果。结果表明，制造业智能化对碳减排具有显著的积极影响，智能化水平每提高 1%，CO_2 将减少 0.0558%，即制造业智能化可以在提高产值的同时降低碳排放，从而显著降低碳强度。

12.4.2　异质性检验

1. 条件分布异质性

我们证实了智能化对制造业能源强度与碳强度的显著负效应，但我们假设智能化的影响在不同条件分布的能源强度与碳强度中是均匀的。在本节中，选择 9 个分位数（即 0.1，0.2，…，0.9），使用面板分位数回归（QR）方法进一步研究智能化对不同能源强度与碳强度的影响。QR 方法可以明确不同行业和不同年份的能源强度的完整条件分布

---

① 上文已对产值进行估计，因此我们只讨论制造业智能化对碳排放的影响。

（Nguyen et al., 2020），从而提供与 OLS、FE、RE 和 FGLS 方法不同的见解，因为这些方法只能揭示智能化与制造业能源强度与碳强度的条件平均值之间的关系。

　　为了使结果更加直观，图 12-1 描述了不同分位数之间的系数演变。首先，图 12-1 中的结果与基准回归结果一致，即所有能源强度与碳强度分位数的制造业智能化估计系数均显著为负，表明智能化可以显著降低中国制造业的能源强度与碳强度，有利于制造业绿色发展。其次，通过比较系数的绝对值，可以观察到智能化在高分位数下的能源强度与碳强度方面具有更好的效果，这与 Chen 等（2019）的研究结果一致。他们发现信息与通信技术的深化可以促进"轻量化"生产模式，且在高分位数的情况下更加显著。这一结论的可能原因在于，如造纸业和钢铁业等能源强度或碳强度较高的行业，会面临更高的能源与环境成本，所以更渴望提高能源效率、降低碳排放（Fisher-Vanden et al.，2016），因此可能更偏爱清洁的智能化技术，以降低能源消耗和碳排放。

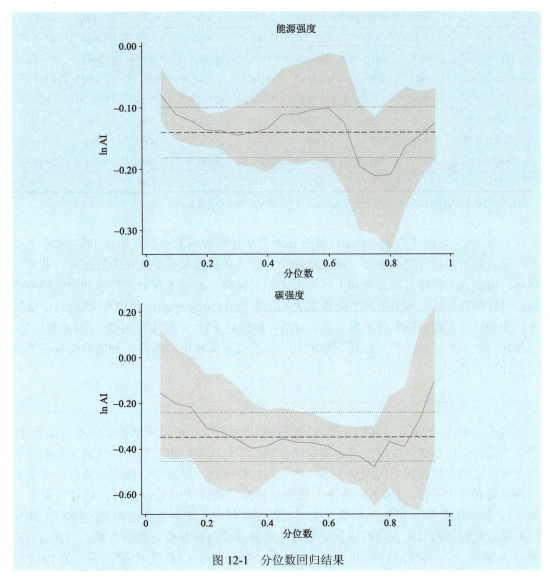

图 12-1　分位数回归结果

2. 行业异质性

为了研究人工智能对能源强度的行业异质性效应，我们将样本区分为高技术行业和中低技术行业，并引入虚拟变量 high-tech（如果该行业属于高技术行业，则 high-tech=1；否则 high-tech =0）和 ln AI 与虚拟变量 ln AI×high-tech 的交互项。为了提升结论的可靠性，分别将六个能源强度分解量（即 ln SALES、ln ENERGY、ln COAL、ln OIL、ln GAS 和 ln ELC）视为被解释变量进行回归分析。行业异质性回归结果见表 12-5。首先，制造业智能化的估计系数均为负数，且在 1%的水平上显著，与基准回归结果一致。

表 12-5　行业异质性估计结果

	(1) ln EI	(2) ln SALES	(3) ln ENERGY	(4) ln COAL	(5) ln OIL	(6) ln GAS	(7) ln ELC	(8) ln CI
ln AI	−0.052 3***	0.003 8**	−0.021 8***	−0.039 4***	−0.010 4	−0.048 1***	−0.016 4***	−0.055 1***
	(0.004 2)	(0.001 5)	(0.003 8)	(0.010 7)	(0.006 9)	(0.005 5)	(0.003 6)	(0.002 2)
ln AI×high-tech	−0.064 0***	0.004 0*	−0.029 0***	−0.116 5***	−0.006 8	−0.032 3***	−0.002 9	−0.123 2***
	(0.003 7)	(0.002 2)	(0.004 6)	(0.013 0)	(0.012 0)	(0.007 9)	(0.004 0)	(0.003 2)
行业固定效应	Yes	Yes	Yes	Yes	Yes	Yes	Yes	Yes
时间固定效应	Yes	Yes	Yes	Yes	Yes	Yes	Yes	Yes
Wald chi2	8025.52	5481.02	2906.85	3293.58	1630.74	21 685.29	39 085.82	25 105.61
样本	176	176	176	176	176	176	176	176

注：括号内为稳健标准误，*、**、***分别表示在 10%、5%、1%水平上显著。

其次，列（1）与列（8）中 ln AI×high-tech 的估计系数均为负，且均在 1%的水平上显著，这表明智能化对能源强度、碳强度的负向影响在高技术行业比在中低技术行业更为显著。由于人工智能基础设施和人才方面的绝对优势，高技术行业对技术的吸收能力更强，可以弥补智能技术潜力和实际现实之间的差距（Purdy et al.，2017），因此与中低技术行业相比，节能减排影响更为显著。最后，根据列（2）～列（7）中交互项系数可知，智能化对产值和能源消耗（包括煤炭消耗、天然气消耗和电力消耗）的影响也存在类似的行业异质性。

12.4.3　内生性问题处理

理论上来说，如果有可靠的证据表明提高制造业智能化可以降低能源强度与碳强度，那么高能源强度与碳强度反过来也可能会影响智能化决策。也就是说，智能化和制造业绿色发展之间可能存在双向因果关系，产生内生性问题，导致估计偏误。为此，本章采用两阶段最小二乘法（2SLS）进行工具变量检验，估计结果见表 12-6。估计结果中，列（1）和列（3）第一阶段回归结果表明工具变量与内生变量显著正相关，列（2）和列（4）第二阶段回归结果表明智能化对制造业能源强度与碳强度的影响为负，且在 1%的水平上显著，与基准估计结果一致。此外，Anderson LM 统计量、弱识别检验和

Anderson-Rubin Wald 检验表明了工具变量的有效性。

表 12-6　工具变量估计结果

	ln EI		ln CI	
	(1)	(2)	(3)	(4)
	第一阶段回归	第二阶段回归	第一阶段回归	第二阶段回归
ln AI		−0.125 9***		−0.295 5***
		(0.031 5)		(0.078 5)
IV	0.577 7***		0.676 4***	
	(0.055 7)		(0.059 2)	
Anderson canon. corr. LM 统计量		68.41***		72.48***
弱识别检验		107.45***		130.51***
Anderson-Rubin Wald 检验		15.73***		12.15***
F		24.933 3		15.197 6
Adjusted R^2		0.442 6		0.605 0
样本	176	176	176	176

注：括号内为稳健标准误，***表示在1%水平上显著。

12.4.4　稳健性检验

为了进一步提升稳健性，本章采用制造业的工业机器人库存量重新估计（Acemoglu et al.，2020b）。将能源强度、碳强度与 ln SALES、ln ENERGY、ln COAL、ln OIL、ln GAS 和 ln ELC 作为被解释变量进行回归分析，结果见表 12-7，总体上与基准回归结果一致。智能化可以通过增加产值以及降低能耗来显著降低能源强度，当替换智能化衡量指标时，本章的实证结果仍然稳健。

表 12-7　稳健性估计结果

	(1) ln EI	(2) ln SALES	(3) ln ENERGY	(4) ln COAL	(5) ln OIL	(6) ln GAS	(7) ln ELC	(8) ln CI
ln AI	−0.039 4***	0.010 7***	−0.018 6**	−0.081 4***	−0.023 9***	−0.086 8***	−0.022 4***	−0.197 5***
	(0.005 1)	(0.003 0)	(0.007 4)	(0.012 9)	(0.008 6)	(0.010 2)	(0.004 7)	(0.012 6)
行业固定效应	Yes	Yes	Yes	Yes	Yes	Yes	Yes	Yes
时间固定效应	Yes	Yes	Yes	Yes	Yes	Yes	Yes	Yes
Wald chi2	3259.61	8943.67	15 051.17	1495.98	2195.23	4673.20	33 854.73	20 821.80
样本	176	176	176	176	176	176	176	176

注：括号内为稳健标准误，**、***分别表示在5%、1%水平上显著。

12.5　结论与启示

智能技术的发展与应用给节能减排带来了巨大挑战。降低能源强度，提升能源经济效率，是中国制造业绿色化转型的重要任务之一。因此需要准确评估智能化对制造业能源强度与碳强度的影响效应。在已有研究的基础上，本章提出了智能化节能减排的理论机制，探讨了影响的异质性特征。研究发现，智能化通过增加产值和降低能耗降低能源强度，通过增加产值和减少碳排放降低碳强度，且强度越高，智能化的影响作用更明显。此外，智能化对能源强度与碳强度的影响效应在高技术行业中比在中低技术行业中更为显著。

本章对智能化影响制造业绿色发展相关理论研究进行了有益补充，研究结论对中国制造业绿色转型具有一定的实践意义。首先，从政策角度来看，有必要认识到智能化对节能减排的重要意义，政府可以深化智能技术研究并推动智能技术的应用，激励企业进一步改造传统生产设备和工艺流程，优先发展较高水平能源强度与碳强度的行业，从而提高产值以及降低能耗与碳排放。其次，智能化在不同强度水平以及不同行业间的影响效应存在显著差异，因此需要针对不同行业的特点及其优势制定适应性、差异化政策，以增强政策工具的实用性。

参 考 文 献

黄海燕, 刘叶, 彭刚. 2021. 工业智能化对碳排放的影响: 基于我国细分行业的实证[J]. 统计与决策, 37(17): 80-84.

卢锐, 陆芸, 陈郁炜, 等. 2019. 考虑行业耗能差异的技术进步、技术效率与制造业全要素能源效率研究: 基于 30 个行业面板数据的实证分析[J]. 管理工程学报, 33(3): 9-16.

邵帅, 张可, 豆建民. 2019. 经济集聚的节能减排效应: 理论与中国经验[J]. 管理世界, 35(1): 36-60, 226.

史丹, 张成. 2017. 中国制造业产业结构的系统性优化: 从产出结构优化和要素结构配套视角的分析[J]. 经济研究, 52(10): 158-172.

孙早, 侯玉琳. 2019. 工业智能化如何重塑劳动力就业结构[J]. 中国工业经济, (5): 61-79.

孙早, 侯玉琳. 2021. 人工智能发展对产业全要素生产率的影响: 一个基于中国制造业的经验研究[J]. 经济学家, (1): 32-42.

Acemoglu D, Aghion P, Bursztyn L, et al. 2012. The environment and directed technical change[J]. American Economic Review, 102(1): 131-166.

Acemoglu D, Restrepo P. 2018. Artificial Intelligence, Automation, and Work[M]//The Economics of Artificial Intelligence: An Agenda. University of Chicago Press, 197-236.

Acemoglu D, Restrepo P. 2019. Automation and new tasks: How technology displaces and reinstates labor[J]. Journal of Economic Perspectives, 33(2): 3-30.

Acemoglu D, Restrepo P. 2020a. Robots and jobs: Evidence from US labor markets[J]. Journal of Political Economy, 128(6): 2188-2244.

Acemoglu D, Restrepo P. 2020b. The wrong kind of AI? Artificial intelligence and the future of labour demand[J]. Cambridge Journal of Regions, Economy and Society, 13(1): 25-35.

Aghion P, Jones B F, Jones C I. 2018. Artificial Intelligence and Economic Growth[M]//The Economics of Artificial Intelligence: An Agenda. University of Chicago Press, 237-282.

Alam M S, Atif M, Chien-Chi C, et al. 2019. Does corporate R&D investment affect firm environmental performance? Evidence from G-6 countries[J]. Energy Economics, 78: 401-411.

Amri F, Zaied Y B, Lahouel B B. 2019. ICT, total factor productivity, and carbon dioxide emissions in Tunisia[J]. Technological Forecasting and Social Change, 146: 212-217.

Bag S, Gupta S, Kumar S. 2021. Industry 4. 0 adoption and 10R advance manufacturing capabilities for sustainable development[J]. International Journal of Production Economics, 231: 107844.

Ballestar M T, Díaz-Chao Á, Sainz J, et al. 2020. Knowledge, robots and productivity in SMEs: Explaining the second digital wave[J]. Journal of Business Research, 108: 119-131.

Bibby L, Dehe B. 2018. Defining and assessing industry 4. 0 maturity levels–Case of the defence sector[J]. Production Planning & Control, 29(1): 1-14.

Bu M, Li S, Jiang L. 2019. Foreign direct investment and energy intensity in China: Firm-level evidence[J]. Energy Economics, 80: 366-376.

Chen X, Gong X, Li D, et al. 2019. Can information and communication technology reduce CO_2 emission? A quantile regression analysis[J]. Environmental Science and Pollution Research, 26(32): 32977-32992.

Dietz T, Rosa E A. 1994. Rethinking the environmental impacts of population, affluence and technology[J]. Human Ecology Review, 1(2): 277-300.

Gadaleta M, Berselli G, Pellicciari M, et al. 2021. Extensive experimental investigation for the optimization of the energy consumption of a high payload industrial robot with open research dataset[J]. Robotics and Computer-Integrated Manufacturing, 68: 102046.

Huang J, Chen X. 2020. Domestic R&D activities, technology absorption ability, and energy intensity in China[J]. Energy Policy, 138: 111184.

Huang J, Du D, Tao Q. 2017. An analysis of technological factors and energy intensity in China[J]. Energy Policy, 109: 1-9.

Huang J, Hao Y, Lei H. 2018. Indigenous versus foreign innovation and energy intensity in China[J]. Renewable and Sustainable Energy Reviews, 81: 1721-1729.

Iqbal J, Khan M, Talha M, et al. 2018. A generic internet of things architecture for controlling electrical energy consumption in smart homes[J]. Sustainable Cities and Society, 43: 443-450.

Jones N. 2018. How to stop data centres from gobbling up the world's electricity[J]. Nature, 561(7722): 163-167.

Kromann L, Malchow-Møller N, Skaksen J R, et al. 2020. Automation and productivity—A cross-country, cross-industry comparison[J]. Industrial and Corporate Change, 29(2): 265-287.

Li X, Hui E C, Lang W, et al. 2020. Transition from factor-driven to innovation-driven urbanization in China: A study of manufacturing industry automation in Dongguan City[J]. China Economic Review, 59: 101382.

Lin B, Chen Y, Zhang G. 2018. Impact of technological progress on China's textile industry and future energy saving potential forecast[J]. Energy, 161(C): 859-869.

Lin B, Tan R. 2017. China's CO_2 emissions of a critical sector: Evidence from energy intensive industries[J]. Journal of Cleaner Production, 142: 4270-4281.

Lin B, Zhao H. 2016. Technological progress and energy rebound effect in China′s textile industry: Evidence and policy implications[J]. Renewable and Sustainable Energy Reviews, 60: 173-181.

Liu J, Liu L, Qian Y, et al. 2021a. The effect of artificial intelligence on carbon intensity: Evidence from China's industrial sector[J]. Socio-Economic Planning Sciences, 83(5): 101002.

Liu L, Yang K, Fujii H, et al. 2021b. Artificial intelligence and energy intensity in China's industrial sector: Effect and transmission channel[J]. Economic Analysis and Policy, 70: 276-293.

Lu H, Li Y, Chen M, et al. 2018. Brain intelligence: Go beyond artificial intelligence[J]. Mobile Networks and Applications, 23(2): 368-375.

Luan B, Huang J, Zou H, et al. 2020. Determining the factors driving China's industrial energy intensity: Evidence from technological innovation sources and structural change[J]. Science of the Total Environment, 737: 139767.

Mohsin M, Kamran H W, Nawaz M A, et al. 2021. Assessing the impact of transition from nonrenewable to renewable energy consumption on economic growth-environmental nexus from developing Asian economies[J]. Journal of environmental management, 284: 111999.

Nguyen T T, Pham T A T, Tram H T X. 2020. Role of information and communication technologies and innovation in driving carbon emissions and economic growth in selected G-20 countries[J]. Journal of Environmental Management, 261: 110162.

Njangang H, Nounamo Y. 2020. Is information and communication technology a driver of industrialization process in African countries?[J]. Economics Bulletin, 40(4): 2654-2662.

Purdy M, Daugherty P. 2017. How AI boosts industry profits and innovation[R]. Accenture, 1-28.

Ren S, Hao Y, Xu L, et al. 2021. Digitalization and energy: How does internet development affect China's energy consumption?[J]. Energy Economics, 98: 105220.

Strubell E, Ganesh A, McCallum A. 2019. Energy and policy considerations for deep learning in NLP[R]. Association for Computational Linguistics: 3645-3650.

Tveteras R, Battese G E. 2006. Agglomeration externalities, productivity, and technical inefficiency[J]. Journal of Regional Science, 46(4): 605-625.

Verhoef E T, Nijkamp P. 2002. Externalities in urban sustainability: Environmental versus localization-type agglomeration externalities in a general spatial equilibrium model of a single-sector monocentric industrial city[J]. Ecological Economics, 40(2): 157-179.

Wang D, Han B. 2016. The impact of ICT investment on energy intensity across different regions of China[J]. Journal of Renewable and Sustainable Energy, 8(5): 055901.

Wu H, Hao Y, Weng J H. 2019. How does energy consumption affect China's urbanization? New evidence from dynamic threshold panel models[J]. Energy Policy, 127: 24-38.

Yang X, Wu H, Ren S, et al. 2021. Does the development of the internet contribute to air pollution control in China? Mechanism discussion and empirical test[J]. Structural Change and Economic Dynamics, 56: 207-224.

Zheng Y, Qi J, Chen X. 2011. The effect of increasing exports on industrial energy intensity in China[J]. Energy Policy, 39(5): 2688-2698.

撰稿人：姚帏之

审稿人：程中华